U0630397

2017-2018年中国工业和信息化发展系

The Blue Book on the Development of Integrated
Circuits Industry in China (2017-2018)

2017-2018年
中国集成电路产业发展
蓝皮书

中国电子信息产业发展研究院　编著

主　编／王　鹏

副主编／王世江

人民出版社

责任编辑：邵永忠

封面设计：黄桂月

责任校对：吕 飞

图书在版编目（CIP）数据

2017 - 2018 年中国集成电路产业发展蓝皮书／王鹏 主编；中国电子信息产业发展
 研究院 编著 . —北京：人民出版社，2018.9

ISBN 978 - 7 - 01 - 019867 - 5

Ⅰ.①2… Ⅱ.①王… ②中… Ⅲ.①集成电路产业—产业发展—研究报告—
 中国—2017 - 2018 Ⅳ.①F426.63

中国版本图书馆 CIP 数据核字（2018）第 223949 号

2017 - 2018 年中国集成电路产业发展蓝皮书

2017 - 2018 NIAN ZHONGGUO JICHENG DIANLU CHANYE FAZHAN LANPISHU

中国电子信息产业发展研究院 编著

王鹏 主编

人 民 出 版 社 出版发行

（100706 北京市东城区隆福寺街99号）

北京市燕鑫印刷有限公司印刷 新华书店经销

2018 年 9 月第 1 版 2018 年 9 月北京第 1 次印刷

开本：710 毫米×1000 毫米 1/16 印张：18.75

字数：300 千字 印数：0,001—2,000

ISBN 978 - 7 - 01 - 019867 - 5 定价：75.00 元

邮购地址 100706 北京市东城区隆福寺街 99 号

人民东方图书销售中心 电话（010）65250042 65289539

版权所有·侵权必究

凡购买本社图书，如有印制质量问题，我社负责调换

服务电话：（010）65250042

前　言

　　集成电路是当今信息技术产业高速发展的基础和原动力,已经高度渗透与融合到国民经济和社会发展的每个领域,其技术水平和发展规模已成为衡量一个国家产业竞争力和综合国力的重要标志之一。党的十八大以来,党中央、国务院高度重视集成电路产业发展,推动出台了《国家集成电路产业发展推进纲要》,绘制了产业发展蓝图;成立了国家集成电路产业发展领导小组,建立领导小组会、定期碰头会等工作机制,加强组织协调,推动解决了产业政策、重大生产力布局、人才培养与引进、金融支持等一系列重点、难点问题;创新资金投入方式,设立国家集成电路产业投资基金,极大提振行业投资信心,产业发展持续向好。

　　2017 年,我国集成电路产业发展成绩斐然,全年实现销售收入 5411.3 亿元,同比增长 24.8%,增幅创 2012 年以来新高。其中设计业、制造业、封装测试业分别实现销售收入 2073.5 亿元、1448.1 亿元和 1889.7 亿元,同比分别增长 26.1%、28.5% 和 20.8%。2018 年,在国家集成电路产业投资基金(二期)的推动下,我国集成电路产业的投融资环境将持续优化,进一步缩小同国际先进水平的差距。

一

　　当前,新一轮科技革命和产业变革正加速兴起,大数据、云计算、物联网、人工智能等信息产业技术快速发展,将持续为集成电路产业提供强劲市场需求,全球集成电路产业将迎来新一轮发展机遇。

　　第一,全球半导体市场增长势头将得以保持。2017 年,在数据中心建设加速、个人数码产品更新换代等因素的带动下,全球存储器产品出现持续供不应求局面,全年存储器价格大幅上涨,由此带来全球半导体市场在 2017 年

1

迎来爆发式增长。根据世界半导体贸易统计组织（WSTS）统计，2017年全球半导体市场首次突破4000亿美元大关，达到4122亿美元，同比增长21.6%。2018年，数据中心建设将进一步推高企业级存储器需求，存储器价格将保持稳中有升态势。另外，物联网、汽车电子、人工智能等领域的快速发展，也将为半导体市场增长提供发展新动能，预计2018年全球半导体市场增长将达到9%左右。

第二，半导体产品技术将在后摩尔时代持续创新与发展。随着集成电路先进工艺特征尺寸逐渐逼近物理极限和技术研发成本的大幅提升，面向后摩尔时代的新技术成为产业热点，新原理、新工艺、新结构、新材料等加速集成电路产品实现创新与发展。在拓展摩尔定律方面，三维集成技术、多芯片融合等新发展方向推动了3D堆叠、异质集成等技术的快速发展。此外，新材料的创新发展与应用，如化合物半导体、石墨烯等二维材料、碳纳米管等碳基电子材料，推进了原有器件性能提升。在超越摩尔定律方面，电子、材料、化学、物理、生物等学科的融合，将进一步推动量子信息器件、脑认知与神经计算等新一代信息技术的发展。

第三，并购成为行业龙头企业布局未来优势领域的重要方式。在全球半导体产业发展逐渐进入成熟期、技术朝后摩尔时代发展的背景下，行业龙头企业在物联网、人工智能、自动驾驶、数据中心等新兴领域加速布局，企业间围绕相关领域的并购日趋活跃。2017年，全球半导体产业共发生55起并购案，数量较2016年有所增加。其中，博通在2017年11月向高通发出收购要约，交易额预期达到1300亿美元，为半导体行业有史以来最大的并购案例。虽然收购案在美国外国投资委员会（CFIUS）和美国总统特朗普的干预下终止，但是如果并购成功，博通和高通组成的新公司将在云技术、数据中心、基础网络、移动通信和智能终端业务上拥有竞争优势，新公司业务可以覆盖主要新兴领域。由此可见，强强联合将成为企业持续提升行业竞争力的重要方式。

第四，开放合作仍然是行业发展的主基调。集成电路产业具有高度国际化、市场化的特点，需要在全球范围内配置资源以开展竞争。同时，集成电路试错成本高、排错难度大，面对逐年提高的半导体技术研发成本，企业间通过联合投资与研发的方式进行合作，既有利于集中行业内企业技术资源，推动尖端技术开发；也有利于分散研发失败带来的投资风险，降低企业在新兴应用领域创新的试错成本；更有利于提升人力资源使用效率，实现稀缺智力资源的高效利用。

二

在《国家集成电路产业发展推进纲要》的指引和业界努力下，2017年我国集成电路产业发展态势良好，产业正沿着预期目标有序推进，逐步缩小与国际先进技术水平之间的差距。

第一，产业整体规模保持快速增长。近年来，我国集成电路产业规模增速明显高于全球整体水平，2017年产业整体规模相比于2012年增幅达到150%，五年复合年均增长率超过20%。2017年，全国集成电路总体规模为5411.3亿元，同比增长24.8%。其中，设计业规模为2073.5亿元，同比增长26.1%；制造业规模为1448.1亿元，同比增长28.5%；封装测试业规模为1889.7亿元，同比增长20.8%。2018年，伴随新建生产线陆续建成投产，我国集成电路产业规模将继续保持快速增长态势。

第二，自主技术水平持续提升。设计业方面，系统级芯片（SoC）设计水平进入10nm工艺阶段，设计能力达到世界先进水平；存储器芯片获得突破，第四代DRAM存储器芯片（DDR4）研发取得成功。制造业方面，中芯国际28nm工艺产品销售比重不断提升，16/14nm工艺研发取得阶段性进展。封装测试业方面，系统级封装（SiP）、晶圆级封装（WLP）等先进封装技术能力达到世界先进水平；制造厂商同封测厂商合作进行的中道封装项目进展顺利。装备业方面，部分国产12英寸设备在生产线实现批量应用；刻蚀机、离子注入机、PVD、CMP等16种关键装备通过大生产线验证考核并实现销售。材料业方面，硅片、SOI片、光刻胶、掩膜版、高纯化学试剂、电子气体等前道制造材料均实现突破，部分材料已应用于12英寸生产线；引线框架、封装基板、键合丝、粘片胶等后道封装材料基本可以实现自给。

第三，行业融资问题得到明显缓解。在国家集成电路产业投资基金（大基金）的带动下，各地方政府、社会资本积极参与相关产业投资基金的建设与组建。截至2017年11月30日，大基金已有效决策62个项目，涉及46家企业，累计有效承诺额 1063 亿元，实际出资 794 亿元，分别占首期总规模的 77% 和 57%。大基金实际出资部分直接带动 3500 多亿元社会融资，实现近 1:5 的放大效应。我国集成电路产业投资、融资瓶颈得到初步缓解，产业发展信心极大提振。

三

虽然我国集成电路产业发展已取得长足进步，集成电路产业发展还存在一些问题，主要体现在核心技术受制于人的局面和产品结构处于中低端的格局没有根本转变、研发投入不足、人才存在较大缺口，产业外部发展环境也持续恶化。

第一，产业发展面临外部压力骤然加大。现今，以美国为代表的发达国家已经对我国大力发展集成电路产业保持高度警惕。2017 年 1 月，美国总统科技顾问委员会（PCAST）发布《持续巩固美国半导体产业领导地位》报告，提出建议美国政府限制美国公司来华投资、与盟国联合对华实施限制等措施。美国现已加大对我国企业实施海外并购等活动的审查力度，2017 年有多起半导体相关并购案被美国国外投资委员会（CFIUS）否决，另有美方企业因担心被否决而提前单方面终止对华出售业务。此外，美国贸易代表办公室（US-TR）在 2018 年 3 月公布对华"301 调查"报告，集成电路领域成为关注重点。

第二，核心技术依然受制于人。由于我国集成电路产业核心技术积累薄弱，创新性技术和产品储备不足，核心高端技术实现突破仍需时日。其中，高端芯片依然高度依赖进口，先进制造工艺同国际先进水平仍存在 2.5 代以上差距，关键装备和材料自主研发生产能力仍然较低，CPU、存储器等量大面广产品主要依赖进口。为进一步提升我国集成电路技术能力，需要加快建设有利于集成电路产业发展的生态体系，继续推动企业间共性技术合作，持续提升产业链系统创新能力。

第三，产业人才仍存较大缺口。伴随我国集成电路产业快速发展，产业专业人才需求量持续增加。技术人才方面，由于国内集成电路企业实力普遍不强、盈利能力较弱，薪资待遇普遍不及互联网等行业，集成电路行业对人才吸引力不足。高端人才方面，伴随制造生产线快速建设，高端人才在技术研发管理、产品开发管理、生产线管理等方面需求持续增加，集成电路产业高端人才匮乏现象凸显。领军人才方面，随着我国集成电路企业持续进行并购整合与海外市场拓展，我国急需具备全局性眼光和国际视野的行业领军人才。

第四，研发投入严重不足。国家两个重大科技专项平均每年在集成电路领域的研发投入为 40 亿—50 亿元，不到英特尔年研发投入的 7%。分行业看，集成电路制造企业的平均研发投入低于其销售收入的 12%，设计企业的研发投入比例也低于 15%，封测企业的研发投入更低。全国用于集成电路研发的总投入不超过 45 亿美元，即不到 300 亿元人民币，仅占全行业销售额的6.7%，甚至不到英特尔公司一家年研发投入的 50%。

四

基于上述思考，赛迪智库研究编撰了《2017—2018 年中国集成电路产业发展蓝皮书》。本书从推动产业快速发展的角度出发，系统剖析了全球和我国集成电路产业发展的特点与趋势，并根据产业发展情况，从产业运行、行业特征、重点区域、特色园区和企业情况等维度进行全面阐述和分析。全书分为综合篇、行业篇、区域篇、企业篇、政策篇、领域篇、热点篇和展望篇共 8个部分。

综合篇，梳理 2017 年全球和我国集成电路产业发展基本情况，包括产业规模、产业结构、技术发展、投融资情况等方面；总结全球和我国集成电路产业发展特点和趋势。

行业篇，分析集成电路设计、制造、封测、设备、材料产业链各环节，从规模、布局、技术、企业等维度总结各环节国内外的发展情况。

区域篇，根据国内集成电路的产业布局，选取环渤海、长三角、珠三角、中西部、福厦泉地区五大重点集成电路发展区域，分析各地区的产业总体发展情况、发展特点和重点省市发展情况。

企业篇，在产业链各环节中选取 1—3 家具有代表性的企业展开研究，从企业发展历程、业务情况、技术水平和发展战略等方面展开分析。

　　政策篇，聚焦已有国家和地方出台的集成电路相关政策，从总体政策布局、产业投资部署和产业税收优惠方面对已有产业政策进行分析和解读。

　　领域篇，在近期社会关注度较高的人工智能和蜂窝物联网领域，对相关领域的发展概况、发展特点等方面进行分析。

　　热点篇，选取 2017 年集成电路领域发生的重要事件，分析事件背景，详细剖析事件对国内外集成电路产业产生的重大影响。

　　展望篇，对 2018 年全球及我国集成电路产业进行预测和形势展望，对比不同研究机构的预测观点，提出我国产业面临的发展形势、存在问题和相应的对策建议。

　　党的十九大以来，我国集成电路产业正迎来重要发展机遇期，全社会对集成电路产业的重视程度与日俱增。为此，我们应抓住集成电路产业发展的历史机遇，在巩固现有优势的基础上，正视产业面临的不足和短板，以开阔的思路和开放的态度面对全球产业分工、技术进步和竞争格局带来的变革和挑战，努力实现我国集成电路产业跨越式发展。

（工业和信息化部电子信息司）

目　　录

区　域　篇

企 业 篇

政 策 篇

领 域 篇

展　望　篇

综 合 篇

第一章　2017年全球集成电路产业发展状况

第一节　发展情况

一、产业规模

（一）产业总体规模

全球半导体贸易协会（WSTS）数据显示，2017年全球半导体市场规模预计达4122亿美元，同比增长21.6%，是2010年以来增长最快的年份。主要产品类别中，增长幅度最大的是存储器，同比增长了61.5%，其次是传感器，同比增长了16.2%。2017年全球各地区的半导体市场都实现增长。WSTS预计，2018年世界半导体市场将达到4512亿美元。

图1-1　2009—2018年全球半导体市场规模及增速预测

资料来源：WSTS，2018年2月。

从 WSTS、IC Insights 和 Gartner 的数据来看，全球半导体市场在 2017 年已实现强势复苏，在 2018 年增速会下降，但相对于 2016 年以前仍然维持较高增速。在各主要类别中，存储器的收入增长最高，其增长的主要驱动因素是供应短缺导致价格上涨。NAND 闪存价格有史以来首次上涨了 17%，而 DRAM 价格上涨了 44%。设备公司无法承受这些价格上涨的影响，将涨价压力传递给了消费者，使得从个人电脑到智能手机的所有产品在 2017 年都变得更加昂贵。

表 1-1　2014—2017 年全球主要研究机构统计的半导体营收情况及预测

（单位：亿美元）

机构	2014		2015		2016		2017	
	销售额	增速	销售额	增速	销售额	增速	销售额	增速
WSTS	3331	9%	3352	-0.2%	3389	1.1%	4122	21.6%
IC Insights	3556	9.3%	3536	-0.6%	3607	2.0%	4385	22.0%
Gartner	3426	8.6%	3348	-2.3%	3397	1.5%	4197	22.2%

资料来源：WSTS、IC Insights，Gartner，2018 年 2 月。

（二）主要企业营收

2017 年，半导体行业首次见证新的全球最大供应商。三星在 2017 年二季度首次跻身榜首，并取代了自 1993 年以来排名第一的英特尔。2017 年一季度，英特尔的销售额比三星多出 40%，但在一年多的时间里，这一领先优势已不复存在。英特尔在 2017 年全年半导体销售额排行榜上落后于三星，差距达到 46 亿美元。三星 2017 年销量的大幅增长主要是由于 DRAM 和 NAND 闪存平均销售价格的惊人上涨。

在 1993 年，英特尔是排名第一的供应商，在全球半导体市场中占有 9.2% 的份额。2006 年，英特尔仍以 11.8% 的份额排名第一。2017 年，英特尔的销售额预计将占全部半导体市场的 13.9%，低于 2016 年的 15.6%。相比之下，三星全球半导体市场份额在 1993 年为 3.8%，2006 年为 7.3%，2016 年为 12.1%，预计在 2017 年为 15.0%。相比于三星的不断扩张，英特尔正在失去市场份额。

2017 年，前十大销售企业预计将占有全球半导体市场 58.5% 的份额，这将是 1993 年以来十大公司所占的最大的市场份额。与 2016 年排名相比，内存巨头 SK 海力士和美光科技在 DRAM 和 NAND 闪存市场激增的推动下，预计在 2017 年前十大排名中取得最大的进步，均向前移动两个位置，其中 SK 海力士位列第三，美光科技位列第四。

表 1 – 2　2017 年主要半导体企业营收情况　　　　（单位：亿美元）

2017 年排名	企业	总部所在地	2017 年营收	份额（%）
1	Samsung（三星）	韩国	656	15.0
2	Intel（英特尔）	美国	610	13.9
3	SK Hynix（海力士）	韩国	262	6.0
4	Micron（美光）	美国	234	5.3
5	Broadcom Ltd.（博通）	新加坡	176	4.0
6	Qualcomm（高通）	美国	171	3.9
7	TI（德州仪器）	美国	139	3.2
8	Toshiba（东芝）	日本	135	3.1
9	NVIDIA（英伟达）	美国	92	2.1
10	NXP（恩智浦）	欧洲	92	2.1

资料来源：IC Insights，2017 年 11 月。

除代工厂商外，总部设在美国的英伟达在 2017 年首次进入全球前十大半导体厂商名录，公司 2017 年营业收入预计增长 44%。原处于全球前十大半导体厂商的联发科的 2017 年营业收入出现较大幅度下滑，相比于 2016 年，营业收入降幅预计达到 11%，至 79 亿美元。

预计 2017 年销售额达到 92 亿美元的企业才能进入当年前十大半导体供应商名单，其中前 6 名企业 2017 年的营业收入预计超过 170 亿美元。值得注意的是，如果假设高通公司未决收购已经发生，将高通和恩智浦的预期销量结合起来，这两家公司 2017 年的销售额将达到 263 亿美元，足以使两家的联合实体排在前十位的第三位。

二、产业结构

（一）产品结构

从具体产品看，半导体包括分立器件、集成电路、光电器件和传感器，

2017 年这四大类产品市场规模分别为 216.5 亿美元、3431.9 亿美元、348.1 亿美元和 125.7 亿美元，分别占全球半导体市场的 5.3%、83.3%、8.4% 和 3.0%。传感器市场保持大幅增长，增速达到 16.2%；分立器件市场继续回暖，增速达到 11.5%；光电子器件从上年的衰退转为增长，增速达到 8.8%；集成电路强势增长，增速 24.0%。

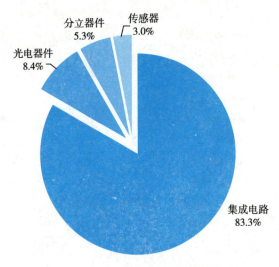

图 1-2　2017 年全球半导体市场结构

资料来源：WSTS，2018 年 2 月。

集成电路产品分为模拟电路、处理电路、逻辑电路和存储器电路，2017 年市场规模分别为 530.7 亿美元、639.3 亿美元、1022.1 亿美元和 1239.7 亿美元，分别占集成电路市场份额的 15.5%、18.6%、29.8% 和 36.1%。2017 年存储器电路迅速增长，增速达到 61.5%；逻辑电路增速为 11.7%，处理器电路增速为 5.5%，模拟电路增速为 10.9%。

截至 2017 年 12 月，全球月装机产能达到 1790 万片 200mm 等效晶圆，其中，中国台湾 400 万片，韩国 360 万片，日本 310 万片，北美 240 万片，中国大陆 200 万片，欧洲 110 万片，其他地区合计 170 万片。同时，在晶圆制造厂商中，产能集中度出现从 2012 年以来的首次下降，前五大厂商占据 53% 的份额，低于 2016 年同期 55% 的份额。

按照线宽来划分，最小线宽达到 20nm 以下的月装机产能占比最大，为 32%；最小线宽在 28nm 和 65nm 之间的产能占比最小，为 10%。韩国 61% 的月安装产能为最小线宽在 20nm 以下，而欧洲 51% 的月安装产能为最小线宽在 200nm 以上。

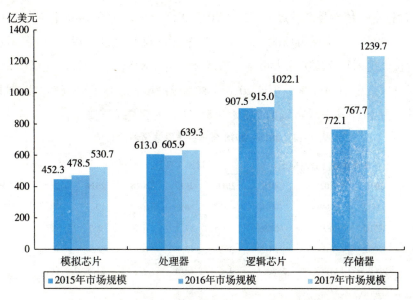

图 1-3 2015—2017 年全球集成电路产品市场规模情况

资料来源：WSTS，2018 年 2 月。

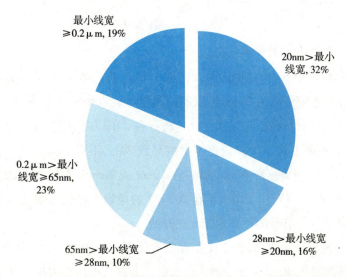

图 1-4 2017 年 12 月全球晶圆厂已装机月产能占比（200mm 等效晶圆）

资料来源：IC Insights，2017 年 12 月。

（二）区域分布

从半导体市场的区域分布来看，未来相当长的一段时间内，亚太地区（不含日本）依然是全球最大市场，2017 年市场规模达到 2488 亿美元，同比增长 19.4%，占全球市场的 60.4%。预计 2018 年该地区将以 7.7% 的增速高速增长。美洲是全球第二大市场，市场规模达到 885 亿美元，同比增长 35%，占据全球市场的 21.5%，预计 2018 年将继续高增长，增速 16.8%。欧洲和日本分别占 2017 年全球市场的 9.3% 和 8.9%，占比持续下降。

表1-3　2016—2018 年全球半导体区域营收情况

	市场规模（百万美元）			增速（%）			占比（%）		
	2016	2017	2018	2016	2017	2018	2016	2017	2018
美洲	65537	88494	103340	-4.7	35	16.8	19.3	21.5	22.9
欧洲	32707	38311	40826	-4.5	17.1	6.6	9.7	9.3	9.0
日本	32292	36595	39013	3.8	13.3	6.6	9.5	8.9	8.6
亚太	208395	248821	268051	3.6	19.4	7.7	61.5	60.4	59.4

资料来源：WSTS，2018 年 2 月。

三、投资情况

（一）半导体资本支出

2018 年将结束 5 年的增长期，在这 5 年之间，半导体资本支出增长了 58%。内存制造商将因为 2018 年以前持续供不应求带来的收入和利润飙升，而在新设备上投资达到创纪录水平。这将导致 2019 年内存市场供过于求。由于 2018 年新产能上线，内存价格下滑将导致 2019 年资本投资减少，总投资下降预计 17%。随着新产能的上线，在 10nm 或 7nm 节点的先进的逻辑产能将在 2018 年量产。因此，2019 年和 2020 年的逻辑产品的资本支出将小幅下降，之后对下一个节点的投资才能真正开始。

Gartner 预计，2017 年半导体器件收入增长 22.2%，达到 4200 亿美元，比之前的预测增加 90 亿美元。收入增加的三分之二由内存占据，其中 45% 的增长来自 DRAM。由于 DRAM 和 NAND 市场供不应求的情况以及 10 纳米（nm）生产能力的逻辑投资推动，2017 年资本开支（资本支出）预计将增长

30.8%。然而，2018 年内存和逻辑支出预计将保持稳定，然后随着产能赶上需求和设备价格的下滑而下降。从长远来看，逻辑投资将几乎停止增长，在下一个主要工艺创新之前的几年，前沿工艺将经历逐步改进。在内存方面，DRAM 支出将在 2017 年达到峰值，比 2016 年上涨 78%，2018 年下降 10%，2019 年下降 37%。随着 3D NAND 转换完成，良率问题得到解决，2018 年 NAND 开支将增长近 8%。

表 1 - 4　2017 年全球半导体企业资本支出排名　（单位：百万美元）

排名	企业	资本支出	占比
1	三星电子	24,200	28.2%
2	英特尔	11,778	12.5%
3	台积电	10,860	11.7%
4	SK 海力士	8,160	9.2%
5	美光科技	5,426	5.4%
6	东芝	2,750	3.0%
7	中芯国际	2,300	2.5%
8	长江存储	2,000	2.2%
9	格罗方德	2,000	2.2%
10	台联电	1,700	1.8%
11	福建晋华	1,700	1.8%
12	西部数据	1,600	1.5%
13	意法半导体	1,301	1.5%
14	南亚科技	1,100	1.4%
15	英飞凌	1,070	1.2%
16	上海华力	1,000	1.2%
17	日月光	816	1.1%
18	索尼	743	0.9%
19	德州仪器	695	0.8%
20	力成科技	620	0.7%
	前 20 家	81,819	89.8%
	全球资本支出	91,148	100.0%

资料来源：Gartner，2018 年 5 月。

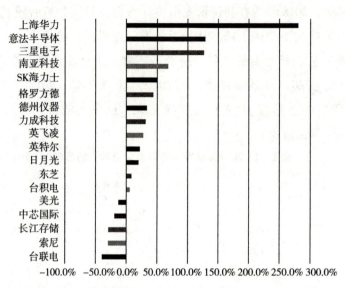

图1-5 2017年全球资本支出前20大半导体企业同比增速

注：福建晋华和西部数据没有数据

资料来源：Gartner，2018年5月。

（二）半导体设备支出

半导体设备制造商应为2019年开始的重大低迷做好准备。从晶圆厂设备的角度来看，对于2017年，预计晶圆厂的设备市场将达到490亿美元，比2016年增长32.4%。2017年最大的设备增长是材料去除和清洗（41%）、沉积（39%）。Gartner预计2018年设备市场将下滑3%，2019年下降16.5%。整体而言，预测期内复合年均增长率为2.3%。

7nm技术将成为三大代工厂的新战场：台积电，三星和格罗方德，这三家都计划于2018年投产。7nm产品的第一阶段将基于深紫外（DUV）光刻技术，然后在2019年采用极紫外（EUV）光刻技术进入第二阶段。由于7nm系统级芯片（SoC）设计所需的高额投资，最初采用7nm将仅限于智能手机制造商和比特币矿机制造商。2019年之后，7nm将会被人工智能等应用更广泛地采用。有限地使用EUV，并与DUV工具混合搭配，7nm技术将成为代工历史上最成功的节点之一，在2021年将产生超过116亿美元的年收入。

图 1-6　2016—2021 年全球晶圆厂设备销售额

资料来源：Gartner，2017 年 12 月。

（三）半导体企业并购

半导体行业并购交易额在 2017 年显著下滑，完成了许多较小的交易，但是大单很少。2015 年和 2016 年席卷半导体行业的并购交易洪水在 2017 年显著放缓，但 2017 年达成的并购交易总值仍是本十年内前半期平均额的两倍多。

相比于 2015 年创纪录的高位 1073 亿美元及 2016 年的 998 亿美元，2017 年达成的 27 项收购协议合计价值 277 亿美元，下降很多，芯片行业的并购协议在 2010 年至 2015 年间的年均总价值约为 126 亿美元。

随着收购目标数量减少和合并业务发展，通过并购交易的行业整合在 2017 年增速减缓。欧洲、美国和中国的政府机构对计划合并的监管审查更趋严格，也使大型半导体企业收购步伐放慢。

2017 年，只有 2 个超过 10 亿美元的收购协议，即东芝内存业务的 180 亿美元和 Marvell 60 亿美元收购 Cavium。2015 年 10 个半导体收购协议超过 10 亿美元，2016 年有 7 个价值超过 10 亿美元。根据 IC Insights 编制的数据，2017 年这两项大型收购协议将半导体并购契约的平均价值推至 13 亿美元。2015 年达成的 22 项半导体收购协议的平均价值为 49 亿美元。2016 年，29 项并购协议的平均值为 34 亿美元。

图 1-7　2010—2017 年全球半导体并购交易额

资料来源：IC Insights，赛迪智库整理，2018 年 1 月。

　　2017 年对半导体销售产生重大影响的收购和出售包括：ADI 公司于 2017 年 3 月 10 日完成对 Linear Technology 的收购，英特尔于 2017 年 8 月 8 日完成对 Mobileye 的收购，恩智浦完成其标准产品业务的剥离，并于 2017 年 2 月 7 日创建 Nexperia，联发科于 2017 年 3 月 14 日完成收购 Airoha Technology，瑞萨电子于 2017 年 2 月 25 日完成对 Intersil 的收购。

四、重点产品

（一）中央处理器（CPU）

1. 全球服务器 CPU 市场

　　2016 年全球服务器 CPU 市场规模达到 134.3 亿美元，同比增长 8.3%，其中亚太区达到 58.5 亿美元，占比为 44%，同比增长 11.9%，成为全球最大、增长最快的服务器 CPU 区域市场，亚太区预计在未来几年将保持这一趋势和地位。

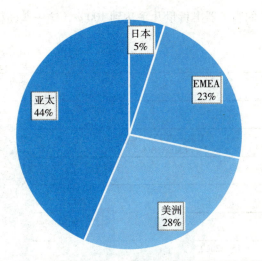

图 1 - 8　2016 年全球服务器 CPU 市场的各区域份额

注：EMEA 为欧洲、中东、非洲三地区的合称。

资料来源：Gartner，2017 年 9 月。

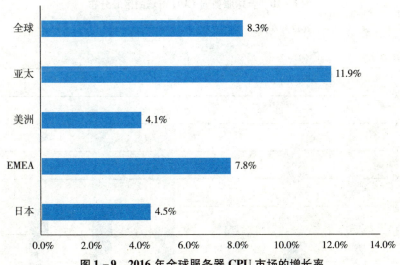

图 1 - 9　2016 年全球服务器 CPU 市场的增长率

资料来源：Gartner，2017 年 9 月。

　　2016 年，大中华区服务器市场共出货 268.2 万套，同比增长 8.0%，占全球出货量的 24.2%。其中，采用 Windows 操作系统的服务器出货量占比为 69.1%，采用 Linux 操作系统的为 30.4%。预计未来几年，采用 Linux 操作系统的服务器增速将快于采用 Windows 的服务器，但二者仍会占据近 100% 的市场。另外，采用 X86 架构 CPU 的服务器出货量几乎达到 100%，这一垄断格局在未来几年也仍将延续。

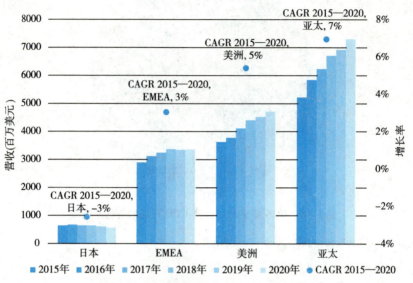

图 1-10　全球服务器 CPU 市场的区域分布

资料来源：Gartner，2017 年 9 月。

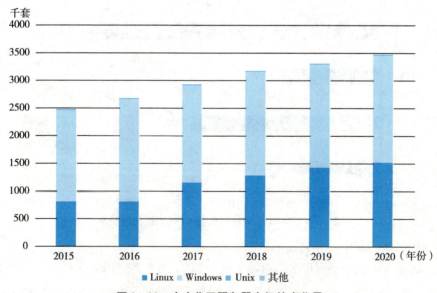

图 1-11　大中华区服务器市场的出货量

资料来源：Gartner，2017 年 9 月。

2. 全球桌面 CPU 市场

2016 年全球桌面 CPU 市场达到 113.1 亿美元的规模，同比下降 3.0%，其中亚太区达到 70.1 亿美元，占比为 62%，同比下降 1.4%，成为全球最大、下降最慢的桌面 CPU 区域市场。预计在未来几年，在全球桌面 CPU 市场整体衰退的趋势下，亚太区市场将继续缓慢萎缩。

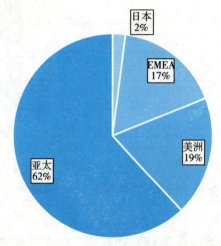

图 1-12　2016 年全球桌面 CPU 市场的各区域份额

资料来源：Gartner，2017 年 9 月。

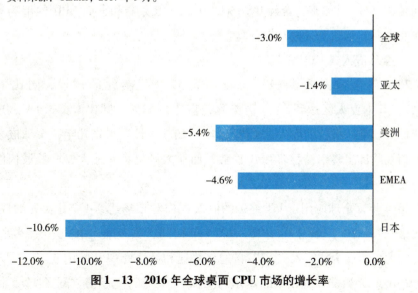

图 1-13　2016 年全球桌面 CPU 市场的增长率

资料来源：Gartner，2017 年 9 月。

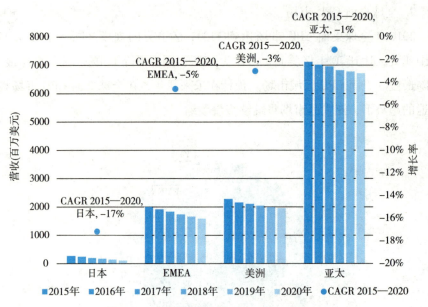

图1-14 全球桌面CPU市场的区域分布

资料来源：Gartner，2017年9月。

2016年，在服务器和桌面 CPU 市场中，Intel 占据 96.1% 的份额，AMD占据 3.1% 的份额，两者合计占有 99.2% 的市场份额，而 2015 年相应的份额分别是 95.9%、3.2%，合计 99.1%，可见，服务器和桌面 CPU 的市场集中度在非常高的基础上又进一步升高。

3. 全球嵌入式 CPU 市场

2016 年全球嵌入式 CPU 市场达到 47.9 亿美元的规模，同比下降0.3%，其中亚太区达到 24.4 亿美元，占比为 51%，同比增长 3.1%，成为全球最大、唯一增长的嵌入式 CPU 区域市场。预计在未来几年，全球嵌入式CPU 市场整体上将保持稳步增长趋势，而亚太区仍将是最大、增长最快的区域市场。

2016 年，全球应用于 IoT 终端的嵌入式 CPU 市场达到 4.2 亿美元的规模，同比增长 26.2%，预计在 2015—2020 年期间，其复合年度增长率将高达32%，大大超过全球嵌入式 CPU 的总体增速和计算机 CPU 的增速。

2016 年，数据处理领域的需求为亚太嵌入式 CPU 市场贡献了 12.5 亿美元的营收，占据 51.3% 的份额，同比增长 4.6%，成为亚太地区最大的应用领域。汽车领域同比增长 9.0%，成为增长最快的应用领域。通信、消费、军用和民用航空航天领域出现不同程度的下降。预计未来数年，工业领域将带来强劲的需求，成为推动亚太嵌入式 CPU 市场增长的最大动力。

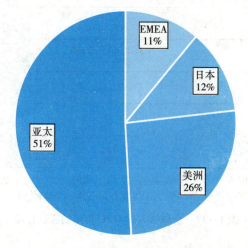

图 1－15　2016 年全球嵌入式 CPU 市场的各区域份额

资料来源：Gartner，2017 年 9 月。

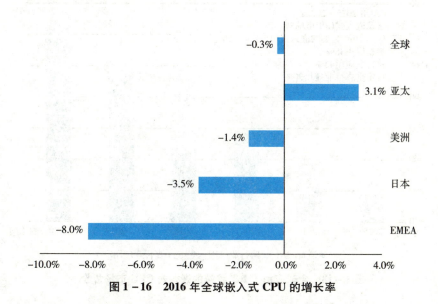

图 1－16　2016 年全球嵌入式 CPU 的增长率

资料来源：Gartner，2017 年 9 月。

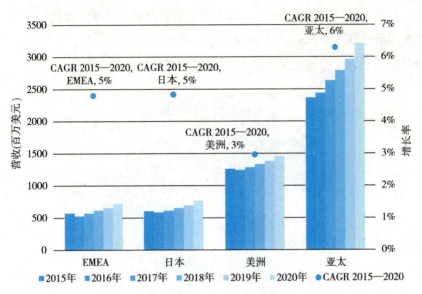

图 1-17　全球嵌入式 CPU 市场的区域分布

资料来源：Gartner，2017 年 9 月。

图 1-18　全球应用于 IoT 终端的嵌入式 CPU 市场营收

资料来源：Gartner，2017 年 9 月。

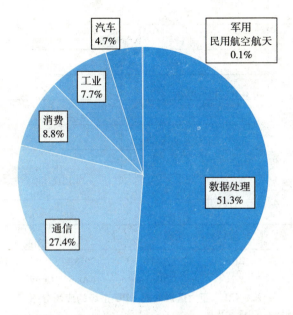

图 1 – 19　2016 年亚太区嵌入式 CPU 市场的应用分布

资料来源：Gartner，2017 年 9 月。

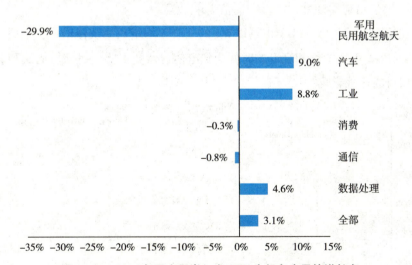

图 1 – 20　2016 年亚太区嵌入式 CPU 市场各应用的增长率

资料来源：Gartner，2017 年 9 月。

2016 年，Intel 占据全球嵌入式 CPU 市场 63.6% 的份额，高于 2015 年的 60.0%，NXP 占据 13.4% 的份额，位列第二。Intel 在服务器和桌面 CPU 与嵌入式 CPU 市场中均遥遥领先于其他厂商。

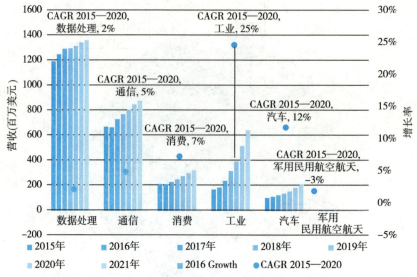

图1-21 亚太区嵌入式CPU市场的应用分布

资料来源：Gartner，2017年9月。

（二）可编辑逻辑器件（FPGA/PLD）

1. 增长呈现周期性，汽车、通信需求最强

在过去10年中，FPGA市场以2%的复合年均增长率缓慢增长，呈周期性变化。FPGA市场增长和衰退的时间受到电信运营商主要项目部署周期和美国国防项目的显著影响。

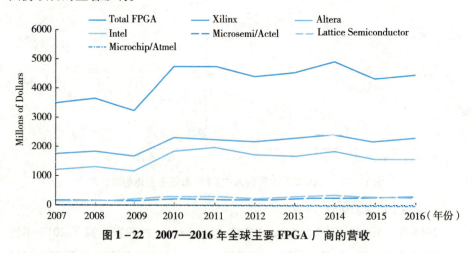

图1-22 2007—2016年全球主要FPGA厂商的营收

注：Microsemi在2010年收购了Actel。

资料来源：Gartner，2017年4月。

图 1 - 22 总结了 FPGA 在各应用领域的增长趋势,其中,在汽车和有线通信领域增长最快,分别达到 11% 和 14%。汽车领域的增长受到先进的车载信息娱乐和高级驾驶辅助系统的使用增长驱动,而有线通信领域的增长则是印度和中国正在部署 4G 基站网络的结果。2016 年,汽车和有线通信应用领域的半导体总营收分别显著增长 9.8% 和 9.5%,可见在这两个领域,FPGA/PLD 的表现均超过总体。FPGA 在汽车和数据中心等新应用领域的使用正在使 FPGA 市场的周期性减弱。在这些领域,在与定制逻辑和传统的 ASIC 相关的开发时间和成本方面,FPGA 提供的灵活性带来了优势。由于 FPGA 开发复杂定制逻辑方案相对容易,这使其能够在广泛使用在终端设备类型中。另外,消费类 FPGA 市场继续稳步下降,和过去 5 年趋势相同。

表 1 - 5 2016 年全球 FPGA 市场在各应用领域的营收

(单位:百万美元)

应用领域	营收	增长率	市场份额
工业/医疗/其他	1120	3%	25%
有线通信	1044	14%	23%
无线通信	817	4%	18%
军事/航空航天	653	-1%	14%
消费	371	-12%	8%
汽车	247	11%	5%
计算及周边	164	3%	4%
存储	113	3%	2%
总计	4529	3.8%	100%

资料来源:Gartner,2017 年 4 月。

2. 行业集中度高,并购较为活跃

FPGA 市场在 2016 年增长了 3.8%,达到 45 亿美元,其中,两家最大的 FPGA 厂商——Xilinx 和 Intel——合计占现有市场总量的 87%。产品专业化导致许多 FPGA 半导体供应商成为收购的目标,例如,Intel 收购 Altera,Microchip Technology 收购 Atmel,以及被美国政府禁止的 Canyon Bridge Capital Partners 收购 Lattice Semiconductor 活动。许多并购的原因是大供应商希望利用扩张的 FPGA 市场,并从高端 FPGA 器件的高利润率中受益,FPGA 带来的设计灵活性也可以使厂商补充传统的 ASIC 和 ASSP 产品。并购造成了 FPGA 成为许多半导体器件产品的一部分，Xilinx 成为现存唯一一家主营 FPGA 厂商。

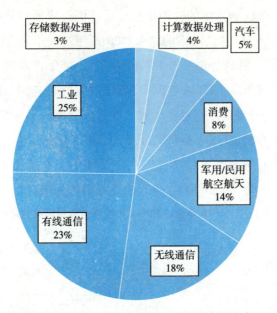

图1-23 2016 年全球 FPGA 市场的应用分布

资料来源：Gartner，2017 年 3 月。

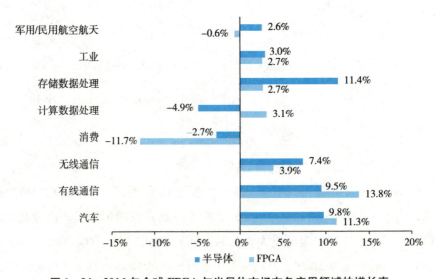

图1-24 2016 年全球 FPGA 与半导体市场在各应用领域的增长率

资料来源：Gartner，2017 年 3 月。

在 2016 年的前六大 FPGA 厂商中，紫光国芯作为唯一的中国企业排名第六，营收较其他 5 家少很多。

表 1-6　2016 年全球 FPGA 厂商的营收　　（单位：百万美元）

营收排名	厂商	营收	增长率	市场份额
1	Xilinx	2310	4.5%	51.0%
2	Intel	1628	310.1%	35.9%
3	Microsemi	295	0.7%	6.5%
4	Lattice Semiconductor	282	2.5%	6.2%
5	Microchip Technology	4	—	0.1%
6	紫光国芯	1	—	0.0%
其他		9	800%	0.2%
总计		4529	3.8%	100%

资料来源：Gartner，2017 年 4 月。

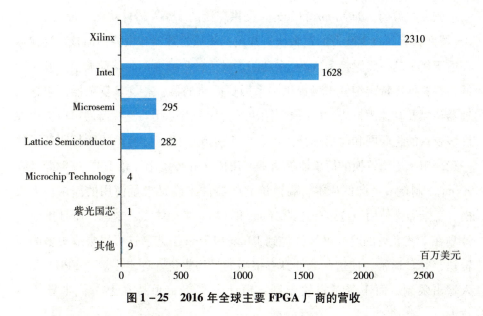

图 1-25　2016 年全球主要 FPGA 厂商的营收

资料来源：Gartner，2017 年 4 月。

在 Intel 收购 Altera 前，所有 FPGA 厂商都是无晶圆的，依赖半导体晶圆厂制造，这为需要先进半导体技术的 FPGA 厂商们提供了相对公平的竞争环境。然而，现在 Intel 有机会利用其先进制造技术生产自己的 FPGA，可能会对其他 FPGA 厂商形成竞争优势。不过，如果客户决定将半导体采购扩大到多个供应商的话，这可能为其他 FPGA 厂商提供新的业务机会。

表1-7　FPGA 市场并购活动　　　　　　（单位：百万美元）

收购时间	并购方	被并购方	交易规模
2015 年 12 月	Intel	Altera	16700
2016 年 4 月	Microchip Technology	Atmel	3560
2016 年 11 月宣布，2017 年初中止	Canyon Bridge	Lattice Semiconductor	1300

资料来源：Gartner，2017 年 4 月。

3. 市场路线分化，AI、5G、IoT 带来新增长

FPGA 市场已经分化为两部分：基于最新一代半导体工艺的高端、大规模器件，和使用传统半导体节点的器件。

较大的厂商，如 Xilinx 和 Intel，提供广泛的 FPGA 器件功能，最大的 FPGA 器件具有超过 100 万的逻辑块，并包括集成处理器和微控制器核，这使器件适于复杂的逻辑置换和 ASSP 类功能。较小的厂商专门为移动通信、开关和低功率器件等特定细分市场提供一系列更简单的器件。许多复杂器件包含处理器核以及其他逻辑块，可以被当作可重构 ASSP 使用。这些器件可以应用在许多新兴的物联网和通信细分市场，图 1-26 中的细分应用的增长印证了这一点。用于逻辑置换的简单器件通常使用成熟和传统半导体工艺（28/45/60/90 nm）制造，生产低成本、高性价比的器件来满足批量使用的需求。大规模、复杂器件使用当今最先进的 16nm 和 14nm 半导体工艺制造，而且供应商计划在工艺允许的时候继续推进到 10nm 和 7nm 工艺。这可以集成更多的逻辑块，并且通常会使这些器件具有很高的平均售价。许多小规模 FPGA 受输入输出限制，而不受逻辑块限制，预计未来仍将保持在上一代半导体节点上。

到 2021 年，AI、5G 部署和工业物联网的需求会为大规模 FPGA 带来超过75% 的新业务量。预计应用于物联网终端的 FPGA 在 2015—2020 年的复合年均增长率（CAGR）将达到 39%，远高于全球 FPGA 总体市场 8% 的 CAGR，其市场份额也将由 2015 年的 3.3% 提升到 2020 年的近 12%。FPGA 逻辑块密

度和可编程性的提高，使其可以使用在 AI 开发的推理阶段。与开发专用 ASIC 相比，FPGA 提供更多的灵活性和更快的上市时间，因而为更广泛的应用提供了更好的解决方案。随着 Intel 收购 Altera，并计划把至强处理器与 FPGA 集成，预计未来用于工作负载加速的数据中心将进一步部署 FPGA。

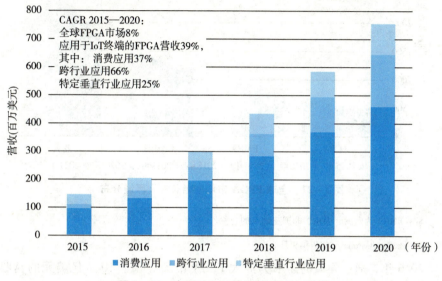

图 1 - 26　应用于 IoT 终端的 FPGA 营收

资料来源：Gartner，2017 年 9 月。

许多大规模 FPGA 包含专用的 ARM 核，以高效地设计可重新编程 ASSP 或 SoC。这些灵活性使得无线基站和蜂窝网络的开发者可以使用这些器件，即将在 2019 年和 2020 年推出的下一代 5G 网络有望为 FPGA 厂商提供更多的机会。适合这种可重新编程 SoC 应用的另一个领域是工业物联网，处理器核与灵活的逻辑块的结合帮助物联网开发者实现快速上市。嵌入式视觉应用的增长也有望驱动对 FPGA 的进一步需求。

4. 亚太市场领衔全球，通信、汽车领衔亚太

2016 年，亚太地区的 FPGA 营收达到 20.1 亿美元，同比增长 9.6%，占全球 FPGA 市场的 44.5%，成为最大、增长最快的区域市场。预计未来数年，亚太地区将保持着 FPGA 市场份额和增速均领衔全球的地位。

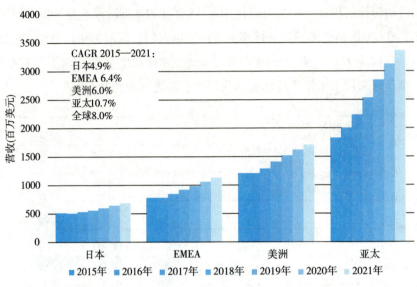

图 1–27 全球 FPGA 市场的增长率及区域分布

注：EMEA 为欧洲、中东、非洲三地区的合称。

资料来源：Gartner，2017 年 9 月。

2016 年，通信领域的需求为亚太 FPGA 市场贡献了 10.7 亿美元的营收，占据 53% 的份额，同比增长 16.6%，成为亚太地区最大、增长最快的应用领域。汽车领域同比增长 15.7%，成为增长最快的应用领域。消费领域同比大降 10.2%，成为唯一下降的应用领域。预计未来数年，通信领域对 FPGA 的需求仍将保持着一半左右的亚太市场份额，工业和汽车领域的需求将更加强劲，增速可能大幅超过其他领域，而消费领域在经历了显著下降之后，营收有望在 2017 年恢复到 2015 年的水平，但未来增长依然乏力。

（三）物联网（IoT）

传感器、连接芯片和数据处理芯片是物联网领域使用的主要半导体设备。其中，传感器是物联网中最多元化的设备，主要类型包括图像传感器、化学传感器、惯性传感器、温度传感器、磁传感器、指纹传感器等。连接芯片是承载设备信息交换和通信功能的半导体器件，使用的主要连接方式有蓝牙、Wi-Fi、NFC、NB-IoT 等。数据处理芯片是物联网设备的"大脑"，具备对收发信息的处理功能；主要组成有应用处理器、ASSP/ASIC、FPGA/PLD、8 位/16 位/32 位微控制器和嵌入式微处理器等。

CAGR 2015—2021:
通信9.8%
消费4.4%
工业16.1%
数据处理12.7%
军用/民用航空航天6.4%
汽车17.9%
亚太区10.7%

■2015年 ■2016年 ■2017年 ■2018年 ■2019年 ■2020年 □2021年

图1-28 亚太区FPGA市场的增长率及应用分布

资料来源：Gartner，2017年9月。

　　根据行业分析，传感器、连接芯片、数据处理芯片在物联网领域的营业收入在2015年至2020年的6年内将实现超2倍的增长，全球市场营业收入在2020年将达到340亿美元，复合年均增长率（CAGR）达到24.8%。到2020年，数据处理芯片将依然是物联网领域使用量最大的半导体器件，2020年营业收入将超过200亿美元，占物联网半导体收入的61%；其中由于32位MCU在安全性和边缘处理能力上拥有优势，该芯片产品在物联网市场的营业收入将在2020年达到44亿美元，2015年至2020年的复合年均增长率达到38%。未来，物联网设备的智能化将驱动设备配备越来越多的传感器器件，由此将驱动传感器市场在物联网领域的快速发展，预计传感器在物联网领域的营业收入在2015年至2020年的复合年均增长率为31.1%。

表1-8 2015—2020年处理、传感和通信物联网半导体收入

（单位：百万美元）

设备类别	2015	2016	2017	2018	2019	2020	CAGR 2015—2020
数据处理芯片	6742	8378	10550	13400	16788	20797	25.3%
传感器	1889	2393	3136	4247	5665	7307	31.1%
连接芯片	2635	3084	3534	4186	5027	6061	18.1%
总计	11266	13855	17220	21833	27481	34165	24.8%

资料来源：Gartner，2017年1月。

表1-9　2016—2020年处理、传感和通信的物联网半导体收入增长率

设备类别	2016	2017	2018	2019	2020
处理	24.3%	25.9%	27.0%	25.3%	23.9%
传感	26.7%	31.1%	35.4%	33.4%	29.0%
通讯	17.0%	14.6%	18.5%	20.1%	20.6%
累计	23.0%	24.3%	26.8%	25.9%	24.3%

资料来源：Gartner，2017年1月。

（四）人工智能（AI）

人工智能预期将成为引领行业变革的主要力量。预计到2022年，人工智能将为半导体供应商带来158亿美元的新收入机会。到2022年，在个人设备中越来越多地使用人工智能（AI）将为高度集成的专用标准产品（ASSP）带来超过90亿美元的商业机会，这些产品可以高效地执行必要的神经网络算法和程序模型。

与人工智能相关的半导体收入包括用于执行与人工智能相关的神经网络算法和程序化模型的专门器件的相关收入。这些器件主要分成两类。一是专为执行AI算法而设计和销售的半导体器件。例如，图形处理单元（GPU），Movidius的Myriad视觉处理单元和其他半导体厂商正在开发的AI处理器。二是集成了AI神经网络处理功能的半导体器件。对于这些器件，整个器件的收入包含在预测收入中。例如高级智能手机应用处理器，其主要任务是管理智能手机操作，但可以通过集成AI功能来实现产品差异化。

表1-10　2017—2022年按器件类型预测的AI半导体收入

（单位：百万美元）

器件类型	2017	2018	2019	2020	2021	2022	CAGR 2017—2022
分立AI半导体器件	742	1242	2208	2461	2665	2996	26%
具有AI功能的半导体集成器件	417	996	1889	3677	6991	12790	77%
总收入	1159	2238	4097	6138	9657	15786	55%

资料来源：Gartner，2018年1月。

人工智能半导体器件用于多个主要应用领域，例如物联网终端、个人设备和数据中心。表1-11提供了主要应用领域的收入预测。

表 1 - 11 2017—2022 年按应用领域的预测 AI 半导体收入

（单位：百万美元）

应用领域	器件类型	2017	2018	2019	2020	2021	2022	CAGR 2017—2022
物联网	离散 AI	0	15	27	54	102	192	205%
	集成 AI	3	163	293	566	1016	1836	26%
个人设备	离散 AI	18	35	53	69	67	72	25%
	集成 AI	272	589	1201	2458	4909	9237	194%
数据中心	离散 AI	723	1192	2128	2338	2497	2731	80%
	集成 AI	143	243	396	653	1066	1718	51%

资料来源：Gartner，2018 年 1 月。

　　人工智能系统的市场仍在不断发展。目前有许多人工智能技术和应用已被使用，预计未来几年将会有更多的人工智能技术和应用出现。现在许多 AI 系统主要通过使用强力统计比较来对数据进行分类。但是，预计算法和神经网络模型将继续发展，为半导体供应商向市场提供新器件设计创造了新的机会。

　　在不同的成熟度水平上，有许多关键技术影响 AI 市场的增长。Gartner 2017 年发布了人工智能技术成熟度曲线，向希望开发 AI 器件的半导体供应商说明这一快速增长的市场具有巨大发展潜力。

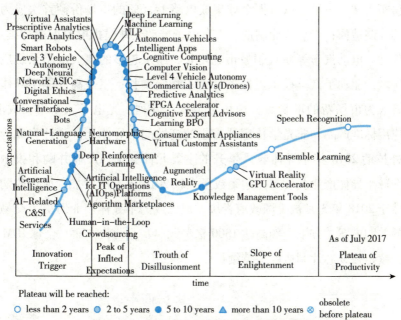

图 1 - 29 2017 年人工智能技术成熟度曲线

资料来源：Gartner，2017 年 7 月。

目前 AI 还处于起步阶段，AI 算法模型的复杂性以及模型决定机制缺乏透明度引发了广泛担忧。此外，AI 系统分析和关联大型数据集的能力（通常包含个人身份信息）正在引发隐私争议。尽管现在还没有规范人工智能的使用，但是未来的规范可能会影响某些类型的人工智能系统的使用，从而对向市场提供器件的半导体供应商产生间接影响。

第二节　发展特点

根据 Gartner 报告，受内存和传感器等产品需求增长的拉动，2017 年全球半导体市场出现了 22.2% 的高速增长，市场规模也增长到 4197 亿美元，成为继 2010 年从国际金融危机中复苏后增长幅度最强的一年。我国半导体产业在全球市场拉动和内生动力驱动下，产业规模也继续保持快速增长势头，2017 年产业规模达到 5411.3 亿元，同比增长 24.8%。

全球集成电路市场方面，一是全球存储产品价格持续飙升推动韩国厂商市场份额大增，三星也以占据全球集成电路 14.6% 的市场份额首次成为全球最大芯片制造商；二是智能制造、汽车电子推动全球模拟电路增速持续走强，自动驾驶、电动汽车等新兴领域市场增长，越来越多的集成电路系统应用于汽车领域，驱动了汽车模拟电路器件需求稳定增长；三是高性能半导体应用预期将成为市场新的增长点，现场可编程门阵列、光电子、专用集成电路、特殊应用标准产品和非光学传感器为主的高性能半导体元件预计将成为除存储器外拉动 2018 年半导体收入攀升的主要元件类别。产业并购和投融资方面，全球半导体产业共发起并购案数量上较 2016 年有所增加，博通收购高通案虽然于 2018 年 3 月被美国政府否决，但已成为半导体产业历史上交易金额最大的并购方案，方案金额高达 1300 亿美元。企业营收方面，全球 IDM 厂商营收持续走强，芯片制造巨头持续扩张。

一、存储产品价格持续飙升，韩国厂商市场份额大增

2017 年全球半导体产业收入为 4197 亿美元，同比增长 22.2%。其中存储

器在半导体产业总收入中的占比为31%，但由于供应不足导致价格大幅度上调，存储器类别收入增长高达64%，其收入增幅占全球半导体业总收入增幅的三分之二以上，成为最大的半导体产品类别。供应不足引发的价格上涨成为推动存储芯片收入增长的关键动力。存储器NAND闪存芯片价格实现历史上首次同比增长，增幅为17%；而存储器DRAM内存芯片价格增长高达44%。到2022年，存储市场预计将以5.2%的年复合增长率增长。企业固态硬盘（SSD）、AR/VR、图像处理、人工智能以及其他复杂实时数据重负载新应用对存储器需求在增加，随着闪存新产能投入量产，以及DRAM的适度扩产，存储器价格上涨将得到缓解，供需更趋向于平衡。NAND产品应用方面，手机存储、SSD、存储卡三大应用将占到2018年NAND总出货量的近80%，其中手机存储将达到37%，SSD为25%，存储为16%。DRAM细分市场份额方面，DDR4出货量将从2016年的45%大幅提升至2018年的72%，DDR3、DDR2出货量将持续萎缩至不足25%。

　　市场格局方面，韩国厂商市场份额增幅明显。据2017年全球半导体市场初步统计报告显示，三星半导体收入为612.15亿美元，同比增长52.6%，市场份额为14.6%；英特尔半导体收入为577.12亿美元，同比增长6.7%，份额为13.8%，主要受到数据中心处理器收入增长6%的推动；SK海力士排名第三，半导体收入263.09亿美元，同比增长79%，份额为6.3%。三星以全球半导体14.6%的市场份额首次成为全球最大芯片制造商。作为全球最大存储器供应商，三星凭借存储器类别的强势表现，自1992年以来首次超越英特尔成为占据全球半导体市场份额最大的芯片制造商。三星的领先主要依靠存储芯片，依靠单一产品来稳固位置不易维持。现有市场三大存储器厂商会相应推出产品，随着后来者的中国加大自主存储器投资，全球扩大存储芯片产能，三星的总体营收届时有可能将会受到影响。预计存储器市场将回归"正常"增长模式。

表1-12　2017年全球集成电路市场份额

排名	公司	营收（百万美元）	市场份额（%）	增长率（%）
1	三星	61215	14.6	52.6
2	英特尔	57712	13.8	6.7

排名	公司	营收（百万美元）	市场份额（%）	增长率（%）
3	SK 海力士	26309	6.3	79.0
4	美光	23062	5.5	78.1
5	高通	17063	4.1	10.7
6	博通	15490	3.7	17.1
7	德州仪器	13806	3.3	16.0
8	东芝	12813	3.1	29.2
9	西部数据	9181	2.2	120.2
10	恩智浦	8651	2.1	−7.0
其他		174418	41.6	10.6
整体市场		419720	100.0	22.2

资料来源：Gartner，赛迪智库整理，2018 年 1 月。

二、汽车电子、信号转换推动模拟电路市场持续走强

在集成电路市场模拟、逻辑、存储和微元件四大产品类别中，模拟电路芯片是智能制造系统和物联网应用的重要元器件。模拟信号可以被认为是模拟真实世界的信号，这些因素包括光线、声音、温度和压力。在数字集成电路产业欣欣向荣的光环下，模拟集成电路产业的发展相较略显平淡，但数据显示，2017 年模拟电路芯片市场继续在集成电路产业发挥稳定作用。2017年，全球模拟电路芯片总销售额为 545 亿美元，预计到 2022 年，全球模拟芯片市场规模可达到 748 亿美元。预计未来五年市场增速将最高达到 6.6%，将成为增速最高的细分品种。例如，电源管理模拟电路器件有助于提升功率调节效率，降低设备和系统的工作温度，从而帮助延长手机等由电池供电设备的电池循环次数和使用寿命。据统计，电源管理芯片市场在 2017 年增长12%，2018 年预计将增长 8%。

根据市场研究机构 IC Insights 数据，在消费电子、计算机、工业等领域模拟电路芯片市场份额出现一定程度下滑，在通信、政府和军事应用领域基本保持稳定的市场占比，而在汽车领域 2016 年市场份额已由 2014 年的 19.8%增至 21.9%。随着智能汽车的不断成熟，自动驾驶、电动汽车等新兴领域市

场增长，越来越多的集成电路系统应用于汽车领域，驱动了汽车模拟电路器件需求稳定增长。预计 2018 年，汽车专用模拟芯片市场预计将增长 15%，达到 24.4%，成为增长最快的集成电路产品之一。同时，通信电子和消费电子应用依然是信号转换模拟电路器件最大的市场应用领域。预计未来五年中，信号转换器件将有三年增速超过 10%。

图 1-30　全球全球模拟电路各应用领域市场份额

资料来源：IC Insights，赛迪智库整理，2018 年 1 月。

三、行业内并购案频现，反垄断监管更趋严厉

截至 2017 年底，全球半导体产业共发起超过 55 起并购案，数量上较 2016 年有所增加。交易规模位于前十位的收购案有：博通收购高通（1300 亿美元，2018 年 3 月被特朗普否决），SK 海力士收购东芝存储业务（180 亿美元），Intel 收购 Mobileye（153 亿美元），Marvell 收购 Cavium（150 亿美元），博通收购博科（59 亿美元），SK 集团收购 LG Siltron（约 12 亿美元），奥瑞德收购 Ampleon 集团（约 12 亿美元），华芯投资收购 Xcerra（40 亿元人民币），惠普收购敏捷存储（约 10 亿美元），Canyon Bridge 收购 Imagenation（约 49 亿美元）。2017 年 11 月，出现了史上交易金额最大的半导体并购意向即博通收购高通，交易额预期达 1300 亿美元。如果并购成功，高通与博通的合并后的新公司，不但拥有云、数据中心、基础网络、移动通信、智能终端这样的全产业链布局，更是在诸如 Wi-Fi 等特定领域完全垄断了市场。这是一种产品与产业链同时存在的"垄断"，而且是对于产业链最为核心环节的"垄断"，

将会给产业链的发展，造成不容小觑的影响。由于美国外国投资委员会（CFIUS）反垄断审查认为收购后将危害美国国家安全，2018 年 3 月，美国总统特朗普全面并且永久否决了该并购案。值得注意的是，CFIUS 首次在并购交易实施前阻止并购活动不仅表明了美国政府对于保护 5G 技术等国家安全相关的知识产权坚决态度，而且意味着 CFIUS 未来将采取更加严厉的态度对待外国公司（资本）对美国公司的并购。

此外涉及资金最大的是 SK 海力士 180 亿美元收购东芝存储器业务，日本政府建立由日本、韩国、美国三国企业和机构组成的财团对东芝旗下半导体业务提出收购报价，以反击美国芯片制造商博通提出的 200 亿美元报价。2017 年规模第三大收购案由英特尔提出，3 月 13 日，英特尔宣布以 153 亿美元价格收购以色列的 Mobileye 公司，就此成为全球先进汽车零部件供应商。2017 年，苹果收购了面部识别技术公司 RealFace（以 200 万美元）、增强现实创业公司 Vrvana（以 3000 万美元）、AR 技术开发商 SensoMotoric、相机传感器公司 InVisagc，进一步完善了全球先进技术布局。

四、IDM 厂商营收持续走强，芯片制造巨头持续扩张

2017 年全球 IDM 厂商营收增速再次超越 Fabless 厂商。和 2010 年的情况类似，2017 年市场增速的反超主要来自于三星、海力士、美光等存储 IDM 厂商因存储芯片价格飙升出现的营收大涨。和 Fabless 芯片供应商与晶圆厂的营收呈现正相关不同，Fabless 芯片的营收增长和 IDM 厂商的关系是此消彼长的。在 2010 年，IDM 的 IC 销售成长了 35%，但是 Fabless 当年的成长只有 29%。由于很少 Fabless 涉足存储产业，因此在 2010 年的 DARM 和 NAND Flash 热潮中，Fablcss 受益不多。但从 2011 年开始，Fabless 的成长速度再次超越了 Fab，这种情况一致维持到 2014 年。2015 年 IDM 厂商的成长第二次超过了 Fabless，IDM 厂商 2015 年的营收成长为 -1%，而 Fabless 成长为 -3%。造成当年 Fabless 营收负增长的一个重要原因是高通当年的营收下滑了 17%，这主要是由于三星在其手机产品中使用了大部分自研的猎户座处理器引起的。从这可以看出，高通和三星是一对很难平衡合作的伙伴关系。因为三星又想要高通的芯片代工订单，又想要在手机中用自己的处理器。在当中的权衡，对三星

来说是一个很难的决定。尽管高通在 2016 年的营收同样下滑，但是 Fabless 在当年的营收则增长了5%，但是 IDM 只增长了3%。近年来，IDM 厂商和 Fabless 厂商营收增速的对比，也是全球集成电路产业各细分领域市场变化的重要风向。

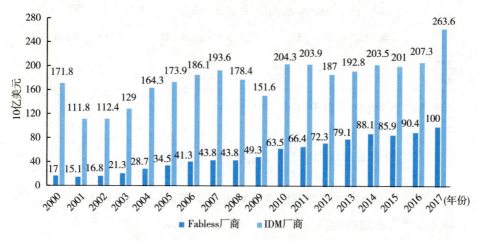

图 1-31 Fabless 与 IDM 厂商营收规模

资料来源：IC Insights，赛迪智库整理，2018 年 1 月。

芯片制造厂商的资本支出和产能水平是半导体行业健康状况的另一个重要指标。和其他商业模式类似，超支会导致产能过剩，从而导致供需失衡。因此，芯片制造业的支出（或生产）和产能可以反映出全球集成电路产业的景气程度。2017 年半导体产业资本支出呈现恢复性增长，相应的芯片制造厂产能扩张。

图 1-32 1984—2016 年半导体产业资本支出增速历史数据

资料来源：IC Insights，赛迪智库整理，2018 年 1 月。

与此同时，随着集成电路工艺尺寸进展减缓，先进工艺的研发、建厂成本不断增长，全球集成电路制造领域呈现出大者恒大的局面，排名前5位的晶圆厂占全球市场份额从2010年的51%增至2017年的71%。

表1-13　全球300mm晶圆厂产能情况（截至2017年12月底数据）

	前5位产能占比（%）	前10位产能占比（%）	前15位产能占比（%）
2010年	58	85	95
2017年	71	91	97

资料来源：IC Insights，赛迪智库整理，2018年1月。

五、高性能半导体应用预期将成为市场新的增长点

在游戏专用台式电脑和高性能运算显卡市场看好、汽车存储信息大幅增加以及有线通信的预测更为积极的影响下，以现场可编程门阵列（FPGA）、光电子（optoelectronics）、专用集成电路（ASIC）、专用标准产品（ASSP）和非光学传感器（nonoptical sensor）为主的高性能半导体元件增长最快，预计将成为除存储器外拉动2018年半导体收入攀升的主要器件类别。其中，FPGA已经逐步替代ASIC和ASSP的市场份额；ASSP的价格提升和库存优化，促进全球半导体市场进一步壮大；物联网产业快速发展使传感器产品需求大幅增加，技术含量较高的MEMS传感器逐渐成为领域发展重点。得益于手机和云服务的强劲需求，高性能存储器市场增长势头贯穿2017年全年，并有望持续到2018年。2017年动态随机存取存储器（DRAM）和储存型闪存（NAND Flash）价格双双上涨，给存储器制造商带来增资和扩产的资本，成为全球半导体产业稳定增长的支撑点。根据Gartner统计和预测，2017年和2018年两年全球DRAM内存厂商的资金投入将达到380亿美元，年均投入和2016年全球100亿美元投入相比翻番；如果将存储器排除在外，2018年半导体市场的增长率将由2017年的9.4%降为4.6%。然而，存储器价格的上涨将会给主要系统厂商带来盈利压力。零部件短缺和材料清单成本上涨将导致厂商提高平均售价，可能造成2018年全年半导体市场走势反复多变。虽然2017年12月国家发展和改革委员会已宣布对手机存储芯片价格飙升的情况进行调查，但在DRAM市场寡占和NAND价格具有弹性的情况下，存储器供应商获利预期将持续稳定。

第二章　2017 年中国集成电路产业发展状况

第一节　发展情况

一、产业规模

2017 年，我国集成电路产业增速再创新高，产业规模进一步扩大。2008—2017 年我国集成电路产业的销售收入及增长率如图 2－1 所示。2014 年，《国家集成电路产业发展推进纲要》出台，进一步完善了我国集成电路产业发展的政策环境和投融资环境，推动产业增速达到 20.2%。2015 年，《国家集成电路产业发展推进纲要》系统实施，金融杠杆作用逐步显现，产业保持 19.7% 的增速。2016 年是"十三五"的开局之年，随着"中国制造 2025""互联网＋"等战略相继组织实施，"双创"工作持续深入，推进我国集成电路产业增速达到 20.1%。2017 年，在我国集成电路制造业高速发展的引领下，中国集成电路产业销售额达到 5411.3 亿元，同比增长 24.8%。展望 2018 年，随着各地集成电路投资基金的成效显现以及多条生产线的建设和扩产，我国集成电路产业迎来新的发展机遇。

按照季度销售情况分析，集成电路产业规模逐季递增，但增速呈现"先抑后扬"的发展态势。

图 2 - 1　2008—2017 年我国集成电路产业销售规模及增长率

资料来源：中国半导体行业协会，2018 年 3 月。

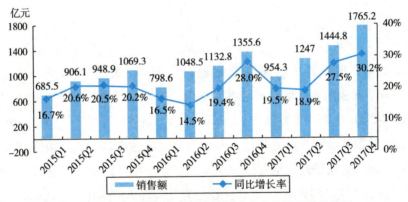

图 2 - 2　2015—2017 年我国集成电路产业分季度销售情况

资料来源：中国半导体行业协会，2018 年 3 月。

二、产业结构

（一）产业链结构

2015—2017 年，我国集成电路设计业、制造业、封测业都保持了快速增长的态势，其销售规模及增长率情况如图 2 - 3 所示。2017 年，设计业在传统芯片供不应求导致价格上涨和人工智能、区块链等新兴领域相关芯片需求的带动下，实现销售收入 2073.5 亿元，同比增长 26.1%。设计业务的增长以及生产线投产，推动了下游制造和封测的增长，芯片制造业和封装测试业分别实现销售收入 1448.1 亿元和 1889.7 亿元，增速分别为 28.5% 和 20.8%。

图 2 - 3 2015—2017 年我国集成电路产业结构及增长情况

资料来源：中国半导体行业协会，2018 年 3 月。

我国集成电路产业链环节各季度销售情况如表 2 - 1 所示。整体来看，芯片制造业相比其他两业，保持了较快的增长速度。制造业的高速增长主要来自于近两年新建和扩产的生产线开始出货，2018 年这一趋势仍将持续，产能的增长有效降低了国内集成电路产业的对外依存度。

表 2 - 1 2017 年我国集成电路产业链各环节季度销售情况

季度		Q1	Q2	Q3	Q4
设计业	销售额（亿元）	351.6	478.5	638.3	605.1
	增长率	23.85%	19.15%	30.48%	28.85%
制造业	销售额（亿元）	266.2	305	327.9	549
	增长率	25.51%	25.67%	29.81%	30.87%
封装测试业	销售额（亿元）	336.5	463.6	478.5	611.1
	增长率	11.20%	14.70%	22.38%	31.00%
合计销售额（亿元）		685.5	954.3	1247	1444.8

资料来源：中国半导体行业协会，2018 年 3 月。

2009—2017 年我国集成电路设计业、制造业和封测业的销售收入和所占比重情况如表 2 - 2 所示。2017 年三业占比情况图 2 - 4 所展示。自 2009 年以来，设计业占产业链的比重稳步增加，从占比 24.3% 增加到 2017 年的 38.3%。制造业由于产线陆续投产，产业链占比为 26.8%。封装测试业所占比重持续下降，达到 34.9%。总体看来，我国集成电路产业链结构逐渐向上游扩展，结构更加趋于优化。

表 2 - 2　2009—2017 年我国集成电路三业销售收入及产业链占比

（单位：亿元）

年　　份		2009	2010	2011	2012	2013	2014	2015	2016	2017
设计业	销售额	269.9	363.9	526.4	621.7	808.8	1047.4	1325	1644.3	2073.5
	占比	24.3%	25.3%	27.2%	28.8%	32.2%	34.7%	36.7%	37.9%	38.3%
制造业	销售额	341.1	447.1	436.1	501.1	600.9	712.1	900.8	1126.9	1448.1
	占比	30.8%	31.1%	22.3%	23.2%	24.0%	23.6%	25.0%	26.0%	26.8%
封测业	销售额	498.2	629.2	975.7	1035.7	1098.8	1255.9	1384	1564.3	1889.7
	占比	44.9%	43.6%	50.5%	48%	43.8%	41.7%	38.3%	36.1%	34.9%
合计销售额		1109.2	1440.2	1933.1	2158.5	2508.5	3015.4	3609.8	4335.5	5411.3

资料来源：中国半导体行业协会，赛迪智库整理，2018 年 3 月。

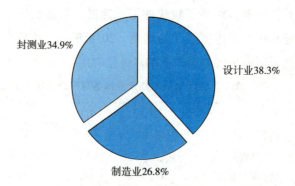

图 2 - 4　2017 年我国集成电路产业链结构

资料来源：中国半导体行业协会，2018 年 3 月。

（二）区域分布

我国集成电路产业主要分布在京津环渤海湾、长三角、珠三角三大地区，合计销售收入占产业规模的 90% 以上。近年来，西安、武汉、合肥、成都等中西部地区重点城市，在国家及地方的政策优惠和资金支持下，也逐渐形成了各自的产业集聚，福州、厦门、泉州也由于生产线的建设正在逐渐形成新的产业集群。

我国集成电路产业规模最大的是长三角地区，其中的江苏省和上海市是我国最大的集成电路产业聚集地。其次是珠三角地区，以深圳市为代表的设计业发展迅速。以武汉、西安、合肥、成都等中心城市地区为主的中西部地区，近两年在武汉长江存储、西安三星、合肥睿力等多条生产线建设/扩产的带动下集成电路产业得到快速发展。京津环渤海湾地区以北京市为代表，在芯片设计、制造、装备领域都很突出。从区域分布总体来看，我国集成电路产业在长三角较为集中，其他地区正在向着比较均衡的方向发展。

三、进出口情况

（一）半导体产品进出口情况

1. 进口情况

半导体产品包括集成电路产品和分立器件，集成电路产品包括处理器及控制器、存储器、放大器、其他集成电路，分立器件包括二极管、晶体三极管、光电二极管、太阳能电池、半导体传感器及其他半导体器件等。

从进口额来看，2014年，在国家高度重视集成电路产业发展，加速推动芯片国产化和加大力度打击虚假贸易初有成效的影响下，半导体进口额较2013年下滑5.7%，达到为2411.7亿美元。2015年，我国半导体进口数据较2014年有所回升，进口额为2615.3亿美元，同比增长8.4%。2016年，由于以通信类芯片为代表的一系列产品价格下降，半导体进口额同比下降2.2%，达到2556.8亿美元。2017年，由于存储器价格大大幅提升，带动半导体进口金额达到2890.7亿美元。

图2-5 2008—2017年中国半导体产品进口额情况

资料来源：中国海关，2018年3月。

从区域分布来看，2017年亚洲占中国半导体产品进口总额的92.3%，进口额达到2667.6亿美元。北美洲排名次之，半导体产品进口额为143.4亿美元，占5%的市场份额。其后是欧洲，占进口额的2.4%。南美洲和非洲也有少量进口。亚洲进口份额最大的原因是中国台湾地区、日本、韩国等亚洲国家和地区的半导体产业发达，中国台湾地区的代工制造业领军全球，韩国是存储器的最大供应国，日本的逻辑和专用芯片均位居世界前列。美国的高端处理器芯片和欧洲的功率芯片分立器件也都必不可少，因此分列中国半导体芯片进口区域的二、三名。

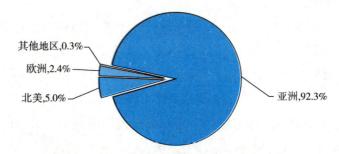

图2-6 2017年中国半导体产品进口区域分布情况

资料来源：中国海关，2018年3月。

从产品结构看，集成电路产品占半导体产品进口额的97.8%，其中处理器和控制器一直都是我国半导体进口额最大的产品。2017年处理器和控制器占进口额总量43.24%，进口额高达1128.1亿美元。存储器具有量大面广的产品特性，进口额仅次于处理器，由于2017年供不应求造成价格大幅上涨，达到889.3亿美元，进口占比为34.09%。从进口数量看，2017年半导体产品进口数量为9286.4亿块，其中分立器件产品占59.4%，达到5516.4亿块，分立器件中二极管、晶体管使用范围很广，是从消费级产品到工业级产品均包含的基本电子元器件，因此进口数量排名第二位。

2. 出口情况

从出口额来看，2014年到2017年半导体出口额呈现小幅波动增长。2014年，我国半导体出口额受国际环境影响较2013年同比下降21.9%，达到891.9亿美元。2015年出口情况较2014年略有回升，出口额为925.4亿美元，同比增长3.8%。2016年出口额降至884.6亿美元，同比下降4.4%，贸易逆差达到 1672.2 亿美元。2017 年出口金额 938.7 亿美元，同比增长 6.1%，贸易逆差扩大到 1952 亿美元。

图 2-7 2008—2017 年中国半导体出口情况

资料来源：中国海关，2018 年 3 月。

从出口区域结构来看，2017 年中国半导体出口区域也主要集中在亚洲，占出口总额的 89.7%，出口金额达到 841.9 亿美元。其次是北美洲占总额的 3.4%，出口金额为 31.8 亿美元。欧洲位列第三，出口金额占比为 2.4%。亚洲的主要出口国家和地区为中国香港、韩国、中国台湾、日本、印度等，其中中国香港是集成电路和分立器件两类产品的最大出口和转口市场，而韩国、中国台湾是我国较大的集成电路出口市场，印度、日本则是我国较大的分立器件出口市场。

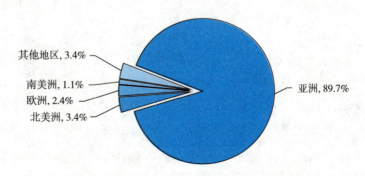

图 2-8 2017 年中国半导体产品出口区域结构

资料来源：中国海关，2018 年 3 月。

从出口产品结构看，我国半导体产品出口额最大的两种产品是处理器及控制器、存储器产品，2017年合计出口占比达到61.3%。其原因在于这两类产品是通用型产品，市场需求量大，且因为很多跨国公司在国内组装整机并返销国外，通过进口转出口的方式增加了我国的出口额。2017年，处理器及控制器出口额为271.9亿美元，占出口总额的29%；存储器出口额为303.6亿美元，占总额的32.3%。

（二）集成电路产品进出口情况

1. 进口情况

与半导体产品进口情况相似，我国集成电路产品的进口量和进口额也呈现出波动增长态势。2013年，集成电路首次超过原油成为我国第一大进口商品，进口额同比增长20.5%，总量高达2313亿美元。2014年、2015年由于智能硬件、物联网、云计算等应用市场集中爆发带动我国集成电路进口增长，进口金额分别达到2185亿美元和2299亿美元，同比增长分别为－5.9%和5.7%。2016年，我国集成电路进口量增长到3424.7亿块，进口金额则略有回调，同比下降0.9%，达到2277.6亿美元，其主要原因是市场竞争进一步激烈，手机芯片在市场规模扩大影响下价格出现下降，以及计算机产品销售下降导致价格较高的新型芯片需求空间受限，影响了进口金额的增长。2017年集成电路进口金额达到2608.9亿美元，同比增长14.5%，其主要原因是存储器价格大幅增长。

图2-9 2008—2017年中国集成电路进口情况

资料来源：中国海关，2018年3月。

从区域结构来看，中国集成电路产品主要进口自东亚和东南亚，2017年自亚洲的进口约占总进口额的92.5%，达到2414.7亿美元。一方面是由于我国仍需要从中国台湾、韩国、日本等集成电路产业发达的地区进口高端芯片；另一方面是由于欧美等发达国家将集成电路产业转移至更贴近市场的马来西亚、菲律宾、新加坡和泰国等亚洲国家，以便降低成本和进一步拓展业务，增大了我国自亚洲的进口额。亚洲排名前五的进口国家和地区分别为中国台湾、韩国、中国的"国货复进口"、马来西亚和日本，此外，从菲律宾、新加坡、越南、泰国等东南亚地区也有一些进口。排名第二和第三的进口区域分别是北美洲和欧洲，北美进口额为130.4亿美元，占总进口额的5%，欧洲约占进口额的2.2%。其他地区则占进口额的0.3%。

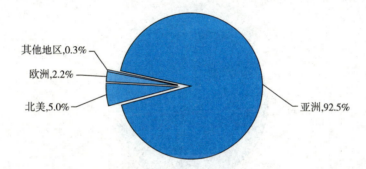

图 2-10　2017 年中国集成电路市场进口区域结构

资料来源：中国海关，2018 年 3 月。

从进口产品类型来看，处理器及控制器、存储器在数据中心、计算机、移动终端、嵌入式等领域需求量很大，占据我国半导体进口量69.8%的市场份额。2017年处理器及控制器的进口金额仍是最大，达1128.1亿美元，占总进口额的43.4%。存储器和放大器分列进口二、三位，进口额分别为889.9亿美元和95.6亿美元，占总进口额的34.2%和3.7%。其他集成电路种类繁多，占进口额的18.8%。从进口数量来看，2017年处理器及控制器、存储器占据进口量比例分别为28.2%和9.5%。放大器包括晶体管、电源变压器和其他具有信号放大功能集成电路元器件等，其进口量占比为7.2%，逻辑芯片、标准模拟芯片和特殊应用模拟芯片等其他集成电路产品，由于产品种类形式多样及单价较低，虽然进口额占比不高，但数量占比较大，2017年进口量为2078.2亿片，占进口总量的55.1%。

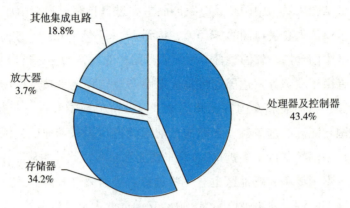

图 2-11　2017 年中国集成电路市场进口额结构

资料来源：中国海关，2018 年 3 月。

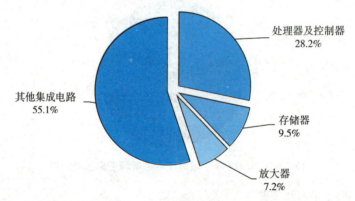

图 2-12　2017 年中国集成电路市场进口量结构

资料来源：中国海关，2018 年 3 月。

2. 出口情况

2014 年到 2017 年我国集成电路出口呈现逐年增长的态势。2014 年，受技术更新和国际竞争环境影响，我国集成电路出口出现了 30.3% 的负增长，出口额下降到 611.3 亿美元。2015 年，出口有所回升，出口额达到 690.6 亿美元，虽然还未回到 2013 年的出口水平，但较 2014 年增长 13.5%。2016 年，国际竞争压力进一步加大，各国对于本国集成电路越发重视，我国集成电路出口量略有下降，出口额同比下降 10.8%，达到 616.1 亿美元。2017 年，随着国产芯片的质量不断提升，国内芯片出口规模进一步增大，出口额达到 672 亿美元。

图 2 – 13   2008—2017 年中国集成电路出口情况

资料来源：中国海关，2018 年 3 月。

从出口区域来看，2017 年亚洲约占我国出口总额的 95.1%，出口金额为
639.3 亿美元。其中中国香港、韩国、中国台湾为亚洲主要出口区域，分别占
据亚洲地区总出口额的 48.4%、14.4%、13.6%。北美洲是第二大出口区域，
出口金额为 12.8 亿美元，占出口总额的 1.9%。随后为欧洲和南美洲，分别
占出口总额的 1.7% 和 0.8%。虽然国内集成电路产业取得了明显的进步，出
口增幅明显，但出口产品仍相对低端，进出口贸易逆差仍高达 1936.9 亿
美元。

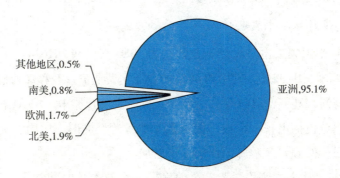

图 2 – 14   2017 年中国集成电路市场出口区域结构

资料来源：中国海关，2018 年 3 月。

从产品结构来看，2017 年出口量和出口额最大的产品为处理器及控制器，
金额高达 271.9 亿美元，占比为 40.6%，出口数量为 775.4 亿块，占出口量
的 37.9%。其次是存储器，存储器在国内集成电路产品出口中所占比重呈现
逐年增长的趋势，2017 年总出口额为 303.6 亿美元，占集成电路产品出口总

额的45.4%。放大器的出口金额和出口数量为14亿美元和60.1亿块,分别占总出口的2.1%和2.9%。

表2-3   2017年中国集成电路市场出口结构

产品分类	出口额		出口量	
	金额 (亿美元)	份额	数量 (亿片或块)	份额
处理器及控制器	271.9	40.6%	775.4	37.9%
存储器	303.6	45.4%	187.6	9.2%
放大器	14.0	2.1%	60.1	2.9%
其他集成电路	79.3	11.9%	1020.4	49.9%
总计	672.0	100.0%	2043.6	100.0%

资料来源:中国海关,2018年3月。

四、技术发展

2017年,我国在集成电路设计、制造、封装测试、装备、材料等方面取得了一系列新进展,在技术方面与世界先进水平的差距正逐步缩小。

(一)设计业技术发展情况

2017年中国集成电路设计企业数量为1380家,和2016年相比,增加了18家,微幅增长1.32%。其中约40%的企业主营业务涉及移动通信领域(包括应用处理器、基频、射频等),约25%的企业与智能卡、RFID相关,其他企业应用领域包括电视、平板、机顶盒、电源等。同时,国内企业的研发能力逐步增强,IC设计工程师的比例逐年增加。

随着SoC设计技术和制造工艺的发展,企业设计时间和成本逐步缩短,进一步缩小了我国与世界先进水平的差距。目前国内在逻辑集成电路采用的设计制程上发展迅速,2017年采用台积电10nm FinFET工艺的华为麒麟970正式上市,与高通骁龙835、三星Exynos 8895、联发科Helio X30等保持同等竞争水平;相较于逻辑集成电路,模拟集成电路更需要成熟工艺,以及更好的品质控制,因此国内设计制程主要集中在0.18—0.13微米;混合集成电路采用的制程仍主要集中在0.13微米设计制程上,占比约30%。

从应用领域来看，国产芯片已经涉及计算机、服务器、移动智能终端、网络通信、消费电子、工业控制等多种应用市场，并在设计、研发和产业化方面取得了巨大的进展。服务器 CPU 领域是我国高端通用芯片的突破重点。苏州中晟宏芯推出兼容 IBM Power 服务器 CPU，天津飞腾研发的 FT 系列兼容 ARM 指令服务器 CPU，天津海光研发的兼容 X86 服务器 CPU，澜起科技与清华大学、英特尔公司合作，共同打造的融合 X86 和可重构计算技术的新型服务器 CPU。杭州中天的嵌入式 CPU 在国产打印机、打印耗材、金融智能卡等领域实现规模化应用。华为海思、展讯的基带射频芯片在移动终端领域得到广泛应用，并不断提升高端芯片的竞争力。中国南车的 IGBT 功率器件已经进入汽车市场应用。海思和海信自研的芯片市占率扩大；寒武纪、深鉴科技的 AI 芯片也获得认可。

（二）制造业技术发展情况

2017 年，我国延续先进工艺与特色工艺同步发展的战略，一方面继续遵循摩尔定律进展，加大研发力度，紧跟世界集成电路先进制程的发展趋势，向 16/14nm 工艺迈进；另一方面推动特色工艺技术发展，建设化合物半导体、MEMS 等生产线，加大在电源管理、功率器件、图像传感器等多种应用的工艺研发，不断满足设计需求。

在制程节点方面，国内已经进入 1x 纳米的制程技术研发阶段。在先进制程方面，中芯按照三个阶段的规划蓝图推进 28 纳米制程。第一阶段的 polySion 制程已经量产，第二阶段是第一代的 HKMG 制程（中芯国际称 HKC）已经在 2017 第 2 季度开始产出，目标是 28 纳米突破 10% 营收，而第三阶段是第二代的 HKC 制程，预计在 2018 年底量产。长江存储在 2017 年底提供 32 层 3D NAND 闪存芯片的样品，并开始研发 64 层工艺。从装机产能来看，大于 65nm 制程仍在国内占据主导位置，占比约 48%，但随着国内先进制程产线的建设和投产，大于 65nm 制程市场占有率将逐步下降。在特色工艺方面，中芯国际也是国内最大的特色工艺代工厂商。中芯国际聚焦快闪存储器 NORFlash、微控制器（MCU）、CMOS 图像传感器、高压（HV）等制程技术平台，开发兼容逻辑制程的机台合理调配产能。此外，株洲中车、华虹宏力、华润微电子、士兰微等企业也在特色工艺领域深入推进。

（三）封装测试业技术发展情况

我国的集成电路市场的产品呈现多元化发展趋势，不同封装形式并存。小外形封装（SOP）、方形扁平式封装（QFP）、方形扁平无引脚封装（QFN/DFN）等传统封装占据我国约70%的封装市场；球栅阵列封装（BGA）、芯片级封装（CSP）、晶圆级封装（WLCSP）、倒装芯片（FC）、硅通孔技术（TSV）、3D堆叠等先进封装技术约占30%的市场份额。

表2-4　不同应用产品的封装形式

应用类型	产品名称	采用的封装形式
计算机类	笔记本电脑、平板电脑、硬盘、显示屏等	SOT、SOP、BGA、QFP、CSP、TSV
通信类	网卡、手机、路由器等	SOT、QFP、CSP、TSV、SOP、TSSOP、BGA
消费电子类	数码相机、机顶盒、电冰箱、电吹风、微波炉、吸尘器等	SOP、QFP、DIP、BGA、TSSOP
汽车电子类	汽车音响、空调、汽车整流器、ABS控制器、气囊和导航系统等	QFP、SOT、TSSOP
工业控制类	变频器、工业整流器、机器人等	QFP、SSOP、TSSOP
电源电器类	计算机电源、不间断电源、充电器等	SOT、SOP、DIP、QFN、BGA

资料来源：中国半导体行业协会，2016年12月。

2017年，中国集成电路封装测试业企业继续在开发先进封装测试技术方面不断取得突破。国内封测业龙头企业通过积极开发晶圆级封装、SiP系统级封装等先进封装技术，技术能力基本达到国际先进水平。在SiP系统级封装方面，长电科技投资4亿美元在韩国设立的SiP项目已经在2017年实现盈利，公司在SiP封装领域具备了同日月光直接竞争的能力；华天科技开发的SiP+TSV指纹识别芯片封装技术被指纹识别芯片龙头企业汇顶科技和FPC使用，相关指纹识别芯片产品被使用在华为Mate系列和P系列手机中。晶圆级封装方面，长电科技已经成为全球最大的扇出型晶圆级封装技术（FoWLP）应用厂商之一，公司FoWLP产品累计出货量超过15亿颗；华天科技的FoWLP技术研发自2015年起步以来取得重大突破，埋入硅基板FoWLP工艺已经进入小批量试产阶段，预计2018年将形成规模化生产。在移动智能终端、网络设备、MEMS 器件和新型功率器件等产品迅猛发展的背景下，我国先进封测技术的应用比例持续上升，中高端先进封装技术的总体使用率达到 30%，本土龙头封测企业的先进封装占比达到 50%。

（四）装备业技术发展情况

我国集成电路装备业虽然以进口为主，在"极大规模集成电路制造装备及成套工艺"重大专项（02 专项）的大力支持下，部分集成电路关键装备已顺利通过验收。目前，我国 12 英寸设备已经实现了部分突破，总体水平达到 28nm，离子注入机、刻蚀机、PVD、CMP 等 16 种关键设备通过大生产线验证并实现销售，在光刻系统方面，90nm 节点曝光光学系统专项获得突破，2017 年 10 月曝光光学系统在整机环境下通过验收实验。此外，以北方华创、上海微电子装备、中微半导体和中电各研究所为代表的中国集成电路设备企业，借助国内庞大的市场需求和高速增长的投资需求，国产设备商得以在各生产线实现批量应用并不断完善。目前，部分国产 12 英寸设备已在生产线实现批量应用，其中刻蚀设备、PVD 设备等均有超过 50 台的采购量。在刻蚀和 PVD 等核心设备实现零突破的同时，国产集成电路设备正向 14nm 制程生产线进行突破，北方华创等企业在硅刻蚀、退火、清洗和 PVD 等领域均已进入实际验证。

（五）材料业技术发展情况

我国集成电路材料产业但经过多年的发展，在"02 专项"的支持下取得了长足的进步。前道制造材料方面，硅片、SOI 片、光刻胶、掩膜版、电子气体、高纯化学试剂、靶材、离子源、CMP 抛光液等材料均实现突破，有些材料已经应用到 12 英寸生产线；后道封装材料方面，引线框架、封装基板、键合丝、粘片胶等材料基本可以实现自给且产量规模不断提升。

由于国内先进工艺制造、特色工艺制造、存储器制造生产线陆续建设，材料市场需求将逐年攀升，企业研发力度也不断加大。硅片方面，上海新昇、有研半导体、天津中环等都在积极研发 12 英寸硅片，硅外延片生产企业有河北普兴、上海新傲、南京国盛等。光刻胶方面，苏州瑞红等公司已经实现不同用途的正性光刻胶、负性光刻胶突破。

表2-5　不用应用领域使用的光刻胶类型

应用领域	使用的光刻胶类型
印刷电路板	湿膜光刻胶、干膜光刻胶、光成像阻焊油墨等
液晶显示器	TFT-LCD光刻胶、彩色滤光片用彩色光刻胶及黑色光刻胶、LCD衬垫料光刻胶等
半导体集成电路	g线光刻胶、i线光刻胶、ArF光刻胶、KrF光刻胶聚酰亚胺光刻胶、掩膜版光刻胶等
其他用途	CCD摄像头彩色滤光片的彩色光刻胶、MEMS光刻胶、生物芯片光刻胶、触摸屏透明光刻胶等

资料来源：中国半导体行业协会，2016年12月。

五、市场情况

近几年，我国集成电路市场呈现稳步增长态势。2014年，移动互联网的爆发式增长带来了我国集成电路市场的发展高峰，市场需求突破1万亿元，同比增长13.4%。2015年在政策拉动和市场需求的带动下，我国集成电路市场规模达到11024亿元，同比增长6.1%。2016年，我国集成电路市场需求进一步加大，规模增长8.7%，达到11985.9亿元。2017年，在存储器价格大幅上涨和人工智能、5G、智能网联汽车、区块链等新兴市场的影响下，市场规模大幅增长，达到14250.5亿元，增速高达18.9%。

图2-15　2008—2017年中国集成电路市场需求情况

资料来源：中国半导体行业协会，2018年3月。

应用结构方面，网络通信、计算机和消费电子仍然占据主导地位，三者销售额合计占市场的79.2%。网络通信是我国集成电路产业的主要细分市场，在5G市场发展的影响下，市场占比提升至30.9%。受国内计算机出货量的增长和存储器产品涨价的影响，2017年计算机类集成电路市场份额有所回升，达到27.3%。消费电子在市场应用中占比21%。在"中国制造2025"和产业转型升级的大环境影响下，工业控制也保持了高速发展，占比达到13.1%。

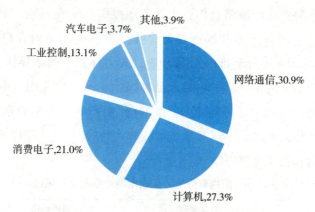

图2－16　2017年中国集成电路市场应用结构

资料来源：赛迪智库整理，2018年3月。

六、投融资情况

《国家集成电路产业发展推进纲要》颁布及大基金成立后，我国按照《纲要》要求，逐步加大对集成电路设计、制造、封测、装备及材料等各环节的投资布局，支持骨干企业突破关键技术，带动产链协同可持续发展。大基金按照所有权、管理权分开的原则设计了两层管理架构，分别成立了国家集成电路产业投资基金股份有限公司（以下简称"基金公司"）和华芯投资管理有限责任公司（以下简称"管理公司"），基金公司委托管理公司作为唯一管理人，承担基金投资业务。截至2017年11月30日，大基金已有效决策62个项目，涉及46家企业，累计有效承诺额1063亿元，实际出资794亿元，分别占首期总规模的77%和57%。大基金实际出资部分直接带动3500多亿元社会融资，实现近1:5的放大效应。基金先后推动成立并参股了北京市制造和装备子基金、上海市集成电路制造子基金、上海市设计和并购子基金等多只地方子基金，在此带动下，湖北、四川、陕西、深圳、安徽、江苏、福建、辽宁等地方政府纷纷提出或已成立地方基金，合计总规模超过 3000 亿元。集成电路产业投融资瓶颈得到初步缓解，产业发展信心得到了极大提振。

目前，大基金在制造、设计、封测、装备材料等产业链各环节进行投资布局全覆盖，各环节承诺投资占总投资的比重分别为 63%、20%、10%、7%。大基金充分发挥资本纽带作用，作为产业链各环节已投公司的主要股东，推动上下游企业间战略合作。大基金积极引导紫光展锐、中兴微等设计企业加强与中芯国际等芯片制造企业合作，中芯国际国内客户营收占比从2009 年的不足 20% 上升至目前的约 50%；大力促进中微半导体、北方华创、上海硅产业集团等装备材料企业的产品在国内生产线中应用，中微半导体的CCP 等离子刻蚀机在中芯国际 40nm 和 28nm 生产线占有率分别达到 50% 和30%，在上海华力生产线达到 35%，上海硅产业的 12 英寸硅片测试片已向中芯国际、华力和长江存储送样。[1]

表 2－6　国内部分地方集成电路产业基金及规模

成立时间	基金名称	目标规模	首期募集资金
2013 年 12 月	北京市集成电路产业发展股权投资基金	300 亿元	80 亿元
2015 年 8 月	湖北集成电路产业投资基金	≥300 亿元	
2016 年 1 月	上海市集成电路产业基金	500 亿元	285 亿元
2016 年 2 月	福建省安芯产业投资基金	500 亿元	75.1 亿元
2016 年 3 月	厦门国资紫光联合发展基金	160 亿元	
2016 年 3 月	湖南国微集成电路创业投资基金	30 亿—50 亿元	2.5 亿元
2016 年 5 月	四川省集成电路与信息安全产业投资基金	120 亿元	60 亿元
2016 年 5 月	辽宁省集成电路产业投资基金	100 亿元	20 亿元
2016 年 6 月	深圳市集成电路产业投资基金	50 亿—100 亿元	
2016 年 6 月	广东省集成电路产业投资基金	150 亿元	15 亿元
2016 年 9 月	陕西省集成电路产业投资基金	300 亿元	60 亿元
2017 年 2 月	昆山海峡两岸集成电路产业投资基金	100 亿元	10 亿元
2017 年 5 月	安徽省集成电路产业投资基金	300 亿元	100 亿元
拟成立	南京集成电路产业专项发展基金	600 亿元	
拟成立	无锡集成电路产业投资基金	200 亿元	50 亿元

资料来源：赛迪智库整理，2018 年 3 月。

---

[1] 王占甫：《提升集成电路全产业链竞争力》，见 http://www.eepw.com.cn/article/201712/373324.htm。

2017 年，由于美国对我国海外并购的抵制导致海外并购越发困难，集成电路产业投资并购方面的新案例相对上年大幅减少，2017 年并购整合情况如下：

表 2 - 7　2017 年主要集成电路投资并购案例

时间	状态	收购方	被收购方	金额/持股
2017 年 2 月	完成	建广资本	NXP 标准产品部门	27.5 亿美元
2017 年 3 月	宣布	紫光国芯	西安紫光国芯	4836 万元
2017 年 4 月	完成	山海资本	硅谷数模	约 5 亿美元
2017 年 4 月	宣布	上海浦东科技	上海先进半导体	5370 万美元，27.47% 股权
2017 年 6 月	完成	ASR - 翱捷科技	Marvell 移动通信部门	未披露
2017 年 8 月	宣布	北方华创	Akrion	1500 万美元
2017 年 8 月	完成	江波龙	Lexar	—
2017 年 9 月	完成	上海贝岭	锐能微	5.9 亿元
2017 年 9 月	完成	华胜天成	泰凌微电子	18.61 亿元，82.7% 股权
2017 年 10 月	达成协议	建广资本	RJR Technology	未披露
2017 年 10 月	完成	雅克科技	科美特	13.23 亿元，90% 股权
2017 年 10 月	完成	雅克科技	江苏先科	11.44 亿元，84.825% 股权
2017 年 11 月	完成	紫光集团	矽品苏州	1.55 亿元，30% 股权
2017 年 12 月	完成	紫光集团	Dialog	持股 8.15%

资料来源：赛迪智库整理，2018 年 3 月。

第二节　发展特点

中国集成电路产业经过多年发展，持续强化针对产业链的培育和布局，形成了相对完整的产业体系。当前阶段发展关键点一是要聚焦行业应用的业务整合，提供产品解决方案；二是要在继续做大做强设计/代工业务基础上，有针对性地解决几类大宗集成电路产品的国产化问题，下决心填补大型 IDM 的布局空白；三是应通过整机用户的参与，发挥中国市场优势，改变全球集成电路产业格局，最终成为全球集成电路产业的引领者；四是要自主创新，同时与国际合作寻求共赢。高度国际化的集成电路产业中，中国的半导体产业的发展路径必须是开放、合作的国际化路径，这是中国企业的长远发展方向。

一、技术和产业指标快速提升，龙头企业做大做强

我国集成电路产业链各环节所占比重持续优化，设计业与制造业增速明显，且所占比例逐年增加。与此同时，产业链各环节均在技术领域实现不同程度的突破。智能终端、网络通信等领域芯片设计水平普遍采用28nm工艺，部分进入16/14nm工艺；逻辑工艺制造技术28nm工艺已实现量产，16/14nm工艺正在攻关，缩小了与全球先进工艺的差距；先进封测产能规模不断提升，占比达到30%；介质刻蚀机、薄膜设备、封装光刻机、靶材等一批关键装备、核心材料实现量产，部分高端产品进入工程化验证。

截至2017年11月30日，大基金累计有效决策62个项目，涉及46家企业，累计有效承诺额1063亿元，实际出资794亿元，分别占首期总规模的77%和57%。大基金实际出资部分直接带动社会融资3500多亿元，实现近1:5的放大效应。基金先后推动设立并参股了北京市制造和装备子基金、上海市集成电路制造子基金、上海市设计和并购子基金等多只地方子基金，在此带动下，湖北、四川、陕西、深圳、安徽、江苏、福建、辽宁等地方政府纷纷提出或已成立子基金，合计总规模超过3000亿元。集成电路产业投融资瓶颈得到初步缓解，产业发展信心得到了极大提振。

目前，大基金在制造、设计、封测、装备材料等产业链各环节进行投资布局全覆盖，各环节承诺投资占总投资的比重分别为63%、20%、10%、7%。大基金充分发挥资本纽带作用，作为产业链各环节已投公司的主要股东，推动上下游企业间战略合作。大基金积极引导紫光展锐、中兴微等设计企业加强与中芯国际等芯片制造企业合作，中芯国际国内客户营收占比从2009年的不足20%上升至目前的约50%；大力促进中微半导体、北方华创、上海硅产业集团等装备材料企业的产品在国内生产线中应用，中微半导体的CCP等离子刻蚀机在中芯国际40nm和28nm生产线占有率分别达到50%和30%，在上海华力生产线达到35%，上海硅产业的12英寸硅片测试片已向中

芯国际、华力和长江存储送样。

集成电路产业规模经济显著、全球化程度高。按照以市场化方式实现国家战略目标的总体定位，基于单一行业长期大额投资平台的自身特点，基金不断探索投资策略和投资路径，创新投融资体制机制，破解产业融资瓶颈。从实际效果看，基金投资显著增强了国内龙头企业的综合实力，推动企业加大了设备、研发、并购方面的投入，帮助企业改善了公司治理和规范内部管理，在关键技术和核心产品上取得了重要进展，进一步缩小了与国际先进企业的差距，也极大提振了行业投资信心。

经过三年的探索实践，基金投资成效显著：

——设计业主要龙头企业已经布局，紫光展锐等已开展 5G 通信核心芯片研发，先进设计水平达到 16/14nm。

——制造业先进工艺、存储器、特色工艺、化合物半导体等主要领域已经布局，中芯国际 28nm 多晶硅栅极工艺产品良好率达到 80%，长江存储 32 层 3D NAND 闪存芯片 2017 年底将提供样品，64 层工艺开始研发。

——封测业主要龙头企业均已布局，支持长电科技、通富微电开展国际并购，获得国际先进封装技术和产能，长电科技跃升为全球封测业第 3 位，中芯长电 14nm 凸块封装已经量产。

——装备材料业中刻蚀机、12 英寸硅片等主要领域已经布局。

大基金在产业链各环节前三位企业的投资占比达到 70% 以上，有力推动了龙头企业核心竞争力提升。大基金先后集中投资了长江存储、中芯国际、华力、三安光电、紫光展锐、长电科技等龙头骨干企业，每家都在 50 亿元至上百亿元左右。中芯国际已连续 22 个季度盈利，收入、毛利、利润皆创历史新高；长电科技、紫光展锐分别列全球封测业第 3 位、设计业第 10 位。同时，积极促进产业优势资源整合打造大型龙头集成电路企业，推动国内最大集成电路制造企业中芯国际和最大封测企业长电科技战略重组，2017 年 3 月重组方案获得证监会批准后，已快速完成重组整合。积极推动七星电子和北方微电子整合、中微半导体与拓荆整合，打造南北两个装备企业集团（中微半导体和北方华创），促进国产装备系列化、成套化发展。

近几年我国集成电路产业规模一直保持 20% 左右增长。2017 年上半年全行业销售额达 2201.3 亿元，同比增长 19.1%。创新能力再上新台阶，芯片设计、制造、封装测试、装备与材料产业链各环节齐头并进，骨干企业实力显著增强，对外合作深化发展。展望"十三五"，中国特色社会主义进入新时代，中国集成电路产业发展也必将迎来重大机遇期。特别是制造强国、网络强国等国家战略的实施对我国集成电路产业的发展提出了新的要求，也为我国集成电路产业发展拓展了新的空间。业界预计，2017年中国集成电路设计业销售额将达2073.5亿元，比2016年的1518亿元增长26.1%，是近年来增长最快的一年。

二、多种集成电路产品取得突破进展

2017年，中国在服务器CPU、嵌入式CPU、桌面计算机CPU、智能电视芯片、存储器芯片、智能终端芯片、多媒体芯片等领域进展显著。特别值得一提的是服务器CPU业绩涨势显著，是我国在高端通用芯片领域取得的重大突破。

人工智能迅猛发展背景下，中国集成电路企业积极研发新产品。海思半导体在麒麟970芯片中搭载了寒武纪研发的人工智能芯片的IP核，使得华为手机成为全球第一款拥有专用人工智能模块的手机。由此可见，中国企业正通过对人工智能芯片领域的积极渗透不断缩小与国外企业的差距。

三、产业投资与技术攻关紧密结合

国家集成电路产业投资基金（大基金）在集成电路领域的投资是我国集成电路产业快速发展的重要动力。截至2017年11月，大基金累计决策涉及46家企业的62个项目，总承诺额1063亿元，占首期总规模的76.6%。截至2017年11月30日，大基金的实际出资为794亿元，达到首期总规模的57.2%，带动社会融资3500多亿元，资本放大效应近1∶5。同时，"核高基"和集成电路装备等国家科技重大专项在技术攻关角度助推我国集成电路产业发展，由此实现了资本投资和技术发展的协同，对我国集成电路产业发展起到了非常好的引领和标杆作用。

四、资金、人才短缺问题仍然突出

集成电路在资金、技术和人才资源环节上均属于密集型产业。人才是集成电路领域第一生产力。现阶段我国本土集成电路产业从业人员约 40 万人，预计 2020 年全产业销售可达 10000 亿元人民币，按照人均产值 140 万元计算，需要增加约 40 万人的规模。因此，目前的人员数量缺口极大。一方面急需引进国际化的领军人才及其团队，另一方面对基础性人才的本土化培育也亟待加强，以填补数量巨大的人才缺口。以芯片设计业为例，目前全行业从业人员的数量约 13 万人，到 2020 年，需要将从业人数增加到 28 万人，差距有 15 万人之多，要填补这个差距是一个十分艰巨的任务，毕竟我国高校每年培养的各类集成电路人才数量尚不足 2 万人。在我国学科规划体系中，微电子学科被列为电子科学与技术中的二级学科，不属于一级学科，因此每年投入的教育资源和招生人数受到了严格限制。我国这一领域的学科分类应该进行适当的调整。

行业篇

第三章　集成电路设计业

随着5G、人工智能、物联网、区块链等新兴应用领域技术的发展，2017年全球设计业产值同比增长10.6%，为近5年来增长最快的年份。设计企业主要集聚区仍在美国，设计业产值占据全球市场的60%。企业围绕5G芯片、人工智能专用芯片、物联网芯片等技术创新活跃，芯片向异构和定制化演进，应用企业自主设计或深度定制芯片成为发展趋势。高通、博通继续保持龙头地位，英伟达在人工智能等领域带动下成为全球第三大设计企业。我国发布相关规划进一步支持物联网、人工智能等应用领域，为我国设计业的增长带来新动能。产业规模继续保持高速增长，同比增速高出全行业3个百分点。珠三角地区重新超过长三角地区，成为国内最大的设计企业集聚地，中西部地区快速崛起。一批重点关键产品实现重大突破，国产芯片对关键领域的支撑能力显著增强，新业态、新应用相关核心芯片实现战略布局。

第一节　全球集成电路设计业

一、行业规模

全球半导体设计业继2015—2016年的低迷增长之后，2017年迎来大幅上涨。2017年全球设计业产值达到1045亿美元，同比增长10.6%，成为2011年以来增长最快的年份，近5年来复合年均增长率达到6.4%。2017年芯片设计业产值的大幅增长，一方面是由于供需关系不均衡，导致传统芯片产品相继涨价，如2017年内存和闪存的涨价幅度均超过50%，带来存储器市场的繁荣；分立器件自年初开始也出现供不应求，带来分立器件市场的快速增长。

另一方面，新兴应用领域市场的增长为芯片带来了大量市场需求，如人工智能领域的发展迅速，使得人工智能专用芯片 FPGA、GPU、ASIC 等产品需求大幅提升；区块链技术的发展提升比特币矿机需求，带动矿机专用芯片的市场增长。2018 年随着存储器产能的提升，供需关系的紧张逐渐缓解，全球设计业产值增长率预计将出现回落。

图 3-1　2009—2017 年全球 IC 设计业销售收入及增长率

资料来源：IC Insights，2018 年 2 月。

全球设计企业的产业规模和技术水平逐年提升，使得设计产业占全球半导体产业的比重较为稳定，2010 年以来平均水平稳定在 26% 左右。2017 年设计业占比有小幅下降，从 2016 年的 28.2% 降低到 25.6%，主要是由于龙头企业之间开展了并购，如 ADI 并购 Linear 2017 年合并了财务报告，英特尔并购 Mobileye，使得 IDM 企业的盈利能力进一步增强，Fabless 公司在全球占比小幅下降。

二、行业布局

从全球设计企业总部所在地情况看，企业主要集中在美国、亚太、欧洲和日本四大地区。2017 年全球设计企业主要集聚区仍在美国，设计业产值占比较高，占据全球 60% 的市场份额。亚太地区近年来设计业发展迅速，2017

年产值占全球总产值的 33%；其中，中国集成电路设计业企业的快速发展是亚太地区设计业发展的主要推动力。欧洲和日本为传统的半导体领先国家和地区，但主要大型企业以 IDM 模式为主，如在前 25 大半导体企业中，东芝、恩智浦、意法、英飞凌、瑞萨、索尼、罗姆等均为 IDM 企业，因此设计业区域占比相对较低，分别为 4% 和 3%。

图 3 - 2　2009—2017 年 IC 设计产业占全球半导体产业规模比例

资料来源：WSTS，赛迪智库整理，2018 年 2 月。

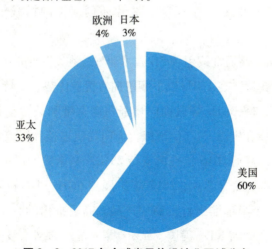

图 3 - 3　2017 年全球半导体设计业区域分布

资料来源：赛迪智库整理，2018 年 2 月。

三、技术发展

移动智能终端芯片方面。高通推出骁龙835芯片，采用10nmFinFET工艺制程，与骁龙821相比，性能提升27%，功耗降低40%，芯片整体得到全面提升，使用该芯片的手机于2017年第三季度陆续上市，首批手机应用包括小米6、三星S8、LG G6等，主流标配组合将是6GB RAM + 64GB ROM等，部分高端产品将配备8GB运行内存。三星的Exynos 8895处理器采用三星内部的10nmFinFET工艺制程，分为高配版Exynos 8895M和标准版Exynos 8895V，二者的主要差异在于主频和图形处理器。2017年联发科继续丰富产品线，推出Helio X35、P30等芯片，全面升级芯片的工艺制程。其中的高端型号Helio X30与X35采用台积电的10nmFinFET工艺制造，产品被使用在魅族Pro 7等手机上。华为海思的麒麟芯片继续保持每半年一小幅度更新的策略。2017年初发布麒麟965芯片，芯片采用14nmFinFET制程工艺，拥有4颗ARM Cortex - A73大核心和4颗Cortex - A53小核心，最高主频为2.4GHz；与上一代产品相比CPU性能提升18%、能效提升15%；GPU性能提升高达180%，能效提升40%。2017年9月发布的麒麟970芯片采用了台积电最新的10nm工艺制程，搭配4颗ARM Cortex - A73大核心和4颗Cortex - A53小核心，最高主频可以达到3GHz，芯片还创新性的搭载了神经网络单元（NPU）。

5G芯片方面。高通继续引领5G技术研发，在5G连接技术设计方面支持所有频谱类型及频段，在1GHz以下频段拥有覆盖优势，支持更远覆盖距离和海量物联网连接，1—6GHz频段面向增强移动宽带和关键业务服务的更宽带宽，如汽车、医疗和机器人，6GHz以上面向高速连接和极致移动宽带的应用场景。芯片方面，高通2016年推出支持28GHz毫米波频段的X50 5G基带芯片和SDR051射频收发器芯片，2017年扩展到6GHz以下和多频段毫米波频谱，预计2018年上半年推出首批商用产品。高通推出的毫米波频段X50 5G基带芯片主要配合韩国KT、美国Verizon等运营商的网络技术需求。英特尔加速5G硬件部署，与高通形成竞争态势。英特尔在CES 2017发布业界首款全球通用5G基带、收发芯片以及毫米波射频前端，同时支持6GHz以下频段

（3.3—4.2GHz）和毫米波频段，具备超宽频、超低延迟的千兆级网络吞吐量，满足关键性的 5G 技术要求，包括预期速度超过 5Gbps、数百 MHz 聚合带宽、超低延迟，支持关键 5G NR 技术功能。该基带芯片既可以与 Intel 6GHz 以下频段 5G RFIC 和 28GHz 5G RFIC 搭配使用，支持全球范围内各地不同主要频段的 5G 系统，也可搭配现有的 Intel XMM 7360 等 LTE 基带，支持 4G 回落、4G/5G 互操作。英特尔推出了第三代 5G 移动试验平台，与行业领先的电信设备供应商、运营商及服务商合作加速 5G 商用落地。

人工智能芯片方面。人工智能应用的快速发展，带动 AI 专用芯片技术的进步。目前主流的人工智能芯片分为三大阵营，分别为基于 FPGA、GPU 和 ASIC 的专用芯片。Xilinx 公司的 FPGA 硬件设备，为部署高效率神经网络、算法及应用，提供多种开发堆栈及硬件平台。Altera 公司的 FPGA 硬件设备，可以满足人工智能开发和部署的各种需求，在智能电网、飞机导航、汽车驾驶辅助、医学超声波检查和数据中心搜索引擎等领域提供巨大帮助。英伟达以 GPU 为核心研发深度学习计算单元（Tesla P100 GPU），基于 Pascal 架构的深度学习芯片 Tesla P4 和 Tesla P40，自动驾驶芯片 XAVIER ALCAR supercomputer、智能家居硬件等。英伟达与谷歌公司联手，布局深度学习，研发了 ASIC 芯片 TPU。IBM、高通、英特尔等巨头也随势纷纷在深度学习和类脑计算 ASIC 芯片上投入技术研发，展开技术布局。

四、重点企业排名

在新兴应用的带动下，2017 年全球设计企业排名中部分位置发生变化。从总体排名情况看，2017 年十大设计企业中 6 家来自美国，2 家来自中国大陆，1 家来自中国台湾，1 家来自新加坡，美国企业仍为设计业重要力量。从企业销售收入情况看，高通和博通仍以较大优势占据排名前两位，但是这两大巨头之间的差距正在逐渐缩小。高通仍高居设计业榜首，2017 年依靠手机 AP、基带、无线通信等芯片的市场优势，销售收入增长 11%，并正在通过并购恩智浦拓展汽车电子、自动驾驶等领域，目前该并购案已经获得美国、欧盟相关监管部门通过，正在等待中国商务部审核。安华高收购博通后成立的新博通，2017 年业务保持稳定增长，继续扩大无线通信、有线通信、射频等相关芯片的市场份额，与高通销售收入之间的差距缩小到 10 亿美元。博通收购高通并购案最终被美国特朗普政府否决。从销售额增长速度看，2017 年增长幅度最大的两家公司为英伟达和 AMD。在人工智能应用的带动下，2017 年英伟达销售额大幅增长 44%，排名超过联发科上升到第三位。在区块链等应用的驱动下，对高性能计算需求大幅上升，带动 AMD 销售额的提升，同比增长 23%。联发科和 Marvell 成为前十大企业中仅有的两家负增长企业，其中联发科 2017 年在高通和海思的夹击下，丢失部分大客户订单，导致营收同比下降 11%；Marvell 从消费领域转型进入企业领域，产品拓展缓慢，未能实现增长。国内的海思和紫光展锐分别排名第 7 位和第 10 位，在国内手机市场的带动下，海思相继发布多款手机芯片，2017 年营收大幅增长 21%，增长速度仅次于 AMD；紫光展锐在中低端手机芯片方面增长稳定，同时拓展汽车电子、可穿戴等其他领域，实现 9% 的增长速度。

表 3-1　2017 年全球前十大设计企业排名　（单位：亿美元）

排名	公司名称	总部所在地	2017 销售收入	2016 销售收入	增长率
1	Qualcomm	美国	170.78	154.14	11%
2	Broadcom	新加坡	160.65	138.46	16%
3	NVIDIA	美国	92.28	63.89	44%
4	MediaTek	中国台湾	78.75	88.09	-11%
5	Apple	美国	66.60	64.93	3%
6	AMD	美国	52.49	42.72	23%
7	HiSilicon	中国	47.15	39.10	21%
8	Xilinx	美国	24.75	23.11	7%
9	Marvell	美国	23.90	24.07	-1%
10	Spreadtrum + RDA	中国	20.50	18.80	9%
合计			737.85	657.31	12%

资料来源：IC Insights，2018 年 2 月。

第二节　我国集成电路设计业

一、行业规模

2017 年在我国继续推行"中国制造 2025""互联网 +"等国家战略的基础上，国家发布相关规划进一步支持物联网、人工智能等应用领域，为我国设计业的增长带来新动能。各地兴建产业园区支持集成电路设计业发展，使得产业规模进一步扩大，产业环境继续优化。在我国集成电路市场需求的带动下，物联网、智能网联汽车、人工智能等新兴领域的应用需求拉动设计业快速成长。根据半导体行业协会设计分会在 2017 年设计年会的预测，2017 年我国设计业销售收入为 1946 亿元，比 2016 年的 1518.5 亿元增长 28.2%，高出上年增长速度 5 个百分点。按照美元与人民币 1∶6.65 的兑换率，设计业产值达到 292.6 亿美元，在全球半导体产业所占比重进一步提升，也是近年来增长最快的一年，大概占到全球集成电路设计业的 30%。

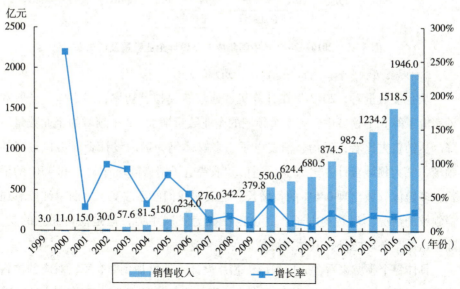

图 3－4　1999—2017 年中国集成电路设计业销售收入及增长率

资料来源：中国半导体行业协会设计分会，2018 年 1 月。

相比于 2016 年国内设计企业数目的大幅增长，2017 年国内设计企业数量趋于稳定。根据设计分会统计数据，2017 年全国共有约 1380 家设计企业，比上年增加 18 家，总体变化不大。2016 年设计企业数量的大幅增长主要是由于随着《国家集成电路产业推进纲要》的落地和深入实施，各地发展集成电路产业的热情高涨，出台相关鼓励政策，引发新一轮设计企业创业热潮。2017 年的企业数量的回落说明各地政府和创业团队趋于理性，部分企业在技术门槛、人员缺乏等因素限制下，不能实现持续经营。

图 3 – 5 2010—2017 年中国集成电路设计企业数量及增长率

资料来源：中国半导体行业协会设计分会，2017 年 12 月。

从企业数量看，2017 年在计算机、通信、模拟、功率、多媒体、导航和消费电子等 8 个领域中，有 5 个领域的企业数量增加，3 个领域的企业数量下降。从销售占比看，通信、消费电子、多媒体仍为国内设计企业占比最高的领域，三大领域合计占比 78%，通信和消费电子销售额均有 31% 和 45% 的增长，多媒体领域出现 0.6% 的负增长。这表明我们已经改变了之前单纯依靠通信领域的情况，消费类电子产品也正在成为发展主力，但是值得注意的是，除了这两个领域之外，其他领域依旧保持低速发展。

具体每个领域来看，通信领域，芯片设计企业增加到 266 家，对应的销售总额达到 899.7 亿元，同比增加 30.7%。消费类电子的企业数量增加到 610 家，销售总额达 452.3 亿元，同比增长 45.2%，继续保持快速增长势头。从事多媒体的企业增加到72家，但销售总额下降了0.6%，为175.6亿元。智能卡领域企业数量减少到62家，但销售总额达到139.2亿元，提高5.7%。计算机芯片设计企业数量从上年的107家大幅减少到85家，但销售额提升了14.0%，达到128.3亿元。功率器件业务相关企业从77家增加到82家，销售额提升达到76.7亿元，增长155.1%，为2017年增长最快的产品领域。模拟电路销售额为68.1亿元，同比增长5.1%，企业数量从219家减少到180家。从事导航芯片研发的企业销售额6.2亿元，数量从17家增加到23家，销售总额提升了111.4%。

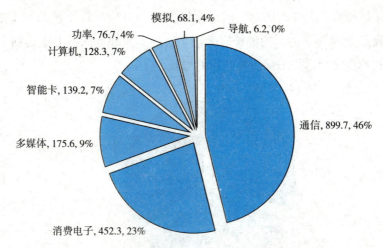

图3-6 2017年集成电路设计业产品分布（单位：亿元）

资料来源：中国半导体行业协会设计分会，2017年12月。

表3-2 2016—2017年不同产品领域设计企业分布　　　　（单位：亿元）

序号	领域	2017年			2016年			增长率
		企业数	比例	销售收入	企业数	比例	销售收入	
1	通信	266	46.2%	899.7	241	17.7%	688.4	30.7%
2	消费电子	610	23.2%	452.3	589	43.2%	311.5	45.2%
3	多媒体	72	9.0%	175.6	43	3.1%	176.7	-0.6%
4	智能卡	62	7.2%	139.2	69	5.1%	131.7	5.7%
5	计算机	85	6.6%	128.3	107	7.9%	112.5	14.0%
6	模拟	180	3.5%	68.1	219	16.1%	64.7	5.1%
7	功率	82	3.9%	76.7	77	5.7%	30.1	155.1%
8	导航	23	0.3%	6.2	17	1.3%	2.9	111.4%

资料来源：中国半导体行业协会设计分会，2017年12月。

二、行业布局

从区域分布情况看，2017年珠江三角洲地区销售额687.5亿元，同比增长39%，占比达到35%，取代长江三角洲地区，再次成为国内最大的设计企业集聚地。长江三角洲地区销售额661.7亿元，同比增长22%，占比为34%，相比于2016年的33%提高了一个百分点。京津环渤海地区销售额403.5亿元，同比增长14%，占比21%，相比于2016年的23%降低了2个百分点。中西部地区销售额193.3亿元，同比增长51%。其中珠江三角洲和中西部地区增长高于全国28%的平均增长速度，尤其是中西部地区在上年达到75%左右的增长速度之后，依旧保持着高速的增长。

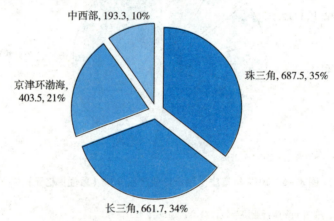

中西部，193.3，10%

京津环渤海，403.5，21%

珠三角，687.5，35%

长三角，661.7，34%

图7 2017年中国集成电路设计业销售收入区域分布（单位：亿元）

资料来源：中国半导体行业协会设计分会，2017年12月。

表3-3 2017年各地区集成电路设计业销售收入情况

（单位：亿元人民币）

地区	城市	2016年	2017年	增长率
长三角	上海	338.3	376.9	11.4%
	杭州	57.0	75.1	31.8%
	无锡	65.0	95.0	46.2%
	苏州	32.5	40.0	23.1%
	南京	34.0	50.0	47.1%
	合肥	13.4	24.7	83.8%
	小计	540.2	661.7	22.5%

续表

地区	城市	2016 年	2017 年	增长率
珠三角	深圳	420.0	579.2	37.9%
	珠海	27.6	46.0	66.7%
	香港	12.4	15.2	22.6%
	福州	15.0	15.1	0.9%
	厦门	21.0	32.0	52.4%
	小计	496.0	687.5	38.6%
京津环渤海	北京	325.6	365.0	12.1%
	天津	13.7	19.0	38.7%
	大连	7.0	8.0	13.7%
	济南	8.0	11.5	43.1%
	小计	354.3	403.5	13.9%
中西部	成都	38.0	46.7	22.9%
	西安	36.0	77.2	114.6%
	武汉	25.0	33.0	32.0%
	重庆	7.0	9.5	35.4%
	长沙	22.0	27.0	22.7%
	小计	128.0	193.3	51.1%
总计		1518.5	1946.0	28.2%

资料来源：中国半导体行业协会设计分会，2017 年 12 月。

从城市设计业增长速度看，2017 年大多数城市都出现了快速的增长。2017 年，设计业增速最高的前三大城市分别是西安、合肥、珠海。排在第一名的西安，2017 年营收增长了 114.6%。合肥 2016 年增速排名第一，2017 年继续保持高速增长的势头，增长率达到 83.8%，证明合肥的发展已经进入了相对稳定和良性的发展阶段。珠海、厦门的产值增速均超过 50%。排名前十的最后是重庆市，2017 年产值增长率达到 35.4%，与上年的 22.6% 相比有了大幅度的进步。而天津设计业发展明显，2017 年获得 38.7% 的增长。

从区域销售额来看，长江三角洲地区 5 个城市、珠江三角洲地区和中西部地区各 2 个城市进入排名前十，京津环渤海地区仅有北京进入前十。前十大城市的产业规模之和达到 1751.1 亿元，占全行业的比重为 90.0%，比 2016

年降低 0.52 个百分点。

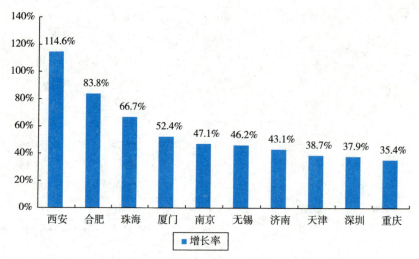

图 3 − 8　2017 年设计业增速最高的十大城市排名

资料来源：中国半导体行业协会设计分会，2017 年 12 月。

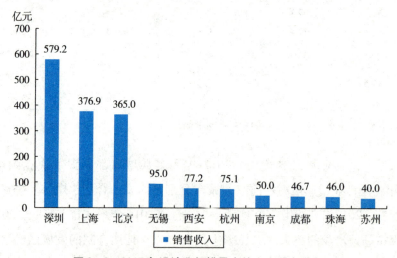

图 3 − 9　2017 年设计业规模最大的十大城市排名

资料来源：中国半导体行业协会设计分会，2017 年 12 月。

三、技术发展

一是一批重点关键产品实现重大突破。移动智能终端芯片方面，展讯通信、大唐联芯和海思半导体具备很强的市场竞争力，全球市场占有率超过

20%，有力支撑我国移动通信终端迈向中高端，其中华为手机已经可以媲美苹果。数字电视芯片方面，海思半导体与创维电视紧密合作，实现了智能电视核心芯片零的突破，打破了一直以来我国电视机主控芯片依赖台湾联发科技和星辰科技的局面，实现了电视芯片的战略转折。当前自主智能电视核心芯片目前已经累计销售近 2000 万颗，市场占有率接近 30%，2020 年将超过50%。网络通信芯片方面，以华为、中兴为代表的我国通信设备制造企业，通过努力已经基本实现了网络通信核心芯片的自给。

二是国产芯片对关键领域的支撑能力显著增强。国产 CPU 在党政办公领域实现示范应用，部分产品全面支撑了党的十九大会议期间的文件处理和办公任务。"神威·太湖之光"超级计算机全部采用国产 CPU，并连续 4 次位列全球超算 500 强首位。自主嵌入式 CPU 累计出货量约 6 亿颗，苏州国芯的自主架构嵌入式 CPU 已经成为国内汽车电子和工业控制 SoC 的核心。基于国产密码的标准金融 IC 卡芯片累计出货已接近 1 亿颗。国内已经形成比较完整的北斗导航芯片技术体系，2017 年应用北斗技术的终端超过 3000 万台，应用北斗芯片的手机销量超过 2000 万部。

三是新业态、新应用相关核心芯片实现战略布局。国内紧抓技术变革机遇期，加快布局物联网、大数据、5G 通信、人工智能等新兴应用领域关键芯片技术。国内已经完成 5G 第一阶段关键技术验证，华为、中兴等加快 5G 终端、基础设施相关芯片技术研发，华为海思自研 5G 基带芯片预计 2019 年实现预商用，预计 2020 年前我国将成为 5G 通信技术、标准、产业、服务于应用领先国家之一。围绕物联网应用的传感器芯片产业发展迅速，国内已经形成较为完整的产业链，在硅麦克风、CMOS 图像传感器、指纹识别等部分领域占据较高市场份额。支撑大数据应用的存储芯片完成布局，并与国际企业联合研发 RRAM、MRAM 等新型存储技术。人工智能芯片快速突破，算法、设计、应用等在细分领域全球领先，寒武纪的人工智能芯片已经作为 IP 核被海思半导体采用。

四、重点企业排名

国内设计企业的整体质量在不断提升。2017 年销售额超过 1 亿元的企业有 191 家，比 2016 年的 161 家增加 30 家，大幅增加 18.6%。销售过亿元的企业销售总额为 1771.5 亿元，比上年增加 541.9 亿元，全行业销售总额占比为 91.0%，相比 2016 年的 81.0% 提升 10.1 个百分点。

图 3 – 10　2010—2017 年销售额超过 1 亿元的企业数量及增长率

资料来源：中国半导体行业协会设计分会，2017 年 12 月。

从设计企业人员情况来看，2017 年人数规模超过千人的企业达到 16 家，与上年相比增加了 4 家；人员规模在 500—1000 人的企业 20 家，与上年持平；人员规模 100—500 人的比上年减少 2 家。但整体来看企业规模较小，共有 88.6% 的企业是人数少于 100 人的小微企业。虽然人员规模超过 1000 人的企业数量增加了 33%，但拥有 100—1000 员工规模的企业数量基本稳定。2017 年我国芯片设计业的从业人员规模约为 14 万人，与 2016 年相比略有增长。计算得出人均产值 139 万元，约合 20.9 万美元，相比于 2016 年下降较大的 17 万美元，已经恢复到前几年的水平。

表 3 – 4　2017 年设计企业人员规模情况

人员规模	$n > 1000$	$1000 > n > 500$	$500 > n > 100$	$n < 100$	总计
2017 年企业数	16	20	121	1223	1380
占比	1.2%	1.5%	8.8%	88.6%	100.0%
2016 年企业数	12	20	123	1207	1362
占比	0.9%	1.5%	9.0%	88.6%	100.0%

资料来源：中国半导体行业协会设计分会，2017 年 12 月。

与 2016 年相比，2017 年前十大设计企业的销售总和达到 788.2 亿元，增幅 13.7%，略低于整体行业的平均增速。从十大设计企业的分布情况来看，珠三角地区有 4 家，与 2016 年持平；长三角地区有 2 家，比 2016 年增加 1 家；京津环渤海地区有 4 家，比 2016 年减少了 1 家。前七大设计企业排名与 2016 年没有变化，第一名仍为海思半导体，销售收入达到 361 亿元，格科微重新进入十大企业排名的行列。从销售收入情况来看，海思在全球设计企业中营收仍然遥遥领先，是第二名紫光展锐的 3 倍多。排名第十位的中星微电子营收和上年相比保持不变，使得十大设计企业的门槛仍为 20.5 亿元。从增长速度来看，2017 年除紫光展锐负增长和中星微零增长以外，其他企业仍然保持了两位数的增长。紫光展锐在基带芯片市场受到高通、联发科的严重打压，4G 等高端芯片出货较少，2G/3G 低端芯片市场受限，使得 2017 年营收情况不佳。在通信、物联网市场的带动下，中兴微电子大幅增长 35.7%。格科微成为增速排名第二的公司，作为 CMOS 图像传感器的龙头企业，产品在国内外终端中获得广泛采用，渗透率持续提升。2018 年 4 月，格科微宣布投资 25.4 亿元，在浙江嘉善县建设年产 12 亿颗 CMOS 图像传感器的生产线。

表 3 - 5　2017 年国内十大集成电路设计企业排名

排名	公司名称	2017 年销售收入（亿元）	增长率
1	深圳市海思半导体有限公司	361.0	19.1%
2	清华紫光展锐	110.0	-12.0%
3	深圳中兴微电子技术有限公司	76.0	35.7%
4	华大半导体有限公司	52.1	9.5%
5	北京智芯微电子科技有限公司	44.9	26.1%
6	深圳市汇顶科技股份有限公司	38.7	29.0%
7	杭州士兰微电子股份有限公司	31.8	15.2%
8	敦泰科技（深圳）有限公司	28.0	19.1%
9	格科微电子（上海）有限公司	25.2	32.6%
10	北京中星微电子有限公司	20.5	0.0%
	合计	788.2	13.7%

资料来源：中国半导体行业协会，2018 年 3 月。

第四章 集成电路制造业

2017 年，全球集成电路产业呈现复苏态势，集成电路制造厂商持续增加资本投入，通过新建生产线扩充产能，争夺未来市场份额。巨大的资本投入推动制造业在全球半导体产业中增速排名首位。在技术制程方面，台积电、三星和英特尔作为全球领先的半导体制造厂商，其工艺水平已进入了 10nm 阶段，7nm 产品将于 2018 年投入试产。目前，三星和台积电已领先行业龙头英特尔的技术研发进度，台积电和三星的 7nm FinFET 工艺将于 2018 年第二季度实现量产，而 Intel 的 7nm 工艺据预计最快要到 2020 年量产。目前，半导体制造业的技术壁垒和资本壁垒越来越高，市场竞争格局呈现强者恒强的态势，产能将进一步向少数几家龙头企业集中。

近五年，我国集成电路制造业保持了 20% 以上的高速发展，包括中芯国际、华虹宏力、华力微电子等本土企业发展迅速，纷纷投资建设 12 英寸生产线，预计未来我国 12 英寸生产线占比将持续增加。另外，三星、台积电、格罗方德等企业纷纷将先进制程导入国内，使我国集成电路制造业实力得到进一步的提升。

第一节 全球集成电路制造业

一、行业规模

近年来，随着全球半导体产业逐步复苏，制造厂商增加设备投入和资本开支的意愿强烈，全球生产线不断增加，使制造业成为全球半导体产业中增长最快的领域，2017 年全球集成电路晶圆制造业的产业规模达到 631 亿美元，比 2016 年规模增长 10.4%。但整体来看，2011 年到 2017 年全球集成电路制造业市场规模呈现波动性增长。2011—2012 年，虽然全球半导体市场增长乏力，但晶圆制造业仍然保持较快的增长态势，2012 年全球制造业市场增长率为 18%，市场规模达到 376 亿美元。2013—2014 年，伴随着移动互联网带来的芯片需求，全球半导体市场给晶圆制造业带来巨大机会，市场规模以 10% 以上的增速发展。2015 年，手机、PC 等主要产品的市场增长放缓，全球半导体市场再次陷入低迷，同时制造业企业之间竞争加剧，导致制造业增速降低至 9%。2016—2017 年，全球集成电路晶圆制造业稳步增长，增长动力主要来自于纯晶圆代工厂商，由 2015 年的 452 亿美元增长至 550 亿美元。同时，传统 IDM 厂商英特尔也在 2017 年开始引入代工业务，计划将 22nm FFL 工艺向设计企业开放，将会使代工市场竞争更加白热化。

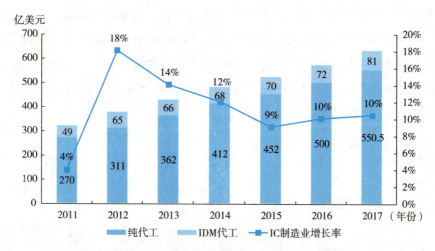

图 4-1 2011—2017 年全球集成电路制造业市场规模

资料来源：IC Insights，2018 年 1 月。

以生产线投资情况分析，2011—2013 年集成电路制造生产线投资额分别达到 15% 和 13% 的负增长，这一方面是由于全球半导体市场低迷，影响了制造厂商的投资信心。另一方面由于 IC 技术的发展，制程线宽不断缩小的同时晶圆尺寸不断增大，制造厂商的研发难度加大，越来越少的厂商可以负担这种高额投资。随着在 2014 年物联网技术的兴起，全球集成电路代工企业大力投资建设 8 英寸生产线，使全球生产线投资总额同比大幅增长 17.8%，回升至 374.9 亿美元。2015 年全球半导体市场再次陷入低迷，同时生产线成本进

一步增大，12 英寸 32/28nm 的规模生产线建设费用超过 40 亿美元，而建成
12 英寸 14nm 生产线则需要投资超过 100 亿美元。巨大的生产线投资规模，使
二线厂商难以承受，导致 2015 年投资额增速衰减至 - 2.6%。2016 年，全球
半导体生产线设备投资规模进一步增至 396.9 亿美元，实现 8.6% 的增速。推
动市场实现高增长的主要因素是 3D NAND 存储器和中国市场发展。存储器经
历了 2015—2016 年的库存清理，产品单价逐渐回升，促使存储器厂商纷纷布
局 3D NAND 市场，抢占未来市场份额。中国市场是重要的增长动力，包括长
江存储、福建晋华、中芯国际等多条 12 英寸生产线陆续开建，使得 2016 年
中国集成电路生产线投资额增速达到 36.7%，首次进入全球设备投资额度的
前三强。2017 年，全球晶圆厂设备支出达到历史最高值 570 亿美元，同比大
幅增长 43.6%，巨大芯片市场需求、存储器产品的价格持续增长以及激烈的
市场竞争，推动许多晶圆厂投资额达到历史高位。特别是存储器方面，受益
于 2017 年存储器价格的快速上涨，三星、SK 海力士等韩国厂商不断新建存
储器生产线，三星晶圆厂设备支出从 80 亿美元增加到 180 亿美元，同比增长
128%。SK 海力士晶圆厂设备支出达到历史最高的 55 亿美元，同比增
加 70%。

图 4 - 2　2011—2017 年全球生产线设备投资规模

资料来源：SEMI，2017 年 12 月。

二、行业布局

根据 IC Insights 的统计数据，制造产能分布地区集中在北美、欧洲、日本、韩国、中国台湾和中国大陆地区。2015 年起，中国台湾在全球集成电路已装机月产能中超越韩国排名第一，至 2017 年中国台湾月产能达到 400 万片（折合成 8 英寸晶圆），占全球比例为 22.3%。主要原因是台积电近年来积极扩建 12 英寸晶圆厂，成为全球最大的晶圆制造地区。台湾多为集成电路代工厂商，先进制程占比较小，产线集中在 20nm—0.2μm 区间。2017 年，韩国、日本的 8 英寸晶圆（折合）月产能排名全球第二、三位，产能数量达到 360 万片和 310 万片，全球市场占有率分别为 20.1% 和 17.3%。从先进制程占比中可以看出，韩国和日本 20nm 制程以下产能占据总产能的 40% 以上，特别是韩国 28nm 以下产能占 81%。这是由于韩国与日本存储器产业发达，目前 DARM 已实现 18nm 量产，NAND 进入 1ynm 量产阶段，三星、SK 海力士和东芝等存储器厂商大规模投资先进制程产线。北美地区排名全球第四，月产能达到 240 万片（折合 8 英寸），占全球市场的 13.4%；中国大陆地区排名全球第五，8 英寸（折合）月产能达到 200 万片，全球市场占有率为 11.2%。欧洲的 8 英寸晶圆（折合）月产能为 110 万片，全球市占率仅为 6.1%。

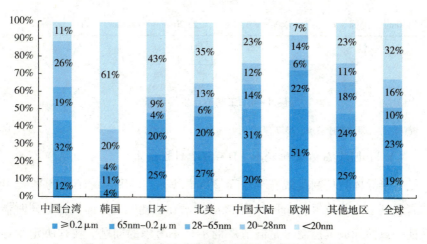

图 4-3　2017 年全球已装机晶圆产能地区分布情况

资料来源：IC Insight，2018 年 2 月。

三、技术发展

(一) 制程节点

2017 年，台积电、三星、英特尔等全球领先晶圆制造厂商陆续进入了 10nm 工艺制程工艺节点。苹果的 A11 处理器由台积电独家代工，采用 10nm FinFET 工艺。高通骁龙 835 处理器和三星的 Exynos 8895 处理器均采用三星的 10nm 工艺。三星公司指出，采用 10nm 技术的晶体管相较 14nm 技术，实现面积效率提升 30%，性能提升 27%，功耗降低 40%。2017 年 9 月，英特尔正式宣布量产 10nm 工艺制程产品，同时发布了该工艺与台积电和三星的领先优势。从鳍片间距、栅极间距、最小金属间距等关键参数可以看出，英特尔的 10nm 工艺技术仍明显领先于台积电和三星的 10nm 工艺技术。但是台积电与三星均保持着高速追赶英特尔的势头。截至 2018 年 4 月，台积电和三星均完成了 7nm 工艺的研发；其中，三星更是在 7nm 工艺上首次使用极紫外（EUV）光刻。考虑到英特尔使用 7nm 工艺制程的产品预计在 2020 年才能量产，台积电和三星在晶圆制造工艺上将具备赶超英特尔的机会。

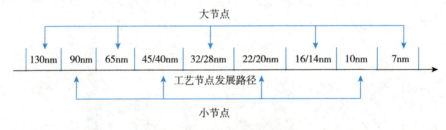

图 4-4　工艺节点发展路径

资料来源：赛迪智库整理，2017 年 12 月。

(二) FinFET 晶体管结构和 FD-SOI 制程技术

随着半导体器件制程线宽缩小至 20nm 以下，采用传统工艺的平面 MOS 晶体管遇到了光刻技术、high-k 绝缘层技术和功耗等多方面挑战，同时器件的性能一致性和成本控制也是制造厂商不得不考虑的问题。在这决定半导体制造技术发展方向的重要历史拐点上，包括 FinFET、FD SOI、多栅晶体管、Ⅲ-Ⅳ族沟道材料晶体管等众多解决方案陆续提出，目前应用较广的是 Intel

（英特尔）提出的 FinFET 技术路线和 IBM 提出的 FD – SOI 的解决方法。

FinFET（Fin Field – Effect Transistor）是一种新型结构的互补式金氧半导体（CMOS）晶体管，其栅极类似于鱼鳍状的叉状 3D 架构，也被称为鳍式场效应晶体管。栅极采用立体化设计，可以使制程线宽在 20nm 以下时仍能保留较大的接触面积，保证晶体管正常工作。近年来，由于 Intel 和台积电的主推，逐渐成为业界主流工艺。2011 年 Intel 宣布 FinFET 制造工艺技术实现突破，次年 Intel 即推出了采用 FinFET 技术的 IVY Bridge 处理器，最小线宽为 22nm。相比 32nm 平面晶体管 CPU，该 CPU 芯片功耗降低了 50%，开关速度提高了37%。同时，芯片面积仅为 25 × 25 平方毫米，内部含有 14 亿只晶体管。2015年，lntel 推出了 14nm 制程的 Broadwell 架构处理器，含有 19 亿只晶体管。而在 2016 年，三星宣布领先 Intel 掌握了基于 10nm FinFET 的量产工艺，随后台积电也宣布实现量产，同时台积电也宣布 2018 年第二季度实现 7nm FinFET量产，主要瞄准高性能移动计算市场。

近两三年来，包括 IBM、格罗方德、意法半导体、Synopsys 和芯原等企业探索另外一条发展道路——全耗尽绝缘层上硅（FD – SOI）技术，在平面CMOS 制造工艺结构的基础上延伸。FD – SOI 要在绝缘层上超薄体单晶硅（UTB – SOI）上制造出很薄的硅单晶膜，膜的厚度应限制在 MOS 晶体管栅长的 1/4 左右，工艺难度极大。但与其他解决方案相比，FD – SOI 具有不可比拟的优势，首先 FD – SOI 兼容传统的基板 CMOS 制造工艺，芯片设计工程师研发产品可采用现存的开发工具和设计方法，而且生产线可由传统 300mm 晶圆制造厂直接改造完成，因此大多数设备可重新利用。另外 FD – SOI 技术是成本效益最高的制造工艺，在 28nm 技术节点采用相同的选件和金属层条件下，FD – SOI 技术只需要 38 个掩膜版，大大缩减了制作工序，可大幅缩短产品交货期。同时功耗性能比也是 FD – SOI 技术一向强调的优势，相同工艺制程下 FD – SOI 的功耗仅相当于 FinFET 的 70%，性能却要高出 16%。目前已有越来越多的 IP 公司、设计公司及制造厂商从观望转到介入，三星已从意法半导体获得了 FD – SOI 技术授权，格罗方德也可以提供 MPW 形式的 FD – SOI代工服务，在 2017 年实现量产 22nm FD – SOI 工艺。

整体来看，FD – SOI 技术在高频、低功耗、抗静电等方面有明显的优势，但 FinFET 在先进制程技术方面已经远远领先 FD – SOI。目前 FinFET 技术已实现 10nm 量产，并预计于 2018 年第二季度实现 7nm 量产，而 FD–SOI 技术刚刚突破 22nm。究其原因，主要是产业生态的欠缺。一方面，由于 FinFET 技术得到了英特尔、台积电和三星的采用，产业链相对完善，具有丰富的第三方 IP 数据库，极大地方便了 IC 设计公司采用。另一方面，由于采用 FD–SOI 技术的生产线数量少，导致 SOI 硅片的成本高，8 英寸 SOI 硅片价格是体硅片的十倍。因此，FD–SOI 技术还需要长期的市场培育。

四、重点企业排名

（一）产能情况

2000 年，全球集成电路制程产线产能较为分散，但发展至 2017 年，产能已集中在少数几家制造业巨头手中，2017 年排名前五的集成电路制造企业的产能占有率达到 53%。根据 IC Insights 的统计，全球 12 英寸晶圆产能为 510 万片/月，韩国三星（22%）、美国美光（14%）、韩国 SK 海力士（13%）、中国台湾地区台积电（13%）和日本东芝（11%）位列前五位，占据了 71% 的产能份额。不难看出，12 英寸产能前五位企业中，除了台积电之外均为存储器厂商，主要原因是 NAND 和 DRAM 等存储器产品市场需求大，市场竞争激烈，厂商只能依靠扩充产能以降低成本，依靠销量占有市场同时实现盈利。作为半导体领域龙头企业，英特尔的主要产品 CPU 处理器，技术含量高但产能不占优势，产能排名全球第六位。相较之下，在 8 寸晶圆工艺方面，主要是以纯代工厂商、模拟/混合信号 IC 厂商，以及微控制器厂商为主。台积电以 11% 的份额位居第一，德州仪器（TI）则以 7% 位居第二，意法半导体（STMicro）和联电同以 6% 排名第三。在 6 英寸（含）以下晶圆工艺方面，厂商属性呈现出多样化趋势，其中意法半导体（12%）、安森美半导体（11%）和松下电子（7%）分列前三位。

表 4–1 2017 年全球晶圆产能排行

排名	12 英寸			8 英寸			6 英寸及以下	
	厂商	月产能（万片）	占比	厂商	月产能（万片）	占比	厂商	占比
1	三星	112.2	22%	台积电	188.1	11%	意法半导体	12%
2	美光	71.4	14%	德州仪器	119.7	7%	安森美半导体	11%

续表

排名	12 英寸			8 英寸			6 英寸及以下	
	厂商	月产能（万片）	占比	厂商	月产能（万片）	占比	厂商	占比
3	SK 海力士	66.3	13%	意法半导体	102.6	6%	松下	7%
4	台积电	66.3	13%	联电	102.6	6%	华润微电子	6%
5	东芝	56.1	11%	英飞凌	85.5	5%	士兰微电子	5%
6	英特尔	35.7	7%	恩智浦	68.4	4%	瑞萨	4%
7	格罗方德	30.6	6%	东芝	68.4	4%	德州仪器	3%
8	联电	15.3	3%	中芯国际	68.4	4%	台积电	3%
9	力晶	10.2	2%	三星	68.4	4%	罗姆半导体	3%
10	中芯国际	10.2	2%	华虹宏力	51.3	3%	东芝	3%
	合计	474.3	93%	合计	923.4	54%	合计	57%

资料来源：IC Insight，2017 年 12 月。

2017 年集成电路制造商中拥有 8 英寸晶圆厂的厂商，已由 2007 年最高时的 76 家减少为目前的 61 家；拥有 12 英寸晶圆厂的厂商数，也由 2008 年最高时的 29 家，下滑为 2017 年的 23 家。可以预计随着集成电路制程线宽的持续缩小，制造技术研发难度及生产设备资本投入将成倍增加，一条 14nm 生产线的工艺研发投入超过 10 亿美元，设备建设投入超过 50 亿美元，一般制造厂商没有足够的资本投入，也无力承担研发失败的风险。因此，未来市场竞争格局呈现强者恒强的态势，产能将进一步向少数几家龙头企业集中。

（二）销售收入

纯晶圆代工厂在集成电路领域正扮演着越来越重要的角色，2016 年全球纯晶圆代工厂销售收入总和达到 527.9 亿美元，同比增加 6.3%，预计未来五年纯晶圆代工市场继续将以 7% 的年复合增长率（CAGR）增长，在 2021 年将达到 721 亿美元。在 2017 年的纯晶圆代工厂商统计数据中，中国台湾代工厂商台积电排名第一，销售收入达到 320.4 亿美元，相较于 2016 年同比增长 9.1%，全球市场份额高达 59.7%。美国的格罗方德排名第二，在全球的总销售额中占比为 11.2%，销售收入同比增长 10.2%，达到 60.6 亿美元。中国台湾的联华电子排名第三，销售收入为 49 亿美元，市场份额为 8.5%。中国大陆的中芯国际排名第四，销售收入同比增长 6.3%。受益于中国巨大的市场需求和强有力的政策驱动，中芯国际销售收入实现了翻倍增长，从 2011 年的 12.2 亿美元持续增长至 2017 年的 31 亿美元，年复合增长率为 17%，表现出强劲的增长趋势。但 2017 年中芯国际由于调整产品结构，着力提升先进制程营收占比，营收增长率有所减缓。中国大陆另一家上榜企业华虹宏力排名第八，2017 年销售收入为 8.1 亿美元，同比增长 12%。2017 年，受益于国内 MOSFET、IGBT、LED 驱动、MCU、传感器等产品的市场需求，华虹宏力借助于 8 英寸代工线的技术优势，产能接近满载，极大地改善了华虹宏力的营收数据。

表 4-2　2017 年全球纯晶圆代工厂商排名　　（单位：亿美元）

2017 年排名	2016 年排名	厂　商	总部所在地	2017 年营收	2016 年营收	增长率	市场份额
1	1	TSMC	中国台湾	321.6	294.9	9.1%	59.7%
2	2	Global Foundries	美　国	60.6	55.5	10.2%	11.2%
3	3	UMC	中国台湾	49.0	45.8	6.8%	9.1%
4	4	SMIC	中国大陆	31.0	29.1	6.3%	5.8%
5	5	TowerJazz	以色列	13.9	12.5	11.1%	2.6%
6	6	Powerchip	中国台湾	13.5	12.1	11.5%	2.5%
7	7	Vanguard	中国台湾	8.2	8.0	2.1%	1.5%
8	8	HHGR	中国大陆	8.1	7.1	12.0%	1.5%
9	9	Dongbu HiTek	韩　国	6.8	6.7	1.5%	1.3%
10	11	X-Fab	德　国	5.8	5.1	13%	1.1%
前十家合计				518.5	476.3	8.9%	96.3%
其　他				20.2	22.5	-10.2%	3.7%
合　计				538.7	498.8	8.0%	100%

资料来源：IC insights，公司财报，2018 年 4 月。

第二节　我国集成电路制造业

一、行业规模

从 2011 年开始，我国集成电路制造业随着全球经济开始复苏稳步增长。

2012—2014 年，我国集成电路制造业增速保持在 16%—20% 之间，2014 年销售收入达到 712.1 亿元。2014 年我国发布了《国家集成电路产业发展推进纲要》，并随之成立国家集成电路产业投资基金，极大地推动了国内集成电路制造业的快速发展。2015 年，中芯国际 28nm 产品实现量产、上海华力逐步投产以及西安三星产能逐渐释放等行业利好，我国集成电路制造业增速达到 26.5%，销售收入达到 900.8 亿元。2016 年，受到国内芯片生产线满产以及扩产的带动影响，我国集成电路制造业依然保持 25.1% 的高速增长，销售额达到了 1126.9 亿元。2017 年，受新线投产影响，我国集成电路制造业销售额达到 1448.1 亿元，同比增长 28.5%，继续保持集成电路产业链中最快的增速。

近五年，我国集成电路制造业高速发展，复合年均增长率高达 19.2%，从 600.9 亿元的销售收入发展到 2017 年的 1448.1 亿元。高速增长的原因一方面是由于我国具有全球最大的集成电路消费市场，对集成电路制造需求旺盛，同时物联网、汽车电子等新型应用的兴起，相关产品多由成熟工艺制造，与我国当前的集成电路制造业的技术水平发展相符，有利于我国集成电路制造业的快速发展；另一方面是由于集成电路涉及国家战略安全，国家对信息安全芯片的发展愈加重视，相关促进政策措施陆续出台，使我国集成电路制造企业实力持续增强。以中芯国际、华虹宏力、华润微电子等为代表的本土企业发展迅速，提升了国内制造业的整体水平；同时，国际大厂包括英特尔、台积电、三星、格罗方德等企业纷纷来华建厂投资，8 英寸线、12 英寸线的陆续投产以及先进制程的导入，使我国集成电路制造业实力得到进一步的提升。

从 2011 年至今，我国集成电路设计和制造环节增速明显快于封测，且占比逐步提升。我国集成电路制造业销售收入过去五年间，占比从 22.3% 提升至 26.8%，产业结构更趋均衡。晶圆制造业作为整个集成电路产业的核心组成，先进的制造技术可显著提升上游设计业的研发速度，同时也对下游封测业提供稳定的市场保障。因此，今后一段时间，加快晶圆制造业发展将成为我国集成电路产业的重要任务之一，晶圆制造的产业规模和研发能力将得到进一步提升。

图4-5 2011—2017年中国集成电路制造业销售额及增长率

资料来源：中国半导体行业协会，2018年2月。

图4-6 2011—2017年中国集成电路制造业占比情况

资料来源：中国半导体行业协会，2018年2月。

二、行业布局

2017年，我国4英寸以上集成电路晶圆生产线共有72条，分布在58家企事业单位中。其中12英寸生产线达到12条，8英寸生产线17条，6英寸生产线20条，5英寸生产线9条，4英寸生产线14条。从生产线数量可以看出，6英寸和8英寸的晶圆生产线仍为我国主流技术，产线占比超过50%。但我国在2016年之后宣布了多条12英寸晶圆厂建设计划，目前有13座12英寸晶圆厂正在兴建。其中包括台积电的南京厂，将使用16nm制程，初期月规划产能为2万片，预计在2018年下半年正式投产。中芯国际在上海和深圳将建设两条12英寸生产线，上海厂计划使用14nm制程，月产能达到7万片。华力微电子也将启动二期12英寸生产线项目，规划月产能4万片，设计工艺为28nm、20nm和14nm。2017年，华虹宏力投资25亿美元建设12英寸生产线，产能规划为每月3万片，技术制程覆盖65—90nm，计划将于2019年实现量产。预计未来我国12英寸生产线占比将持续增加。

表4-3　2017年我国主要集成电路芯片制造企业生产线分布

晶圆尺寸（英寸）	序号	企业名称	生产线（名称）	计划产能（万片/月）	工艺技术水平（μm）
12	1	中芯国际（北京）	Fab B1（Fab4）	5	0.09—0.055 CMOS
			Fab B1（Fab6）		
			Fab B2A	3.5	0.045—0.028 CMOS
	2	中芯国际（上海）	Fab8	2.0	0.35—0.028 CMOS
	3	上海华力微电子	Fab1	3.5	0.09—0.045 CMOS
	4	武汉新芯	Fab 1	2.0	0.09—0.065 CMOS
	5	SK 海力士（无锡）	HC 1	10.0	0.02 CMOS
	6		HC 2	7.0	0.02 CMOS
	7	英特尔（大连）	Fab68	6.0	0.09—0.065 CMOS
	8	三星（西安）	Fab X1	10.0	0.046—0.025 CMOS
	9	联芯（厦门）	Fab 12X	5	0.04—0.028 CMOS
	10	晶合（合肥）	Fab HF	4	0.09 CMOS
8	1	中芯国际（上海）	Fab1	12.0	0.35—0.11 CMOS
	2		Fab2		
	3		Fab3	3.0	0.13—0.11 Cu 制程
	4	中芯国际（天津）	Fab7	4.0	0.35—0.18 CMOS
	5	台积电（中国）	Fab1	11.0	0.25—0.13 CMOS

续表

晶圆尺寸（英寸）	序号	企业名称	生产线（名称）	计划产能（万片/月）	工艺技术水平（μm）
8	6	上海华虹宏力	Fab1	8.0	0.35—0.11 CMOS 数模混合
	7		Fab2	2.0	
	8		Fab3	5.0	0.35—0.09 CMOS
	9	和舰科技（苏州）	Fab1	6.0	0.35—0.13 CMOS
	10		Fab2	4.0	0.13 CMOS
	11	上海先进	Fab3	1.5	0.35—0.25 CMOS 数模混合
	12	华润上华（无锡）		6.0	0.35—0.11 CMOS 数模混合
	13	渝德半导体（重庆）		3.0	0.35—0.18 CMOS 数模混合
	14	成芯半导体（德州仪器）（成都）	Fab11	3.0	0.35—0.18 CMOS 数模混合
	15	晶诚半导体（郑州）		3.0	0.35—0.18 CMOS
6	1	华润上华（无锡）	Fab1	6.0	0.5—0.35 BCD
	2	华润晶芯（无锡）	Fab5	3.5	0.5—0.35 BCD
	3	华润华晶（无锡）		5.0	1.2—0.8 模拟
	4	上海先进	Fab2	4.0	1.5—0.5 BCD
	5	上海新进		5.0	1.5—0.5 BCD
	6	上海新进芯		3.0	1.0—0.35 数模混合
	7	无锡 KEC		3.0	1.5—0.5 BCD
	8	北京燕东		2.0	1.0—0.35 数模混合
	9	杭州士兰		3.0	1.0—0.35 数模混合
	10	杭州立昂		1.5	0.8—0.5 数模混合
	11	比亚迪半导体（宁波）		3.0	0.8—0.5 BCD
	12	江苏东光		1.5	0.8—0.35 数模混合
	13	珠海南科		3.0	0.5—0.35 CMOS
	14	深圳方正		2.5	0.5—0.35 CMOS
	15	西岳电子（西安）		1.7	0.5—0.35 数模混合
	16	福建福顺（福州）		1.8	0.8—0.5 数模混合

晶圆尺寸 （英寸）	序号	企业名称	生产线 （名称）	计划产能 （万片/月）	工艺技术水平 （μm）
6	17	乐山菲尼克斯 （四川乐山）		3.0	0.5 双极
	18	厦门集顺		6.0	0.5—0.35 数模混合
	19	中科院微电子所		2.0	0.35—0.18 CMOS

资料来源：赛迪智库整理，2018 年 1 月。

从产线区域分布来看，国内集成电路生产线主要集中在四个区域，分别为长三角地区（包括上海、江苏、浙江）、珠三角地区（包括深圳、珠海、福建）、环渤海地区（包括北京、天津、大连）和中西部地区（包括武汉、成都、重庆、西安）。长江三角洲地区和京津冀环渤海地区为 12 英寸生产线的主要分布地，量产与在建产线合计分别有 5 条和 4 条生产线。长江三角洲地区也是 8 英寸和 6 英寸生产线分布最多的地区，分别为 11 条。其中 8 英寸生产线主要分布在上海和苏州等地，6 英寸生产线分别在上海、杭州、宁波、无锡等地。总体来看，长三角地区产线占全国总数量的 51.3%，主要原因在于上海是国内重要集成电路集聚区，包括了中芯国际、上海华虹等集成电路制造企业，同时也是国内产业链最为完整、综合技术水平最高的产业基地。

表 4 – 4　2017 年中国集成电路 4 英寸以上晶圆生产线分布

生产线条数 区域	12 英寸	8 英寸	6 英寸	5 英寸	4 英寸	合计
长江三角洲地区	5	11	11	6	4	37
京津环渤海地区	4	1	3	2	5	14
珠江三角洲地区	0	1	4	1	2	8
中西部地区	3	4	2	0	3	11
合计	12	17	20	9	14	72

资料来源：赛迪智库整理，2018 年 1 月。

2017 年国内 4 英寸以上晶圆生产线总产能为 241 万片/月，其中 4 英寸月产能为 21.4 万片，5 英寸月产能为 19 万片，6 英寸月产能为 73.5 万片，8 英寸月产能为 76.6 万片，12 英寸月产能为 58 万片。从产能区域分布来看，由于国内大部分 12 英寸及 8 英寸生产线分布在长江三角洲地区，所以其在全国总产能中占比为 64%，总产能为 159.2 万片/月。京津环渤海地区位列第二，其产能占比为 13.8%，月产能为 34.3 万片。珠江三角洲和中西部地区产线总产能分别为 22.3 万片/月和 32.7 万片/月，产能占比分别为 9.0% 和 13.2%。

表 4−5　全国生产线产能区域分布 （单位：万片/月）

生产线产能 区域	4 英寸	5 英寸	6 英寸	8 英寸	12 英寸	合计
长江三角洲地区	8.6	14	48.5	60.6	27.5	159.2
京津环渤海地区	7.3	1.5	7	4	14.5	34.3
珠江三角洲地区	2.5	3.5	13.3	3	0	22.3
中西部地区	3	0	4.7	9	16	32.7
总生产能力	21.4	19	73.5	76.6	58	248.5

资料来源：赛迪智库整理，2018 年 1 月。

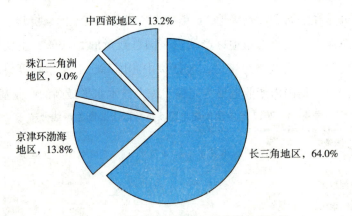

图 4−7　2017 年国内集成电路产能区域分布

资料来源：赛迪智库整理，2018 年 1 月。

三、技术发展

2017 年我国集成电路晶圆业技术稳步发展，12 英寸生产线工艺制程覆盖 65—28nm，8 英寸生产线工艺制程覆盖 $0.25\mu m$—90nm，6 英寸生产线工艺制程覆盖 1.0—$0.35\mu m$。

中芯国际将先进工艺作为主攻点，成为国内工艺技术最先进的制造企业。2015 年中芯国际宣布实现 28nm 制程技术量产，并为美国高通公司制造骁龙处理器。目前中芯国际 28nm 销售比重不断提升，根据中芯国际 2017 年第四季度的财报，其 28nm 制程收入环比增长 31.3%，占 4 季度销售额 11.3%，占 2017 年销售额 7.9%。预计 2018 年 28nm 制程收入增长 46.0%，至 3.6 亿美元，占销售额 10.7%。同时，2018 下半年将发布 28nm HKC + 工艺制程。在存储器代工方面，2014 年中芯国际已开发出 38nm NAND Flash 工艺制程，可为国内外客户代工 NAND 产品。在 2016 年，中芯国际与阻变式存储器芯片（RRAM）技术领导者 Crossbar 公司签订战略合作协议，共同开发 40nm CMOS 制造工艺的 RRAM，意味着中芯国际已开始布局下一代存储产品。在混合信号及射频工艺方面，中芯国际覆盖 0.18μm—28nm PolySiON 工艺，并可与逻辑工艺兼容，同时为客户提供完整的 RF SPICE 模型和 PDK 工具包。在保持国内技术领先的基础上，中芯国际加快产能的扩张，中芯国际在 2016 年连续宣布新厂投资计划，将在上海和深圳新增建设 12 英寸生产线，上海厂制程为 14 纳米及以下，月产能 7 万片，深圳厂月产能为 4 万片；另外，将天津厂扩充产能为全球单体最大的 8 英寸生产线，产能由 4.5 万片/月扩大至 15 万片/月。另外，中芯国际不断加强先进制程研发，预计将于 2019 年上半年实现量产 14nm 工艺制程，较原计划提前 6 个月。

上海华力微电子公司工艺水平达到 55—40—28nm 技术等级，在 55nm 技术节点可提供低功耗/超低功耗工艺、高压工艺、嵌入式闪存和射频工艺的代工服务，在 40nm 技术节点主攻低功耗逻辑工艺，在 28nm 节点提供低功耗逻辑工艺，相较于 40nm 工艺性能提升 30%。华力微电子具有一条全自动 12 英寸生产线，月产能为 3.5 万片。在先进制程研发方面，2014 年华力微电子与联发科开展紧密合作，共同研发 28nm 工艺技术和晶圆制造服务，加速完善 28nm 工艺平台，双方合作研发的 28nm 移动通信芯片已于 2015 年顺利流片，标志着华力微电子成为中国大陆第二家掌握 28nm 工艺技术的企业。2016 年 11 月，华力微电子启动了 12 英寸生产线二期项目，总投资为 387 亿元，设计工艺为 28、20 和 14nm，规划月产能为 4 万片。该项目已于 2016 年底正式动工，2018 年底将完成工艺串线、试生产等计划，2022 年前实现达产。

华虹宏力专注于研发及制造 8 英寸晶圆半导体，可提供 1μm 至 90nm 各技术节点的可定制工艺选择。据市场研究机构 IHS 的统计数据，华虹宏力 2016 年为全球第二大 8 英寸纯晶圆代工厂，位于上海的三座 8 英寸晶圆厂总产能达到 15.5 万片/月。华虹宏力在嵌入式非易失性存储器和功率器件代工领域具有全球领先地位。在相同的存储器性能下，华虹宏力的解决方案可提供相对更小的裸晶尺寸，成为智能卡及微控制器等企业的首选代工公司。在功率半导体方面，华虹宏力拥有一座专门制造功率器件的晶圆厂，可提供灵活且定制的制造平台，满足企业的特定需求。除此之外，华虹宏力还可提供 MEMS、电源管理、射频、模拟和混合信号等产品的代工服务，形成了具有竞争力的先进工艺平台。2017 年，华虹宏力投资 25 亿美元在无锡建设 12 英寸生产线，产能规划为每月 3 万片，技术制程覆盖 65—90nm，计划将于 2019 年实现量产。

以中芯国际、上海华力微电子、华虹宏力、华润微电子、上海先进等为代表的我国本土集成电路晶圆制造企业正迅速崛起。我国集成电路产品技术已具有 0.18—0.25μm 高超压 BCD 成套工艺技术，0.11μm 图像传感工艺技术，MOSFET 功率场效应工艺技术，90nm 嵌入式存储器工艺技术，65nmCMOS 工艺以及代工的射频、数模混合、模拟工艺 VDMOS、高压工艺、IGBT 等功率工艺技术，55nm 低功耗逻辑电路工艺技术，28nm 逻辑电路制造工艺技术等，均已实现规模化生产。另外，我国大力发展存储器制造技术，2016 年，三大国家存储器生产基地项目相继成立，包括武汉新芯与紫光集团合作的长江存储、联电加盟的福建晋华，以及兆易创新推动的合肥睿力，目前三大存储器生产基地项目进展顺利，预计将于 2018 年底开始产品试产。

四、重点企业排名

从销售收入情况来看，外资企业在我国集成电路产业中仍占据重要地位，三星（中国）、英特尔大连、SK 海力士（中国）和台积电（中国）四家企业跻身国内集成电路制造业前十位。其中，2017 年三星（中国）排名国内第一，销售收入为 274.4 亿元，同比增长 15.6%。目前，三星西安厂月产能为 12 万片，已接近满载状态。2017 年 8 月，三星（中国）宣布扩产计划，计划未来三年内投资 70 亿美元扩大 NAND Flash 产能，预计将在 2019 年完工启用，将增加 20 万片的月产能。中芯国际排名第二，2017 年实现销售收入 201.5 亿元，同比增长 6.4%。2017 年中芯国际进入转型过渡期，虽然其销售收入达到历史新高，但其净利润却同比下降 52%，主要原因一方面是中芯国际新增产线过多，设备折旧费高达 7.74 亿美元，同比增加 32%。另一方面中芯国际大力研发先进制程，研发开支增长 34%。但目前其 28nm 的收入涨幅高达 4.4 倍，逐步释放出强劲的盈利能力，无锡海力士 2017 年销售收入为 130.6 亿元，国内市场排名第三。随着 2017 年 SK 海力士宣布投资 36 亿美元在无锡建设第二加工厂，SK 海力士（中国）月产能将达到 9 万片，营收规模将进一步增加。英特尔（大连）厂排名第四，营收达到 121.5 亿元。2017 年英特尔宣布将在中国区开放 22nm FL/14nm FinFET/10nm FinFET 等代工服务，正式进入代工市场，预计其中国区营收将快速增长。总体来看，前十大企业销售收入总额为 1012.3 亿元，同比大幅增长 22.7%，市场占比达到 69.9%，其中前五大企业市场占比达到 56.8%。

表 4-6 2017 年我国重点半导体制造企业排名

排名	企业名称	销售额（亿元）
1	三星（中国）半导体有限公司	274.4
2	中芯国际集成电路制造有限公司	201.5
3	SK 海力士半导体（中国）有限公司	130.6
4	英特尔半导体（大连）有限公司	121.5
5	上海华虹（集团）有限公司	94.9
6	华润微电子有限公司	70.6
7	台积电（中国）有限公司	48.5
8	西安微电子技术研究所	27.0
9	武汉新芯集成电路制造有限公司	22.2
10	和舰科技（苏州）有限公司	21.1

资料来源：中国半导体行业协会，2018 年 4 月。

第五章　集成电路封测业

2017年，伴随物联网、加密货币、数据中心等新兴市场的快速发展，全球集成电路封装测试业市场发展稳中向好，市场格局基本稳定，移动设备芯片需求继续推动先进封装技术渗透率的提升。我国封装测试业在2017年继续保持快速发展态势，行业规模同比增长超过20%，骨干企业在整合并购的过程中保持顺利，先进封装技术的市场占比继续提升。展望2018年，我国本土集成电路制造厂的逐步建成投产将成为推动我国封装测试业继续发展的重要力量。

第一节　全球集成电路封装测试业

一、行业规模

2008年至2017年的十年间，全球集成电路封装测试业市场总体保持增长态势，但是2008年国际金融危机带来的对整体半导体行业的影响却直接导致全球集成电路封装测试业市场规模的变化幅度在2008年至2012年出现大幅波动。2015年和2016年，受到全球智能手机出货量增速放缓的影响，全球封装测试业年产值分别同比下降3.1%和0.5%，产值分别为508.5亿美元和506.0亿美元。2017年，在数据中心、加密货币等市场的驱动下，全球封装测试业销售额再度回归正增长，达531.8亿美元，同比增长5.1%。

二、行业布局

亚太地区是全球集成电路封测业的产能集聚地，其中，我国台湾地区是全球规模最大、技术最先进的半导体封装测试产业基地，拥有日月光、矽品、力成、京元电、南茂等多家世界级封装测试代工厂商。2017年，台湾地区封装测试代工销售额占全球市场份额超过40%；其中，日月光作为全球领先的封装测试业企业，占有全球封测代工业市场的19.2%，明显领先于第二名安靠的15.0%。而且，伴随中国商务部在2017年底批准了日月光收购矽品的并购案，日月光在封测代工业的龙头地位得到进一步巩固。

图5-1　2012—2017年全球半导体封装测试销售额及增长情况

资料来源：拓墣产业研究所，2017年12月。

中国大陆集成电路封装测试业在近几年通过大规模海外并购的方式获得了大幅的进步。2017年，长电科技已经坐稳全球第三大封装测试代工业的位置，天水华天、通富微电也进入了全球前十大集成电路封测代工业名单。目前，全球集成电路封装测试业已经处于市场成熟期，全球前十大封测业企业已经基本稳定，行业并购案促使行业集中度不断升高，行业龙头企业的优势地位更加突出。

三、技术发展

近年来，伴随移动智能终端基带芯片、智能手机处理器芯片、物联网处理器芯片等新兴市场的迅速发展，由于扇出型晶圆级封装（FOWLP）、Flip Chip、下一代SiP、TSV等封装技术在提升芯片速度和密度上的推进作用，先进封装技术在封装测试业上的应用比例逐步提高。掌握高端先进封装技术成为封装测试厂商保持行业竞争力、提升生产毛利率的重要举措。

扇出型晶圆级封装（FOWLP）技术和扇出型非晶圆级封装技术成为近两年先进封装行业内的关注重点，其中，扇出型晶圆级封装（FOWLP）技术的出现推动了晶圆代工厂和封测厂在集成电路封测业内的技术竞争。2016年，由台积电深度参与开发的FOWLP技术被率先使用在苹果公司A10应用处理器中。2017年，由于FOWLP技术在提升I/O数量方面的优势，苹果公司A11应用处理器再次使用该技术。据统计，高密度扇出型封装技术的市场规模已经在2017年达到5亿美元，未来伴随更多芯片厂家对扇出型封装技术的应用，技术市场规模将很快突破10亿美元。日月光为积极开发扇出型封装市场，在2016年5月通过耗资6000万美元投资Deca Technologies公司，获得M系列扇出型晶圆级封装技术授权。目前，封测厂商为进一步降低扇出型封装的生产成本、提升公司的产品竞争力，纷纷开发面板级扇出型封装技术，预计技术将在2018年开始被应用。

表5-1　封装测试代工行业全球前五厂商主要技术对比

公司	当前主要技术
日月光	BGA、GFP、系统封装、光电封装、晶圆级封装、覆晶封装、铜线制程技术、凸块技术
安靠科技	BGA（FCBGA、PBGA）、CSP、QFN、晶圆级封装、覆晶封装、铜线制程技术、TSOP、QFP
长电科技	DIP、SOP、FBP、QFN、BGA、晶圆级封装、系统封装、TSV、MEMS封装、铜线制程技术、凸块技术、3D封装、TSOP
矽品	SO、QFP、QFN、CSP、BGA、FCBGA、FCCSP、凸块技术、铜线制程技术
力成	TSOP、QFN、多芯片封装、POP、BGA（Wbga、Ubga、FBGA）、记忆卡封装

资料来源：前瞻产业研究院整理，2017年8月。

四、重点企业排名

2017年，全球主要集成电路封装测试业企业营收情况好于行业平均水平，排名前五的封测业企业依旧为日月光、安靠科技、长电科技、矽品和力成，五家企业营业收入增长分别达到19.2%、15.0%、11.9%、9.9%和7.0%。其中，力成借助于高性能处理器和存储芯片领域业务的快速增长，在2017年实现 26.3% 的营业收入同比增长。

表 5 – 2　2017 年全球前十大集成电路封装测试代工厂排名

（单位：百万美元）

排名	公司	2017 年营收（E）	2016 年营收	增长率	2017 年市场占有率
1	日月光	5207	4896	6.4%	19.2%
2	安靠科技	4063	3894	4.3%	15.0%
3	长电科技	3233	2874	12.5%	11.9%
4	矽品	2684	2626	2.2%	9.9%
5	力成	1893	1499	26.3%	7.0%
6	华天科技	1056	823	28.3%	3.9%
7	通富微电	910	689	32.0%	3.3%
8	京元电	675	623	8.3%	2.5%
9	联测	674	689	− 2.2%	2.5%
10	南茂	596	568	4.9%	2.2%

资料来源：拓墣产业研究院，2017 年 12 月。

第二节　我国集成电路封装测试业

一、行业概况

封装测试业的快速发展是我国集成电路产业保持平稳快速发展的关键一环。近年来，在我国行业龙头企业积极进行先进技术研发和海外并购的背景下，我国封测业企业迅速崛起，龙头企业综合实力已经达到全球一流水平，长电科技、华天科技和通富微电更是连续进入全球前十大封测业企业名录。

当前，我国集成电路封测业企业正面临重大发展机遇期。第一，大力发展集成电路产业的国家战略成为封测业企业发展的重要动力。截至 2017 年底，国家集成电路产业投资基金（大基金）已经通过股权投资方式对长电科技、华天科技、通富微电、晶方科技等行业龙头企业进行战略投资，投资激发了企业进行海外并购和自身先进技术研发的热情，企业综合竞争力得到快速提升。第二，我国集成电路产业长期快速发展为封测业发展提供了保障。近年来我国在逻辑器件和存储器等重要集成电路器件方面的突破，使我国成为承接全球半导体产业转移的主要目的地。未来几年，伴随我国先进集成电路制造厂的建成投产，我国封测业企业将有机会获得更多本地市场资源，为我国封测业企业长期发展带来机遇。

但是，在整体实力上，我国集成电路封测业企业和以日月光为代表的世界龙头企业仍存在差距。在企业盈利能力方面，我国封测业企业的利润率一直偏低。2017年，日月光、安靠、长电科技的毛利率分别为18.16%、18.09%和11.67%。在技术研发方面，我国封测业企业与全球领先企业的研发投入仍有差距。2017年，日月光、安靠、长电科技的研发支出占营业收入比例分别为4.0%、3.98%和3.29%。

近年来，在智能手机、物联网、加密货币等新兴市场需求的强劲需求带动下，我国封装测试业发展取得了显著的成绩。在全球封装测试业市场规模基本保持稳定的背景下，我国封测业销售额由2011年的975.7亿元快速提升至2017年的1889.7亿元，增长近一倍，企业技术能力、市场竞争力得到显著提高。

表5-3 2011—2017年我国集成电路封装测试业销售额情况

年份	2011	2012	2013	2014	2015	2016	2017
销售额（亿元）	975.7	1035.7	1098.8	1255.9	1384.0	1564.3	1889.7
增长率	55.1%	6.1%	6.1%	14.3%	10.2%	13.0%	20.8%

资料来源：中国半导体行业协会，赛迪智库整理，2018年3月。

二、行业布局

在集成电路封装测试业，我国已经形成长三角、京津环渤海湾、珠三角、西部地区等行业集聚区。其中，长三角地区汇聚了我国集成电路封测业约56%的产能，拥有长电科技、通富微电、晶方科技等行业龙头企业。在京津环渤海湾地区，拥有瑞萨封测厂、英特尔大连工厂的封测业务等相关厂商，产能约占全国总产能的15%。中西部地区约占有全国13%的封测产能，主要代工厂商有天水华天、力成/矽品；另外，英特尔、三星电子和德州仪器等IDM厂商在中西部地区建有封测业务工厂。珠三角地区拥有封测业企业约20

家，聚集了我国约 12% 的封测业产能，主要企业有华润赛美科、佰维存储、赛意法等。

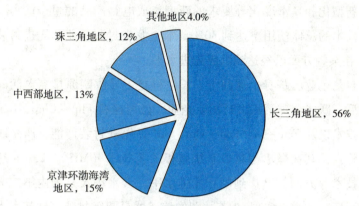

图 5－2　我国封装测试企业的区域分布

资料来源：赛迪智库，2018 年 4 月。

由于 2011 年以来我国集成电路设计业与制造业的快速发展，我国集成电路设计业与制造业销售额占集成电路产业总销售额的比例逐年上升。由此，我国集成电路封装测试业的年销售收入在集成电路全行业中的占比以每年约 2% 的速度降低；2017 年封装测试业销售收入占全行业的比例约为 34.9%。

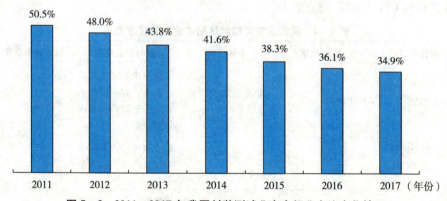

图 5－3　2011—2017 年我国封装测试业在全行业占比变化情况

资料来源：赛迪智库整理，2018 年 3 月。

三、技术发展

封测业迈向中高端，部分领域的水平已与国际同步。我国集成电路封测业企业抓住了近两年移动智能终端、无线网络设备、MEMS 器件和新型功率器件等产品迅猛发展的机遇，通过着力发展先进封装技术，实现了对拥有更小型化、新型化和高密度化等要求的新型集成电路产品的量产能力。中高端先进封装技术的总体使用率达到30%，本土龙头封测企业的先进封装占比达到50%，在某些方面已经达到世界先进水平。

骨干封测企业已跻身全球前十。长电科技主导收购原排名第四的新加坡星科金朋后，跃居全球第三大封测业企业。公司拥有 Flip‑Chip、Bumping 等高端封装技术以及 Fan‑In、Fan‑Out、SiP 等先进封装产能，产品线已步入国际先进阵列，其在微小型集成系统基板工艺技术（MIS）、25μm 超薄芯片堆叠工艺技术等方面，已达到国际先进水平。天水华天是国内第二大、全球第六大封测厂。公司已实现 12 英寸图像传感器晶圆级封装、硅基麦克风基板封装规模化量产，与世界先进水平同步。2016 年，公司成功研发 14/16nm CPU 封装并实现量产，Fan‑Out 封装通过了可靠性验证，已进入工艺优化和工程导入阶段，在高端封测领域的服务能力和竞争力进一步提升。通富微电收购苏州 AMD 和马来西亚槟城 AMD 各 85% 的股权，成为全球第七大集成电路封装测试企业。公司在 12 英寸 28nm 先进封装测试全工艺流程成功量产，具备高端 CPU、GPU 封测能力。

表 5‑4　我国集成电路封装测试企业的技术布局

封装类型		型产品/技术	市场状况	参与企业主体	核心竞争要素
直插封装		TO、DIP 等	市场容量大，但逐步萎缩	大量技术和市场较弱小企业、有一定技术和市场基础的技术应用型企业	成本
面贴装	两边或四边引线封装	SOP、PLCC、QFP、QFN、DFN 等	市场容量大，保持平稳	以中等规模内资企业为代表的技术应用型企业	成本 + 工艺技术
	面积阵列封装	WLCSP、BGA、LGA、CSP 等	市场较大，增长速度较快	以外资、合资及内资领先企业为代表的技术创新型企业	产品技术 + 工艺技术
高密度封装		3D 堆叠、TSV 等	市场逐渐扩大	以外资、合资及内资领先企业为代表的技术创新型企业	产品技术 + 工艺技术

资料来源：赛迪智库整理，2017 年 10 月。

四、重点企业概况

长电科技、华天科技、通富微电是目前我国具有较全面国际竞争力的内资封装测试企业，三家企业在营业规模、技术创新能力、资金实力、客户拓展能力方面具备同全球顶尖封测业企业竞争的实力，是我国集成电路封测业第一梯队的重要企业。在封测业第二梯队中，企业为具有一定的技术创新能力、快速发展的中等规模企业，技术应用和工艺创新是该类企业获得行业竞争力的重要手段，掌握 SOP、QFN、QFP、DFN 等传统封装技术，并正在 BGA、Flip – chip、MEMS 等先进封装技术方面提升技术能力和技术应用规模。第三梯队是规模较小的中小型企业，企业技术以 TO、DIP、SOP 等传统封装技术为主，具有适用于有特殊需求的客户的特点。公司专注于多品种和小批量生产。

针对我国内资集成电路封装测试业龙头企业，长电科技、天水华天和通富微电在进行了近三年对海外收购业务的消化工作后，公司市场规模、技术能力等取得较大程度提升，公司营业收入取得进一步增长。2017 年，长电科技、天水华天、通富微电继续名列全球集成电路封装测试业代工企业第三、第六和第七位。

表 5 – 5   2017 年我国前十大集成电路封装测试企业

排名	企业名称	销售额（亿元）
1	江苏新潮科技集团有限公司	242.6
2	南通华达微电子集团有限公司	198.8
3	天水华天电子集团	90.0
4	威迅联合半导体（北京）有限公司	78.9
5	恩智浦半导体	64.5
6	英特尔产品（成都）有限公司	40.0
7	安靠封装测试（上海）有限公司	39.5
8	海太半导体（无锡）有限公司	35.0
9	上海凯虹科技有限公司	30.0
10	晟碟半导体（上海）有限公司	29.4

资料来源：中国半导体行业协会，2018 年 4 月。

第六章　集成电路设备业

集成电路设备业是集成电路的基础产业，是完成芯片制造和封装测试环节、推动集成电路技术演进的关键。纵观集成电路整个生产过程，主要关键设备有：原子层沉积（ALD）设备、化学气相沉积（CVD）设备、电化学沉积（ECD）设备、物理气相沉积（PVD）设备、刻蚀机、晶圆清洗设备、离子注入机、涂胶/显影仪、化学机械抛光（CMP）、计量和晶圆检测设备、掩膜板制造设备、高端光刻机等。由于制造集成电路设备种类繁多，且属于技术密集型，导致设备的价格高昂。近年来，集成电路设备在生产线的资本支出占比逐渐提高，例如，在90nm制程中设备支出占比为70%，到了20nm制程占比达到85%，从14亿美元提高到57亿美元，提高4倍，因此集成电路设备是集成电路生产线投资的主要投入项。其中光刻机、刻蚀机和薄膜沉积设备是集成电路生产线高价值占比的集中体现。以光刻机为例，根据IC insights的预计，随着半导体工艺制程的逐渐缩小，对于光刻机设备的需求将大大提高，目前ASML的EUV光刻机成为生产10nm及以下制程的集成电路产品的重要设备，光刻机单价超过1亿美元，因此未来光刻机在集成电路制造设备中的成本占比将进一步提升。就竞争格局而言，根据Gartner的最新统计，全球58家规模以上晶圆制造设备商中，国内企业仅有4家上榜，比例上仅为7%。且规模以上企业中，我国与全球顶级设备商在整体规模、研发投入、员工人数以及技术积累等各方面均存在巨大差距。同时，全球集成电路设备领域强者恒强的"马太效应"现象明显，而我国集成电路设备企业当前仍然比较弱小，因此集成电路设备的国产替代意义重大，除降低国内新建产线采购成本外，更重要的是夯实我国产业发展基础，从根本上实现集成电路产业的自主发展。

第一节　全球集成电路设备业

一、行业规模

国际半导体产业协会（SEMI）数据显示，2017 年全球半导体设备市场规模达到 560 亿美元，年增长率为 40%，创历史新高。分产品看，光刻设备、刻蚀设备和薄膜设备价值量占比最高，各自占比约为 20%，其余各类设备价值占比约为 40%。其中，2017 年制造设备市场达 450 亿美元，将成长 37.5%；含掩膜版等前端设备市场约 26 亿美元，将年增 45.8%。2017 年封装设备市场约 38 亿美元，成长 25.8%；半导体测试设备市场约 45 亿美元，成长 22%。近年来，全球集成电路设备投资规模始终保持在 300 亿—400 亿美元，预计 2018 年全球集成电路设备投资金额将持续上涨，SEMI 最新预测数据显示，2018 年全球半导体设备市场规模有望达到 601 亿美元的规模。

图 6-1　全球半导体设备市场规模

资料来源：SEMI，2017 年 12 月。

二、行业布局

从供给端判断，目前全球前十大半导体设备厂商总市场占有率超过90%，呈现典型的寡头垄断，其中沉积设备全球前三家市占率共计70%左右，印刷设备 TEL 几乎垄断，先进光刻机 ASML 一家独大；退火设备、刻蚀设备、过程控制设备的前三家市占率总和分别为77%、75%和75%。从地区分布来看，全球知名的半导体设备制造商主要集中在美国（4家）、日本（5家）、荷兰（1家）三大半导体设备制造强国。

表 6-1　全球知名半导体设备制造商地区分布

国家	重点企业	优势环节
美国	AMAT；Lam Research；KLA	等离子刻蚀设备、离子注入机、薄膜沉积设备、掩膜板制造设备、检测设备、测试设备、表面处理设备等
日本	Tokyo Electron；Hitachi；Nikon	光刻机、刻蚀设备、单晶圆沉积设备、晶圆清洗设备、涂胶/显影设备、退火设备、检测设备、测试设备、氧化设备等
荷兰	ASML	高端光刻机、外延反应炉、垂直扩散炉

资料来源：赛迪智库整理，2018年1月。

从需求端判断，SEMI 数据显示，2017 年和 2018 年全球半导体设备投资规模分别为 494.2 亿美元和 532.1 亿美元，同比增速分别为 19.86% 和 7.67%。分布区域来看，以三星为代表的韩国市场和以台积电为代表的中国台湾地区市场设备投资规模居全球前两位，展望未来两年，年均投资规模分别达到131.75 亿美元和118 亿美元，其中中国设备投资规模增长最明显。

三、技术发展

2017 年，在半导体设备领域的技术进展主要集中在集成电路制造环节，具体表现在光刻技术和掩膜版技术的两项革新方面。其中在光刻技术方面，ASML 公司在 2017 年度 Semicon West 半导体设备展上宣布解决了 250 瓦 EUV 光源的难题，进而解决了每小时生产 125 片晶圆（WPH）生产量的必要条件。在光罩技术方面，KLA-Tencor 公司于 2017 年 7 月宣布推出全新的 Flash Scan

TM 空白光罩检测产品线。该生产线的投入使用，证明公司已经进入专用空白光罩的检验市场。FlashScan 系统可以检查针对光学或极紫外（EUV）光刻的空白光罩，进而找出在工艺开发和批量生产过程中的缺陷检测。

四、重点企业排名

表 6 - 2 2017 年全球半导体设备业重点企业

2017 排名	厂 商	主要产品领域	2017 销售收入（亿美元）	同比增长
1	Applied Materials 应用材料	沉积、刻蚀、离子注入、化学机械研磨等	108.3	12.1%
2	ASML 阿斯麦	光刻设备	72.7	3.4%
3	Lam Research 泛林半导体	刻蚀、沉积、清洗等	58.9	12.0%
4	Tokyo Electron 东京电子	沉积、刻蚀、匀胶显影设备等	58.9	9.3%
5	KLA - Tencor 科磊	硅片检测、测量设备	29.8	6.0%

资料来源：赛迪智库整理，2018 年 3 月。

第二节 我国集成电路设备业

一、行业规模

近年来，中国半导体设备投资增速全球第一，投资额度逐年提高，全球占比逐年增加，保持全球占比前三名，中国半导体产业的发展带动了整个产业链的投资需求，半导体设备率先获益。根据 SEMI 的数据，2017 年，中国半导体设备市场规模达到 75.89 亿美元，预计 2018 年市场规模达 113.3 亿美元，同比增长 49.3%，是全球增速最快的半导体设备市场，也是仅次于韩国的全球第二大半导体设备市场。

图6－2　中国半导体设备市场规模趋势

资料来源：中国半导体行业协会，2017年12月。

二、行业布局

我国集成电路设备业布局从产业链分布来看，受制于技术积累和研发难度，多数企业偏重封测类设备与检测设备，在前端制造关键设备中刻蚀和沉积设备领域也已有多家企业布局，但前段光刻及电气检测领域设备仍有待突破。

从设备厂商区域分布来看，我国设备企业主要分布于北京、上海及其周边地区、沈阳以及深圳。北京地区主要依托国有大型国资背景企业与科研院所，组织研发力量进行关键设备的技术攻关，集合中国电科集团旗下技术力量的中科信电子装备有限公司以及由七星电子和北方微电子重组的北方华创等公司已取得了一定突破。上海地区依托海外归国技术人才，形成了中微半导体、上海微电子装备等一批领军企业，已在光刻、刻蚀、光学检测等关键设备领域取得重要突破，并带动了江苏、浙江等地的一批封装测试设备及材料企业的发展。沈阳地区作为老工业基地在设备制造所需的机械加工生产技术方面局域优势，研发出了不少工艺设备及关键零部件。深圳地区依托其电子加工制造技术，催生了一批配套加工设备供应商。总体来看，由于设备制造对技术与资金需求要求较高，使得产业布局相对集中。

三、技术发展

目前，我国已经实现了12英寸国产设备从无到有的突破，总体水平达到28nm，刻蚀机、离子注入机、PVD、CMP等16种关键设备产品通过大生产线验证考核并实现销售，在光刻系统方面，90nm节点曝光光学系统专项获得突破，2017年7月，实现曝光光学系统首次曝光实验成功，10月，曝光光学系统在整机环境下通过验收实验。此外，以北方华创、上海微电子、中国微电子和中电各研究所为代表的中国集成电路设备企业，借助国内庞大的市场需求和高速增长的投资需求，国产设备商得以在各生产线实现批量应用并不断完善。目前，部分国产12英寸设备已在生产线实现批量应用，其中刻蚀设备、PVD设备等均有超过50台的采购量。在刻蚀和PVD等核心设备实现零突破的同时，国产集成电路设备正向14nm制程生产线进行突破，北方华创等企业在硅刻蚀、退火、清洗和PVD等领域均已进入实际验证。

表6-3 部分国产12英寸设备已在生产线实现批量生产

类型	厂商	主要应用工艺	技术节点 nm	当前状态（台）
介质刻蚀机	中微半导体	AOI/PASS ETCH/IV ETCH	65—28	已采购 >50
硅刻蚀机	北方华创	STI ETCH	65—28	已采购 >20
PVD设备	北方华创	HM/AI DEP	65—28	已采购 >20
单片退火设备	北方华创	Anneal	65—28	已采购 >20
清洗设备	北方华创		65—28	已采购 >20
清洗机	上海盛美	Wafer recycle	65—28	已采购 >20
立式炉	北方华创	Poly DEP, AA OX	65—28	已采购 >10
离子注入机	中电科装备	WELL IMP	65—28	已采购 >10
光学尺寸测量	睿励科学	Film Thinkness	65—28	已采购 >10
PECVD	沈阳拓荆	PEOX DEP	65—28	已采购 >10
光罩清洗设备	瑞择微电子	Mask Clean	90	已采购 >10
化学机械研磨	天津华海清科	Wafer reclaim	—	已采购 >5

资料来源：NAURA，2017年12月。

表6-4 部分应用于14nm产线的国产设备已进入生产线实际验证

设备类型	生产厂商	工艺应用
刻蚀机	北方华创	STI ETCH
HM PVD 设备	北方华创	HM DEP
单片退火设备	北方华创	Anneal
LPCVD	北方华创	SiO Film Deposition
Al PVD 设备	北方华创	Al DEP
ALD	北方华创	Hi－K insulator
介质刻蚀机	中微半导体	AOI ETCH、PASS ETCH
光学尺寸测量设备	上海睿励	OCD
清洗机	上海睿励	Wafer recycle

资料来源：NAURA，2017 年 12 月。

第七章 集成电路材料业

2017 年，全球半导体材料整体销售额达到 459 亿美元，比 2016 年的 441 亿美元增长 4%。其中，半导体制造材料和封装材料市场规模分别为 264 亿美元和 195 亿美元。中国台湾地区连续八年成为半导体制造材料和封装材料的最大客户。半导体硅片市场呈现寡头垄断格局。2017 年，韩国 SK 集团以近 10 亿美元的价格收购全球排名第五的 LG Siltron 公司，进军半导体硅片领域，加上上年中国台湾全球晶圆收购 Sunedison 公司，目前已经形成以日本信越化学和三菱住友、中国台湾环球晶圆、德国世创、韩国 SK Siltron 五大公司，共占据全球 90% 以上的硅片供应。2017 年我国半导体材料的整体市场规模为 670 亿元。其中国内半导体制造材料的市场规模为 345 亿元，国内封装材料的市场规模为 325 亿元。根据中芯国际公开消息，国产材料在中芯国际 8 英寸和 12 英寸生产线均验证成功并上线使用，2016 年验证成功项目数将达到 60 个，国产化率有望达到 13%。2016 年，中芯国际向国内采购材料金额超过 4000 万美元，占中芯国际材料采购金额总量的 56.6%。

第一节 全球半导体材料业

一、行业规模

受云计算、大数据等新一代信息技术发展影响，市场对存储器需求量激增，继而带动半导体材料市场快速发展。2017 年全球半导体材料销售额升高至 459 亿美元，与 2016 年的 441 亿美元相比增长 4%。其中，半导体制造材料市场规模为 264 亿美元，与 2016 年的 250 亿美元相比，增长 5.6%；封装材料市场规模为 195 亿美元，与 2016 年的 191 亿美元相比，同比增长 2.1%。

2017 年，全球存储器价格一路走高，存储厂商因订单压力不断扩产或增设产线，国内厂商加速投资建设大量生产线，这些共同导致对相应材料的需求持续走高，特别是硅片。三大半导体硅片厂均在 2017 年底宣布调涨硅片价格，特别针对 12 寸硅片，部分订单中单价超过 100 美元。这使得部分硅片厂商纷纷抓紧机遇扩产，硅片行业已经进入了新一轮的利润增长周期。SEMI 的数据显示，2017 年硅片出货量为 118.1 亿平方英寸（SI），同比增长 10%。市场收入达到 87.1 亿美元，比 2016 公布的 72.1 亿美元高出 21%。封装材料中键合丝和引线框架占比较大，然而随着封装技术的不断提升，键合丝和引线框架的市场规模呈逐年下降的趋势。

表 7-1   2010—2017 年全球半导体制造材料市场规模

（单位：亿美元）

	2010	2011	2012	2013	2014	2015	2016	2017
硅片	97.3	98.8	86.8	75.4	76.3	72.0	72.0	87.0
SOI	4.5	5.2	4.3	3.9	3.6	3.8	4.2	5.0
掩膜版	30.4	32	31.1	31.4	32.2	33.1	33.5	34.0
光刻胶	11.6	12.8	13.5	12.2	13.7	14.0	14.4	15.0
光刻胶配套试剂	13.0	14.1	15.1	14.3	17.1	17.8	18.2	18.8
电子气体	28.9	31.1	31.2	33.2	34.8	35.6	36.1	36.8
工艺化学品	8.5	9.1	9.7	10.0	10.6	11.2	11.5	12.0
靶材	6.0	5.8	6.0	6.0	6.3	6.4	6.5	6.9
CMP 材料	12.5	12.7	13.8	14.4	15.7	16.8	17.1	17.5
其他材料	17.7	20.6	23.2	25.9	29.4	30.3	30.5	30.5
总计	230.4	242.2	234.7	226.7	239.7	241.0	250.0	264.0

资料来源：SEMI，赛迪智库整理，2018 年 2 月。

表 7-2   2010—2017 年全球半导体封装材料市场规模

（单位：亿美元）

	2010	2011	2012	2013	2014	2015	2016	2017
引线框架	33.9	34.6	35.3	33.4	34.8	32.6	32.4	34.0
封装基板	90.0	85.7	77.8	74.1	76.1	74.2	73.8	75.0
陶瓷基板	13.8	17.0	19.0	20.1	20.8	18.9	18.7	20.0

续表

	2010	**2011**	**2012**	**2013**	**2014**	**2015**	**2016**	**2017**
键合丝	49.7	57.3	50.4	41.5	33.8	31.5	31.4	31.5
包装材料	19.3	21.7	23.3	24.5	27.1	26.5	25.8	25.5
芯片粘接材料	6.6	6.7	6.8	6.7	7.0	5.5	5.4	5.5
其他封装材料	4.8	5.6	3.4	3.7	4.1	3.8	3.5	3.8
总计	218.1	228.6	216.0	204.0	203.7	193.0	191.0	195.0

资料来源：SEMI，赛迪智库整理，2018年2月。

图 7 – 1　2007—2014 年全球硅片出货面积和价格

资料来源：SEMI，赛迪智库整理，2017年2月。

二、产业布局

由于大部分半导体产线集中在亚洲地区，因此 2017 年对半导体材料需求最大的依然是亚洲市场。中国台湾地区拥有规模庞大的半导体晶圆代工和世界先进的封装基地，第八次成为全球半导体材料最大客户。第 2—4 位分别为日本、韩国和中国大陆地区。考虑到国内增设大量生产线，预计未来大陆地区对全球半导体材料市场需求将大幅升高，有望超过日韩，成为全球第二大半导体材料客户。

表 7 - 3   2012—2017 年全球半导体材料市场区域分布 （单位：亿美元）

	2012	2013	2014	2015	2016	2017E
中国台湾地区	89.7	89.1	95.8	94.1	97.3	105.0
日本	82.4	71.7	71.9	65.7	68.0	70.0
韩国	72.2	68.7	70.3	71.6	71.1	75.0
中国大陆	55.0	56.6	58.3	61.2	64.2	69.0
美国	47.5	47.6	49.8	50.4	48.7	51.0
欧洲	29.5	30.4	30.8	30.5	30.9	32.0
其他地区	71.7	66.4	66.6	60.5	60.8	62.0
合计	448.0	430.5	443.5	434.0	441.0	464.0

资料来源：SEMI，赛迪智库整理，2017 年 12 月。

三、重点企业

2017 年，韩国 SK 集团以近 10 亿美元收购全球第五大硅片供应商韩国 LG Siltron 公司，进军半导体材料业，而该公司旗下的 SK 海力士是全球第二大存储器企业。2017 年，日本信越化学和三菱住友、中国台湾环球晶圆、德国世创、韩国 SK Siltron （被 SK 集团收购 51% 股份） 五大公司共占据了全球硅片市场 92% 的市场份额。在 12 英寸硅片市场，垄断进一步加剧，五大公司占有率超过 97% 。

表 7 - 4   2016 年全球硅片企业销售额及市场份额

排名	硅片企业	地区	2016 年销售额（亿美元）	市场份额
1	信越化学工业株式会社（Shinetsu）	日本	22.1	30.7%
2	三菱住友株式会社（SUMCO）	日本	18.1	25.2%
3	环球晶圆公司（Global Wafer）	中国台湾	11.5	16%
4	世创电子材料有限公司（Siltronic）	德国	8.4	11.7%
5	SK Siltron	韩国	7.21	10%
6	合晶科技公司（Wafer Works）	中国台湾	1.65	2.3%
7	其他		2.95	4.1%

注：环球晶圆销售额包括 Sunedison 公司和 Topsil 公司销售额。

资料来源：赛迪智库整理，2018 年 2 月。

半导体制造用的金属靶材主要高纯金属的提炼加工技术和溅射靶材的核心制造技术由美国的 Honeywell、PRAX 和日本的 Nikko、东曹、住友化学、日本真空技术等六家企业形成寡头垄断格局。

在引线框架方面，产业尚未形成垄断格局。排名前十的企业市场份额差距不是很大。从国家的层面上来看，日本企业在高端引线框架市场占据绝对市场份额，销售额排名前五中有 4 家日本企业，分别为三井高科（Mitsui High – tec）、住友矿产（Sumitomo Metal Mining）、新光电子工业（Shinko）和日立电缆（SDI）。

表 7 – 5　全球半导体材料重点企业

材料种类	企业	总部所在地
硅片	信越化学工业株式会社（Shinetsu）	日本
	三菱住友株式会社（SUMCO）	日本
	环球晶圆公司（Global Wafer）	中国台湾地区
	世创电子材料有限公司（Siltronic）	德国
	LG Siltron 公司	韩国
光刻胶	住友化学工业株式会社（Sumitomo Chemical）	日本
	东京应用化学公司（TOK）	日本
	信越化学工业株式会社（Shinetsu）	日本
	JSR 株式会社	日本
	富士胶卷公司（Fuji Film）	日本
	陶氏化学公司（DOW chemical）	美国
	科莱恩公司（Clariant）	瑞士
高纯化学试剂	巴斯夫公司（BASF）	德国
	E. Merck 公司	德国
	Ashland 公司	美国
	Arch 公司	美国
	Mallinckradt Baker	美国
	Wako 公司	日本
	和光纯药工业株式会社	日本
	住友化学工业株式会社（Sumitomo Chemical）	日本

续表

材料种类	企业	总部所在地
电子气体	美国空气化工产品有限公司（Air Products）	美国
	普莱克斯公司/林德气体公司（Praxair/Linde）	美国
	法国液化空气集团（Air Liquid）	法国
	大阳日酸株式会社（Taiyo Nippon Sanso）	日本
抛光材料	美国卡博特公司	美国
	Fujimi 公司	日本
靶材	霍尼韦尔公司（Honeywell）	美国
	Nikko 材料公司	日本
	东曹株式会社（Tosoh）	日本
	普莱克斯公司（Praxair）	美国
	住友化学工业株式会社（Sumitomo Chemical）	日本
	日本真空技术株式会社（ULVAC）	日本
引线框架	三井高科（Mitsui High – tec）	日本
	住友矿产（Sumitomo Metal Mining）	日本
	新光电子工业（Shinko）	日本
	顺德工业（SDI）	中国台湾地区
	日立电缆（Hitachi cable）	日本
封装基板	揖斐电（Ibiden）	日本
	欣兴（Unimicron）	中国台湾地区
	三星电机（SEMCO）	韩国
	南亚（Nanya）	中国台湾地区
	新光电子工业（Shinko）	日本

资料来源：赛迪智库整理，2017 年 10 月。

第二节 我国半导体材料业

一、产业规模

目前我国半导体产业正在高速发展，全球半导体产业向中国转移，作为半导体产业的支撑，半导体材料产业将伴随国家半导体产业腾飞并从中受益。首先，国内半导体材料市场十分庞大，随着国内存储器、第三代半导体等生产线和封装测试线逐步投入量产，对半导体材料的需求将会逐年攀升。只要国内材料企业生产的材料符合标准，国产化率将进一步得到提升，并直接拉动我国的材料市场总体规模上升。其次是国家政策的重大支持，2015 年，财政部、国家税务总局、国家发展改革委和工业和信息化部联合发布的《关于进一步鼓励集成电路产业发展企业所得税政策的通知》，规定对符合条件的集成电路专用设备企业，在 2017 年前实现获利的，自获利年度起，第一年至第二年免征企业所得税，第三年至第五年按照 25% 的法定税率减半征收企业所得税。2017 年国务院印发的《"十三五"国家战略性新兴产业发展规划》中，"提升专用电子材料供给保障能力"被列为提升核心基础硬件供给能力的任务之一。国内旺盛的市场需求与政策上的持续保障将极大地促进半导体材料相关企业的健康发展，使得半导体材料产业拥有更大的提升空间与发展潜力。

图 7-2　2010—2016 年中芯国际生产线国产材料验证成功累计项目数和年度国产化率

资料来源：中芯国际，赛迪智库整理，2017 年 2 月。

根据赛迪智库集成电路研究所统计，2017 年我国半导体材料的整体市场规模为 683 亿元。其中国内半导体制造材料的市场规模与封装材料的市场规模分别达到 349 亿元和 334 亿元。

图7-3　2010—2016年中芯国际国产材料采购金额及占总采购额的比例

资料来源：中芯国际，赛迪智库整理，2017年2月。

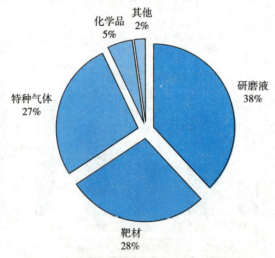

图7-4　中芯国际通过验证国产材料类别分布

资料来源：中芯国际，赛迪智库整理，2017年2月。

从国内制造材料的产业规模来看，2017年我国半导体制造材料产业整体规模为154亿元，同比增长10%，增速约为上年的两倍，增长较为迅速。这得益于2017年国内材料市场需求的进一步增大，以及国家政策对国内半导体材料企业的支持。值得注意的是，虽然部分集成电路所用材料已经实现国产替代，然而大部分只是集中在中低端产品。高端集成电路产品所需材料的国产化率依然较低。

表7-6 中芯国际生产线通过验证的材料品种

分类	已验证材料
靶材	Cu、Ta、Al-Cu、Cr、Ti
研磨液	Cu、Barrier
化学品	硫酸铜、氢氟酸、硝酸、磷酸、丙酮、硅片研磨液、SY9050/9070
特种气体	六氟化钨、二氧化碳、激光气体、三氟化氮
硅片	控挡片
光刻胶	DK1080
研磨垫	用于硅片回收

资料来源：中芯国际，赛迪智库整理，2017年2月。

表7-7 2011—2017年中国半导体制造材料产业规模 （单位：亿元）

	2011	2012	2013	2014	2015	2016	2017
硅和硅基材料	62.3	47.6	53.3	55.0	58.0	61.0	68
光刻胶	1.9	2.2	2.8	3.0	3.3	3.4	3.7
工艺化学品	39.0	38.9	42.2	44.0	46.0	49.0	53.0
电子气体	15.4	14.2	16.3	17.8	19	20	22.0
抛光材料	0.6	0.9	1.4	1.6	1.8	1.9	2.1
靶材	2.5	3.1	4.2	4.7	5.0	5.3	6.0
合计	121.7	106.9	120.2	125.1	133.1	140.6	154.8

资料来源：ICMtia，2018年2月。

表7-8 2011—2017年中国半导体制造材料市场规模及预测（单位：亿元）

	2011	2012	2013	2014	2015	2016	2017
硅和硅基材料	86.7	91.0	98.8	104.6	116.7	118.9	130
光刻胶	10.8	11.7	13.6	15.4	18.0	18.8	19.5
光刻胶配套试剂	10.2	11.5	14.3	16.2	19.0	19.5	20.0
工艺化学品	8.0	8.7	10.4	12.0	14.0	14.2	15.0
电子气体	26.5	28.9	33.4	37.7	44.4	46.2	48.0
抛光材料	10.8	11.8	14.8	18.1	21.2	23.1	25.0
靶材	5.0	5.5	6.6	7.3	8.4	8.8	10.0
掩膜版	26.3	28.6	32.9	36.6	43.8	45.7	46.0
其他材料	15.1	19.1	22.2	27.3	31.7	35.1	36.0
合计	199.4	216.8	247.0	275.2	317.2	330.3	349.0

资料来源：ICMtia，2018年2月。

集成电路材料产业技术创新战略联盟的统计数据显示，2017年半导体封装材料销售收入超过85亿元。而市场规模方面，2017年国内半导体封装材料市场规模达到334亿元，显示出国内密集建设的封装测试项目导致的市场需求的增长。

表7-9 2011—2017年中国半导体封装材料市场规模及预测

（单位：亿元）

	2011	2012	2013	2014	2015	2016	2017
引线框架	67.0	64.0	65.0	68.0	70.0	81.0	82.0
封装基板	51.0	51.0	52.0	56.0	62.0	72.0	80.0
陶瓷基板	12.0	13.0	14.0	15.0	17.0	19.0	20.0
键合丝	66.0	94.0	83.0	63.0	61.0	71.0	70.0
包装材料	30.0	38.0	40.0	46.0	52.0	61.0	65.0
芯片粘接材料	7.0	7.0	7.0	8.0	9.0	10.0	12.0
其他封装材料	3.0	2.0	3.0	3.0	3.0	4.0	5.0
总计	236.0	269.0	264.0	259.0	274.0	318.0	334.0

资料来源：ICMtia，2018年2月。

近年来，我国半导体材料技术发展良好，相关企业自主研发成果丰硕，研发投入逐年增加。安集微电子的部分抛光材料，江丰电子的铝、钛、铜、钽靶材等产品已经在国内外130nm—28nm技术节点集成电路产线上实现批量应用；国内8—12英寸集成电路生产线和LED行业已经批量使用南大光电开发的超高纯磷烷、砷烷及安全源产品；浙江金瑞泓、有研半导体等企业的硅片已经具备了一定的市场竞争力；上海新阳、浙江凯圣、湖北兴福、苏州晶瑞等公司生产的超高纯工艺化学品正逐步应用于8—12英寸集成电路产线中。鼎龙股份在CMP抛光材料上实现技术突破，成为国内首家磨制平面能做到高精度纳米级的企业，凭借独特的技术优势进入国际市场。上海新阳、南大光电、江丰电子、苏州晶瑞等众多材料企业成功在主板或创业板上市，为企业进一步发展开通了新的融资渠道。

表 7 - 10　2008 年和 2014 年实现国产化供应半导体材料产品对比

生产线	2008 年实现国产化产品	2014 实现国产化产品
12 英寸	无	CMP 抛光液、溅射金属靶材、铜电镀液、部分特种气体
8 英寸	无	重掺外延片、SOI 片、248nm 光刻胶、I 线光刻胶、CMP 抛光液、溅射金属靶材、部分特种气体和工艺化学品
6 英寸	硅片、靶材、化学品	除个别品种材料外，大部分材料都已实现国产化

资料来源：赛迪智库整理，2017 年 1 月。

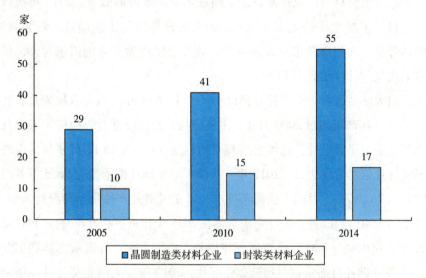

图 7 - 5　2005—2014 年国内半导体材料企业数量变化

资料来源：赛迪智库整理，2017 年 2 月。

　　我国材料行业快速发展背后的推动力是政策的支持。相关部委发布了《集成电路生产企业进口自用生产性原材料、消耗品免税商品清单》，根据国内产业发展状况，每年都会对清单中所列商品进行调整，以保证国内集成电路材料产业竞争环境的公平。同时，工信部会同财政部、保监会设立了新材料应用保险补偿机制试点，为研发的新半导体材料产品进入市场设立了更加便捷有效的渠道。

　　良好的政策环境使得 2017 年半导体材料取得了较大的成果，部分半导体材料相关企业的技术水平、产品质量和管理体系已与国际先进技术节点产线接轨，部分产品如先进封装工艺用底填料、溅射靶材、CMP 抛光材料开始具备国际竞争能力。应用于 40—28nm 的 12 寸大硅片还在研发当中；高 K 介质固溶混合物（前驱体）沉积实现突破；248nm 光刻胶工程化技术平台已经建成。

二、重点产品

（一）硅片

据集成电路材料产业技术创新战略联盟最新统计的数据，2017 年我国半导体硅材料市场规模达到 130 亿元。国内先进和特色工艺制造、封装测试、存储器等生产线相继开工建设并投产，硅片已经成为首要的需求对象，供不应求的现象预计持续到 2019 年。

目前大陆地区自主生产硅片仍以小尺寸 4—6 寸硅晶圆（含抛光片、外延片）为主，年产量超过 5000 万片，主要产品为光伏级硅片，或应用于中低端分立器件的电子级硅片，基本已实现自给自足。8 英寸和 12 英寸集成电路用电子级硅片依然依赖进口。2017 年，我国 8 英寸硅片需求量为 96.5 万片/月，其中约为 26.5 万片/月的产能尚未投产；12 英寸硅片产线量产情况尚未确定，总需求约为 40 万片/月，预计需求量将在 2018 年接近 100 万片/月。预计截至 2020 年，国内硅片需求量将持续保持增长，8 英寸硅片月需求将达到 120 万片，12 英寸硅片月需求量将接近 200 万片。2017 年，大陆 8 英寸硅片供应商产能约为 9.3 万片/月，12 英寸硅片供给量极少，供给量严重不足。2017 年，我国 12 英寸硅片进口额飙升至 9 亿美元，同比增长近 80%，硅片国产化率严重不足成为制约集成电路产业发展的重要因素。

近年来，国内 8 英寸，12 英寸硅片项目正在稳步推进。上海新昇、郑州晶合、无锡中环、北京有研、衢州金瑞泓、宁夏银河、重庆超硅、成都超硅、西安奕斯伟等项目相继落地开工。其中，上海新昇项目一期主要目标是生产 40—28nm 制程的 12 英寸硅片；重庆超硅 8 英寸和 12 英寸硅片于 2016 年试产成功，第一批 8 英寸硅片于 2017 年初出厂发货；衢州金瑞泓一期工程已实现 8 英寸量产，将布局 12 英寸硅片；宁夏银河 40—28nm 和 16nm 制程 8 英寸半导体抛光片制造技术研制成功；有研新材料刚建成的满足 90nm 工艺节点的 12 英寸硅片试验线，产能 1 万片/月。考虑到全球硅片巨头对 18 英寸晶圆制造厂的投产不积极，业内普遍认为 18 英寸晶圆量产可能延后至 2020 年才会出现，这为国内硅片行业发展带来宝贵的赶超时机。目前，国内已经具备 8 英寸生产能力的有浙江金瑞泓、昆山中辰矽晶（台湾中美矽晶子公司）和有研新材料。

SOI 硅片方面，拥有目前最佳 Smart Cut 技术的法国 Soitec 公司全球领先，SOI 硅片占全球市场份额 80%，另外两家 SOI 硅片厂美国 SunEdison（被中国台湾环球晶圆收购）和日本信越亦获得了 Soitec 的相关技术授权。国内可少量生产 8 英寸 SOI 硅片量，其相应公司上海新傲目前拥有 Simox、Bonding、Simbond 和 Smart Curt 技术，均实现 8 英寸 SOI 硅片的量产。

图 7 - 6 2010—2017 年中国半导体制造用硅材料销售收入

资料来源：ICMtia，2018 年 2 月。

SOI 的最主要应用之一——RF - SOI 是 IoT、5G 以及汽车电子的主要需求对象，尤其是智能手机领域。亚太区地区的许多客户正在大量采用 SOI 工艺制程生产芯片。其中，博通（Broadcom）、Qorvo、高通（Qualcomm）、Murata 正在计划启动基于 12 英寸 SOI 的芯片投产计划。成都 GLOBALFOUNDRIES 晶圆厂也将使用 22nm FD - SOI 工艺，成本低廉且电压可以降低到 0.4V 以满足 IoT 物联网芯片低功耗需求。目前，国内上海华力等至少三家晶圆厂将采用 SOI 工艺先进制程。据 Markets and Markets 预测，2022 年 SOI 市场规模将达 18.6 亿美元。从 2017 年至 2022 年，年复合成长率将达 29.1%。因此，亚洲市场在未来对 SOI 片，特别是 12 英寸 SOI 片的需求量将会大幅上升。2017年，上海新傲 SOI 的年产量规模已达到 10 万片，预计 2018 年中可以达到 15万片。

（二）光刻胶

光刻胶是微电子图形加工中光刻技术的关键材料，集成电路制造业与印刷工业一直是光刻胶使用量最大的产业。集成电路用光刻胶大类分为负型和正型两种，负型光刻胶为聚乙烯醇肉桂酸醋系列和环化橡胶—双叠氮系列，前者的致命缺点是与硅材料基板附着性差，后者致命缺点是分辨率低，无法满足不断缩小线宽的集成电路工艺制程。因此，目前市面大部分都用正型光刻胶。正型胶根据紫外曝光光波长分为 G 线（436nm）、H 线（405nm）、I 线（365nm）、DUV（248nm，193nm）、VUV（157nm）和 EUV（13.4nm 软 X 射线）。目前从全球各大产线制程上分析来看，G 线正胶近几年约占 50% 以上份额，I 线正胶约占 40% 市场份额，DUV 胶约占 10% 的市场份额。由于台积电和三星在 EUV 领域才刚刚起步，预计未来两至三年 EUV 光刻胶才会有一席之地。从国内发展情况来看，考虑到大量 90nm 以下先进工艺生产线的陆续建设投产，未来高端 DUV、VUV 光刻胶的市场份额将增大。

表 7-11 光刻胶材料分类

光刻胶种类	对应紫外光波长（nm）	光线产生来源
G 线	436	Hg 灯
H 线	405	Hg 灯
I 线	365	Hg 灯
DUV-1	248	Hg/KrF 准分子激光
DUV-2	193	ArF 准分子激光
VUV	157	F_2 准分子激光
EUV	10—14	通电激发紫外线管的 K 极

资料来源：赛迪智库整理，2017 年 2 月。

集成电路材料产业技术创新战略联盟统计表明，2017 年国内半导体制光刻胶市场规模约为 19.5 亿元，产业销售额超过 3.7 亿元。随着先进制程中多次曝光工艺的应用，DUV-2（193nm）浸没式光刻胶需求量将持续保持上涨。

我国光刻胶产业起步较晚，技术壁垒极高，长期以来依靠进口。光刻胶是集成电路制造业中重要原材料，通常要求与工艺节点完美匹配，拥有开发投资运行成本高、客户认证周期长、合作保密性强等特点。《国家重点支持的高新技术领域2015》中提到"高分辨率光刻胶及配套化学品作为精细化学品重要组成部分，是重点发展的新材料技术"。同时，光刻技术（包括光刻胶）也是《中国制造2025》提及的重点领域。"02专项"也对光刻胶的发展起到了重要支持作用。目前国内的主要企业有苏州瑞红、北京科华、北旭电子、星泰克和欣奕华。苏州瑞红率先实现I线胶国产化，然而缺乏高端胶产品，只进入LED、光伏和低端集成电路生产线。光刻胶生产所需的引发剂、增感剂、产酸剂和树脂等原料长期以来同样依赖进口。目前，国产光刻胶产业在LCD、LED和光伏电池等领域占有一定市场比例，但较为高端的12英寸集成电路生产线所需产品依然无法实现自给。国内先进工艺节点的集成电路生产线所需光刻胶依然被国外垄断。

图7-7 2010—2017年我国光刻胶销售收入

资料来源：ICMtia，2018年2月。

国内光刻胶生产企业中，北京科华于2014年在"02专项"扶持下建成了深紫外高档光刻胶（KrF）248nm光刻胶生产线，月产量800kg，目前正在给中芯国际的8英寸生产线供货。此外，北京科华已经实现了DUV-1（248nm）光刻胶国产零的突破。苏州瑞红为中日合资公司，主要生产半导体用光刻胶和平板显示用光刻胶，涵盖紫外负型光刻胶、宽谱正胶及部分G线、

I 线正胶等高端品种，在国内率先实现 I 线光刻胶的量产，目前产品分辨率为 0.35 μm。星泰克的主要产品有高端 G 线正负胶、I 线正负胶和 LED 专用正胶等共 20 多种光刻胶及相关的配套试剂，主要面向 LED、LCD、分立器件、低端集成电路等电子行业。此外容大感光、强力新材、广信材料、上海新阳、飞凯材料也纷纷在 PCB 光刻胶领域布局，积极拓展 LCD 光刻胶市场。

（三）高纯化学试剂

高纯化学试剂是微电子工艺中重要的化学药品，包含有机溶剂和无机酸碱试剂等，多在芯片清洗、芯片刻蚀、掺杂、剥离、显影以及电镀铜互连等工艺中使用。2017 年，我国半导体制造用高纯化学试剂市场规模约为 53 亿元，约为 2010 年市场规模的 3 倍。在 "02 专项" 的资金支持和企业的努力研发下，高纯化学试剂已经打破国外垄断，自给率达到 25%。其中，上海新阳自 2014 年起已经成为中芯国际硫酸铜电镀液第一供应商，其已经完成 65—45nm 芯片铜互联超高纯电镀液及添加剂研发，目前正在致力于 20—14nm 先进工艺的铜互连技术与相应产品的研发。此外，公司积极拓展业务，正涉足硅片生产工艺相关的抛光液、研磨液、清洗液等功能性化学试剂领域。中化国际已研发出了半导体后段封装镀锡添加剂和导电布全制程化学品等多款产品，

图 7-8　2010—2017 年我国高纯试剂企业销售收入

资料来源：ICMtia，2018 年 2 月。

具有一定的国际竞争力。浙江凯圣氟化学公司已经实现 12 英寸集成电路产线的 ppt 级氢氟酸、硫酸、硝酸和缓冲氧化刻蚀液等化学试剂的生产。

（四）电子气体

半导体用电子气体主要是指刻蚀、清洗、外延生长、掺杂、离子注入、溅射、扩散等过程中使用的各种化学气体，占集成电路材料总成本的 5% 左右，一般包含超高纯度 NF_3、SiH_4、WF_6、HCl、C_4F_6、Cl_2、NH_3、CF_4、SF_6、PH_3、AsH_3、BCl_3、BF_3、B_2H_6、C_2F_6、C_3F_8、C_4F_8、N_2O 等。集成电路材料产业技术创新战略联盟的统计数据表明，2017 年我国半导体用电子气体总市场规模和产业规模分别约为 48 亿元和 21 亿元。虽然我国电子气体产业基本实现部分自给，其部分种类气体已在 12 英寸产线中占据一定市场份额，但是韩国 SK 化学、美国普莱克斯空气（Praxair）、美国应特格（Entegris）、德国林德气体（Linde）、法国液化空气以及大洋日酸等拥有更好的技术，抢占了更多的市场份额，对国内企业造成巨大的压力。

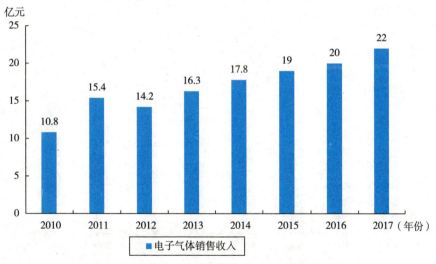

图 7 - 9　2010—2017 年我国电子气体企业销售收入情况

资料来源：ICMtia，2018 年 2 月。

国内高纯电子气体的生产企业主要有苏州金宏、黎明化工、中船重工 718 所、中昊光明、大连科利德、江苏南大光电、佛山华特、天津绿菱电子、南京空气产品等。此外，美国应特格（Entegris）与国内博纯材料合作研发特殊气体材料，并于 2017 年 8 月在泉州永春县顺利投产。项目初期重点产品为砷化氢和磷化氢。

（五）抛光材料

集成电路制造工艺中重要的一项是化学机械抛光（CMP）。CMP 是通过化学液体与被抛光界面的化学反应和物理剥离的双重作用使被抛光界面实现大面积平坦化的手段。CMP 抛光工艺广泛应用在单晶硅片抛光及金属布线及介质层抛光中，所需包括抛光液（浆料）、抛光机和抛光垫，其中抛光垫和抛光浆料属于重要的 CMP 材料。抛光浆料一般由腐蚀介质、抗蚀剂、助剂和纳米研磨粒子（碳粉）组成，然而大部分抛光浆料配方均属商业机密。抛光垫属于耗材，由含有填充材料的聚亚安酯泡沫组成，占抛光材料总成本的六成，其性质直接影响被抛光材料的界面平整度。国内集成电路、蓝宝石用抛光垫长期依赖进口。

集成电路材料产业技术创新战略联盟的统计数据表明，2017 年我国 CMP 抛光材料的产业规模和总市场规模分别为 2.1 亿元和 25 亿元。未来，随着硅片、封装测试、芯片制造等生产线的不断投产使用，CMP 抛光材料的需求量将呈增长趋势。

图 7–10　2010—2017 年我国抛光材料企业销售收入情况

资料来源：ICMtia，2018 年 2 月。

目前低端抛光材料基本实现国产化，芯片用抛光材料严重依赖国外进口。抛光浆料的生产企业主要有日本 Fujimi、Hinomoto Kenmazai 公司，美国卡博特、杜邦、Rodel、Eka，韩国 ACE 等，共同占据全球 90% 以上的高端市场份额。芯片用抛光垫的企业主要是陶氏，其占据高端抛光垫90%的市场份额。此外，3M、卡博特、日本东丽、台湾三方化学等也可生产部分芯片用抛光垫。目前国内抛光液企业中，安集微电子的铜/铜阻挡层抛光液已进入国内知名半导体制造商的12英寸生产线中。面对巨大的国产化替代空间，苏州观胜、江丰电子和湖北鼎龙也已经切入抛光垫研制生产中。

（六）靶材

靶材是集成电路溅射工艺不可或缺的原材料。通常应用于芯片中的铜互连线、阻挡层、通孔、背面金属化层等薄膜的制备。溅射靶材分为金属、合金和氧化物靶材。金属及合金靶材包含元素铜、铝、钛、钽、金等。氧化物靶材有ITO、ZAO等。目前在靶材供应方面，国内已经打破国外垄断，并出口到国外，具备较强竞争力。宁夏东方集团可生产出纯度4N以上的超纯钽锭；遵义钛业可生产纯度4N5的高纯钛锭；有研院和金川集团可生产6N纯度的高纯铜锭；新疆众合可生产5N5纯度的高纯铝锭。江丰电子、有研亿金已

图7－11　2010—2017年我国溅射靶材销售收入情况

资料来源：ICMtia，2018年2月。

经拥有自主研制的靶材生产线，其靶材通过了客户验证，满足先进工艺产线生产要求。台积电、东芝等众多国际领先半导体制造企业已经成为其客户。其他国外靶材厂商有美国Honeywell、Praxair，日本Nikko Materials、Tosoh、

Sumitomo Chemical 等。

集成电路材料产业技术创新战略联盟的统计数据表明，2017 年我国溅射靶材的产业规模和市场需求规模分别为 6 亿元和 10 亿元。

（七）化合物半导体

化合物半导体材料主要指第二代或第三代半导体材料，包括砷化镓（GaAs）、锑化铟（InSb）、磷化铟（InP）、氮化镓（GaN）、碳化硅（SiC）等及一些三元化合物。化合物半导体与第一代半导体硅、锗相比，具有更优异的光电性能、速度更快、功率更大、耐高温和抗辐射等特征，在功率半导体器件如光电、微波和电力电子中，具有更大的优势。随着 5G 通信的到来，智能手机与通信基站对化合物半导体的需求将逐年升高。2017 年，国内持续引入化合物半导体生产线。士兰微在厦门海沧区投资 220 亿元建两条 12 寸特色工艺和一条化合物半导体生产线；通富微电投资 70 亿元在厦门建三五族化合物封测生产线；三安光电在泉州拟投资 333 亿元建化合物半导体生产线；华润微电子逆投资 50 亿元建设重庆化合物半导体项目。中美合资企业英诺赛科在国内的首条 8 英寸硅基氮化镓生产线 2017 年 11 月在珠海正式投产。

三、重点企业

表 7-12 我国半导体材料重点企业

材料种类	企业	公司所在地
硅片	昆山中辰矽晶有限公司	江苏
	有研新材料股份有限公司	北京
	上海新昇半导体科技有限公司	上海
	浙江金瑞泓科技股份有限公司	浙江
	南京国盛电子有限公司	江苏
	上海新傲科技有限公司	上海
	河北普兴电子科技股份有限公司	河北
	天津中环半导体股份有限公司	天津
	陕西天宏硅材料有限责任公司	陕西
	沈阳硅基科技有限公司	辽宁
	洛阳单晶硅集团有限责任公司	河南

续表

材料种类	企业	公司所在地
光刻胶	苏州瑞红电子化学品有限公司	江苏
	北京科华微电子材料有限公司	北京
	潍坊星泰克微电子材料有限公司	山东
	上海飞凯光电材料股份有限公司	上海
	常州强力电子新材料股份有限公司	江苏
	苏州华飞微电子材料有限公司	江苏
	常州华钛化学股份有限公司	江苏
	无锡市化工研究设计院有限公司	江苏
高纯化学试剂	上海新阳半导体材料股份有限公司	上海
	贵州威顿晶磷电子材料股份有限公司	贵州
	多氟多化工股份有限公司	河南
	浙江凯圣氟化学有限公司	浙江
高纯化学试剂	杭州格林达化学有限公司	浙江
	江阴江化微电子材料股份有限公司	江苏
	湖北兴福电子材料有限公司	湖北
	上海华谊微电子材料有限公司	上海
	昆山艾森半导体材料有限公司	江苏
	江阴市化学试剂厂有限公司	江苏
电子气体	邯郸派瑞化工科技有限公司	河北
	江苏南大光电材料股份有限公司	江苏
	中昊光明化工研究设计院有限公司	辽宁
	中核红华特种气体股份有限公司	四川
	苏州金宏气体股份有限公司	江苏
	黎明化工研究设计院有限责任公司	河南
	大连保税区科利德化工科技开发有限公司	辽宁
	绿菱电子材料（天津）有限公司	天津
	广东华特气体股份有限公司	广东
抛光材料	安集微电子（上海）有限公司	上海
	上海新安纳电子科技有限公司	上海
	天津晶岭微电子材料有限公司	天津
	成都时代立夫科技有限公司	四川

续表

材料种类	企业	公司所在地
靶材	宁波江丰电子材料股份有限公司	浙江
	有研亿金新材料有限公司	北京
	宁夏东方钽业股份有限公司	宁夏
化合物半导体	中科晶电信息材料（北京）有限公司	北京
	东莞市中镓半导体科技有限公司	东莞
	苏州纳维科技有限公司	苏州
	北京天科合达蓝光半导体有限公司	北京
	山东天岳晶体材料有限公司	山东
	河北同光晶体有限公司	河北

资料来源：赛迪智库整理，2017 年 2 月。

区 域 篇

第八章　环渤海地区集成电路产业发展状况

京津冀环渤海区域主要包括北京、天津、河北、辽宁等城市和地区，该地区以北京为核心，是国内集成电路设计业和制造业发展的重点区域，2017年，京津冀环渤海区域集成电路产业规模约占全国总产值的15%。依托北京市在产业链上、下游聚集的紫光展锐等国内龙头设计企业和小米等国内优质的整机系统厂商，京津冀地区在设计业领域展现出明显的优势，2017年京津冀环渤海区域设计业产业销售额达403.45亿元，约占全国设计业总收入的14%；制造业依托中芯北方等集成电路制造项目逐渐提升工艺生产水平和制程技术；设备材料方面则依托国家重大专项培育了一批骨干企业，积极开展并购整合。天津市作为京津冀协同发展的重要城市，紧紧抓住京津冀协同发展战略机遇，贯彻落实《国家集成电路产业发展推进纲要》，已经初步形成"设计业引领、制造业提升、封测业支撑、材料装备等配套产业基本健全"的发展格局。河北省充分发挥成本和区位优势，依托京津冀地区的高校和研究所的智力资源和人才资源，吸引集成电路制造和设计企业落户，并推动建设包含集成电路设计、制造、封测和设备产业的全产业链体系。而沈阳、大连等城市汇集了辽宁省的主要集成电路产业。

第一节　总体发展情况

一、产业规模

京津环渤海区域主要包括北京、天津、河北、辽宁等城市和地区，在集成电路设计、制造、封测、设备制造与材料等领域都已初步形成产业规模，

2017 年集成电路产业规模约占全国总产值的 10%。京津环渤海地区集成电路产业主要为设计业，其中北京设计产业规模突出，在全国排名前列；制造业产线主要有中芯北方、北京燕东、耐威科技等产线；封测以引进的外企封测厂和合资企业为主，如英特尔大连工厂的封测业务、瑞萨封测厂等；装备和材料业依托创新资源取得了稳步的增长，北方微电子、北京科华、有研总院等均有自主研发的设备和材料投入使用；天津中环在单晶硅材料领域形成以直拉硅棒、直拉硅片、区熔硅棒和区熔硅片为主的产品体系，是我国硅材料龙头企业。京津环渤海区域集成电路产业经过近几年发展，已经初步建立起产业链相对完备的产业格局，表现出以设计为核心，制造业为骨干、材料设备业稳健增长的发展态势，产业规模在全国均占据着重要地位

2017 年，集成电路设计业销售收入达到 403.45 亿元人民币，同比增长 13.86%。其中北京市集成电路设计业产业优势明显，2017 年设计业销售收入达 365 亿元人民币，占全国设计业总收入的 18.7%，与上海之间销售收入的差距逐渐缩小；天津市设计业一改之前的徘徊不前，2017 年销售收入为 19.01 亿元，同比大幅增长 38.66%；山东济南持续保持高速增长，2017 年营收继续大幅增长 43.13%，销售收入达到 11.45 亿元，成为 2017 年设计业增长排名前列的城市；大连市设计业多为中小企业，2017 年产值为 7.99 亿元，同比增长 13.66%。

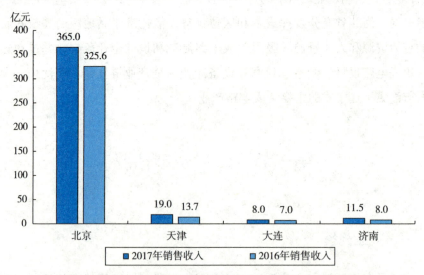

图 8-1　2017 年京津环渤海地区集成电路设计业区域分布

资料来源：中国半导体行业协会设计分会，2017 年 12 月。

二、发展特点

一是依托京津冀协同发展的规划，整合优势资源。根据国务院统一部署，北京市正积极推进京津冀一体化建设，推动中关村国家自主创新示范区与河北省石家庄市协同创新区的合作。2017 年 12 月，超过 11 个京津冀合作项目在中关村国家自主创新示范区集中签约，投资金额达到 244.1 亿元。同时，2017 年，石家庄中关村协同发展有限公司正式成立，公司将向北京和石家庄两地共建石家庄中关村集成电路产业基地、石家庄科技新城提供全面的集成电路产业服务。

二是充分利用高校研究所提供的人才优势和科研优势。京津环渤海地区拥有普通高校数量超过 380 所，占到全国高校总数的 25%。其中北京地区拥有 211 高校 24 所，985 高校 8 所，拥有包括北京大学、清华大学等国内顶尖的大学，北京地区的 211、985 高校数量居全国各城市首位。中科院与集成电路相关研究所约有 50% 设立在北京，全国集成电路领域引进的"千人计划"学者中相当一部分来到北京，科研实力强劲，智力资源丰富。自"十二五"以来，北京集成电路企业及各个高校院所承担了约 30% 国家重大科技专项任务。通过这些项目，京津环渤海地区拥有了一批有实际经验的集成电路设计、制造、封测方面的人才，这些人才资源将为京津冀地区的未来发展提供源源不断的动力。

三是依托产业投资基金提供投融资支持。北京市在国内率先设立集成电路产业基金，主体基金和多只子基金很快投入运营，截至 2017 年，已投资集成电路项目十多个，投资总额超过 21 亿元。2017 年，北京集成电路产业投资基金参与并推动了的项目包括国内耐威科技对瑞典 MEMS 晶圆代工商 SilexMi-crosystemsAB 的收购案、圆融光电在内的一系列项目。北京市政府产业投资基金发挥作用，带动相关民间资本成立集成电路产业相关基金十多个，包括盈富泰克、盛世宏明、清芯华创、建广资本等，为企业的发展提供了良好的投融资环境。

第二节　重点省市发展情况

一、北京

北京市结合京津冀一体化战略，将在资金、人才、各类资源保障方面进一步加大支持力度，集中优势资源，进行重点投入，实行"核心企业—关键领域—重点产品"战略，推动产业整体提升。2017 年发布的《北京市加快科技创新发展集成电路产业的指导意见》更指出，争取到 2020 年建成拥有国际影响力的集成电路产业技术创新基地。如今，北京市集成电路产业现已形成设计、制造、装备业良好发展的态势，产业规模和技术水平在全国占据领先的地位，形成了结合封测、设备和材料等各个环节的较为完整的产业链体系。北京亦庄经济技术开发区、中关村新技术开发区等产业集聚区已形成规模，清华大学、北京大学、中科院微电子所等高等院校科研优势突出，人才优势显现，投融资体系逐渐完善，形成了以创新促发展的良好态势。

（一）产业规模

北京市集成电路产值稳步增长，产业规模不断扩大，从 2006 年到 2017 年年均复合增长率超过 10%。预测 2017 年，北京集成电路产业整体销售收入将达到 536.7 亿元，比 2016 年的 468.4 亿元增长 14.6%，集成电路产品产量达到 93.1 亿块，同比增长 11.2%。

（二）产业结构

北京集成电路主要以制造业和设计业为核心，同时拥有两大集成电路产业集聚区，一是以亦庄经济技术开发区为中心的集成电路制造产业集聚区，二是以海淀集成电路设计园为核心的集成电路设计集聚区。在产业链上下游聚集了紫光展锐、大唐半导体、北京智芯微等国内龙头设计企业和联想、小米等国内优质的整机系统厂商，同时带动了北方华创、中电科、有研新材料等一批装备材料企业快速成长为国内龙头企业，具备了一定的国际竞争力。

近年来，北京市集成电路设计业保持 20% 的销售收入年均复合增长率，设计业销售收入占据全国设计业总收入的 21%，占北京市集成电路产业的近 70%。2017 年设计业实现销售收入 365 亿元，同比增长 19.7%。北京市作为全国集成电路设计业的龙头地区，超过 80 家集成电路设计企业汇集在此，主要产品覆盖处理器、各类存储器、智能卡、MEMS 器件等多个领域，拥有包括兆易创新、北京君正、同方微电子、大唐半导体等代表企业。国内前十大集成电路设计企业中，环渤海地区占到 3 家，紫光展锐、华大半导体、大唐半导体等企业连续多年排名国内前十大集成电路设计企业。

图 8－2　2006—2017 年北京市集成电路销售收入及增长情况

资料来源：赛迪智库整理，2018 年 3 月。

北京市集成电路制造业技术水平较高，工艺制程推进迅速，在国内集成电路制造业处于较为高端的位置。北京市拥有 3 家集成电路制造企业，分别为中芯北方、中芯国际（北京）、燕东微电子，拥有 20nm 到 28nm 的较为先进的工艺制程。中芯国际（北京）拥有目前国内月产能最大的 12 英寸集成电路代工生产线，中芯北方 12 英寸 28—14nm 生产线建成后，合计将达到 12 万片/月的先进产能，整体技术水平正在追赶世界先进水平。燕东微电子和首钢日电主攻 8 英寸及 8 英寸以下的特色工艺生产线，正在推动位于北京市亦庄经济开发区的燕东微电子 8 英寸生产线项目，建成后新厂晶圆月产将达到 5

万片，进一步加强北京地区的代工实力。

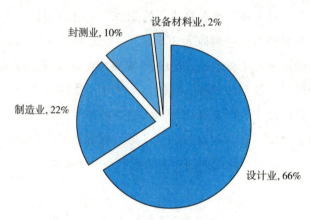

图 8-3　2017 年北京市集成电路产业结构

资料来源：赛迪智库整理，2018 年 2 月。

（三）投融资

北京市集成电路产业投融资活跃，除了 300 亿元规模的北京集成电路产业发展股权投资基金，北京地区还汇聚了国家集成电路产业投资基金、盛世投资、清芯华创等一批专业投资公司。集成电路产业技术联盟、材料联盟等专业联盟以及 IC 咖啡，在北京形成了集市场交流、人脉汇聚、创新创业于一体的产业生态圈。《北京市加快科技创新发展集成电路产业的指导意见》指出，北京将进一步加大财政资金支持力度，全力支持国家科技重大专项在京落地，保障市级重大项目建设。统筹利用政府投资平台、政府投资引导基金，吸引国家产业投资基金及社会资本投资北京集成电路产业项目。

二、天津

天津市是京津冀地区协同发展的重要地区，其近年来利用发展集成电路进行产业转型，在 2015 年出台的《天津市集成电路产业发展三年行动计划》，推动了天津集成电路产业的整体产业重点突破。经过两年的发展，天津已经形成涵盖设计、制造、封测等多个领域的全产业链格局。未来天津将依据国家 2017 年发布的《新一代人工智能发展规划》（国发〔2017〕35 号）、《"十三五"科技军民融合发展专项规划》，加快发展自主可控的集成电路产业发展，重点支持国产高性能微处理器、网络传输、智能控制等芯片的研发和应用推广。

集成电路设计业：天津市芯片设计企业主要集中在天津滨海新区，自2014 年以来，天津滨海新区推出《滨海新区加快发展集成电路设计产业的意见》《集成电路产业集群化发展战略规划（2014—2020）》等产业政策，设立集成电路设计产业促进专项资金，落实集成电路设计企业落户奖励，产业招商中介奖励，提供研发支持、营收突破、融资补贴、并购、产业化等多方面扶持，以及项目匹配、整机企业合作、代工合作等项目。产业政策实施三年来，有力促进了区域集成电路设计产业发展。2017 年天津集成电路设计业增速达到 38.66%，突破了多年来产业规模小、增速低的限制，取得了较好的成绩。

集成电路制造业：天津市芯片制造领域主要包括中芯国际 8 英寸生产线、诺思微系统 6 英寸 MEMS 生产线以及中环半导体 6 英寸生产线等。2016 年，中芯国际集成电路制造（天津）有限公司二期扩建项目启动，总投资达到 15 亿美元，主要生产 8 英寸集成电路芯片，建成后预计总产能为 15 万片/月，2018 年建成后，中芯国际工厂将成为世界最大的单体 8 英寸集成电路晶圆生产基地，为超过 3000 人提供就业。

集成电路封测业：天津半导体封装、测试产业发展主要依托飞思卡尔半导体等外资或合资企业。飞思卡尔的天津生产制造中心每年生产 10 亿只微控制器、混合信号器件。拥有多种先进的集成电路封装解决方案，例如适用于汽车等高流量、高功耗应用的 PQFN 封装。

三、河北

作为京津冀协同发展战略实施的重要地区，河北省充分地区优势，依托北京、天津的高校和研究所智力资源，以及河北省当地的成本和人力优势，吸引周边集成电路企业落户，推动河北省集成电路产业的整体发展。石家庄市政府在 2016 年推出了《关于支持石家庄（正定）中关村集成电路产业基地发展的若干意见》，在资金、人才等多个方面给予集成电路产业全面的政策和资金支持，并利用资金的引导作用，争取国家集成电路相关基金投资，并引入社会资本共同参与组建基金，首期规模达到 10 亿元，基金总规模达到 100 亿元。同时鼓励集成电路企业新产品、新技术开发和研究，降低企业运营成本，鼓励企业做大做强，争取培养一批有竞争力的企业。石家庄中关村集成电路产业基地将努力构建包含集成电路设计、制造、封装测试和设备材料的全产业链，将石家庄打造成全国领先的集成电路发展重镇。

集成电路制造业：石家庄市依托当地的中国电子科技集团第十三研究所，走出了一批集成电路企业。包括河北立德电子股份有限公司、神通光电科技公司、普兴电子科技公司、世纪吉星科技公司等集成电路企业，产品涉及 LED、硅基外延材料、微波毫米波器件等领域，推动了河北省集成电路制造产业的发展。十三所成是中国成立最早、规模最大、技术实力较强的半导体研究所之一。其研究方向包含半导体领域的微电子、微电子机械系统（MEMS）、半导体高端传感器、光电子、光机电集成微系统五大领域以及基础技术支持领域的电子封装、计量检测以及材料等。

集成电路封测业：河北省通过与京津科研院所以及高校的进行产学研联合，推进中关村正定集成电路封装产业基地建设，并积极引进国内外拥有先进技术的封测上下游企业，努力打造全国领先的集成电路封装测试产业基地。同时依托京华电子以及同辉电子等当地企业发展芯片及大功率 LED 封装、LED 检测等新技术，提升技术水平，利用节能减排的大趋势，进一步扩大高效节能、长寿命半导体照明材料与产品生产规模，占领市场有利地位，提升产品竞争力。

四、辽宁

辽宁省积极对接《中国制造 2025》，围绕产业链，完善服务链，加快辽宁省集成电路产业整体发展。辽宁省拥有集成电路相关企业超过 90 家，主要集中在沈阳和大连两座城市，产业涵盖集成电路设计、制造、封装测试和设备材料等领域。已经形成了一定的产业规模，具备进一步发展的产业基础和产业条件。

集成电路设计业：辽宁省共有 39 家集成电路设计企业，产品涵盖移动通信、智能应用电子产品等多个领域，实现主营业务收入 30 多亿元，其中沈阳中科微电子有限公司、大连维德集成电路有限公司等 5 家企业通过国家集成电路设计企业认定。大连建有占地面积 7 万平方米，建筑面积 8 万平方米的辽宁省集成电路设计产业基地。基地建有电子自动化设计及测试等公共服务平台，现已入驻相关企业 20 多家，其中大连维德公司的高速实时图像处理器芯片技术世界先进，开发的高速摄像机产品被用于国家高铁高清视频检测和高速成像系统；大连爱康普站位于 RFID 产业链的制高点，开发了基于 TTO/TTF 技术的完全自主的空中接口通信协议，其设计的 iCP01 芯片是世界上灵敏度最高的 RFID 标签芯片；硅展科技自主研发生产的"智能无线充电管理芯片"获得多项国内、外专利，处于世界领先行列。

集成电路制造业：辽宁省共有 12 家集成电路制造企业，但在规模和技术上都还处于发展阶段，主要从事薄膜、厚膜混合集成电路、芯片组以及二极管等分立器件的生产。英特尔 12 英寸 65nm 芯片厂是辽宁省最大的芯片制造项目，该芯片厂晶圆年产能 60 多万片（按 2500 块/片折算，集成电路产能超过 15 亿块）。2017 年，英特尔预计产值同比增长 190% 左右。

集成电路设备材料业：辽宁省在 IC 装备极为关键的真空和自动化两项关键技术中，都具有非常明显的比较优势。同时，东大和中科院沈阳自动化所的自动化技术走在国内业界前列。2004 年，沈阳建立了集成电路装备产业制造基地，截至目前，基地内拥有 IC 设备制造企业超过 50 家，建有精密零部件加工、检测和装配三大公共平台。材料方面围绕大连英特尔芯片制造，康福德高、美国应用材料公司、摩西湖化学等 18 家全球知名的半导体配套企业纷纷来辽投资设厂；大连科利德已为英特尔、中芯国际等国内外知名集成电路企业供应特种气体；沈阳硅基科技拥有国内最先进的 SOI（绝缘衬底上的硅）专利技术和制造生产线，主要产品包括 8 英寸薄膜 SOI、8 英寸外延 SOI 以及 6—8 英寸磨抛 SOI 材料等产品。

第九章　长三角地区集成电路产业发展状况

长江三角洲地区主要为三省一市,包括江苏省、浙江省、安徽省、上海市,是中国 IC 产业技术最扎实、产业链最完整、技术最先进区域,产业规模占全国半壁江山,设计、制造、封测、设备、材料全面发展。近几年,长三角地区在设计业、制造业、封装测试业、应用材料设备业发展迅速,产业整体销售额已达到全国总产值的 40%。作为我国大陆最主要的芯片生产基地,长三角地区集中了全国 56% 的芯片制造生产线,同时还拥有配套的封装测试企业以及材料和设备企业 100 多家,构成了从材料设备、设计制造到封装测试的全产业链体系,涌现出了一大批在全国范围内有竞争力的龙头企业。

本章首先总体介绍长江三角洲集成电路产业发展规模,产业链组成,并总结产业销售规模大幅攀升,企业稳步健康发展和创新能力显著增强两方面产业发展特点。然后,从产业规模、产业结构以及发展展望三个方面分别对 2017 年上海市和江苏省的集成电路产业发展情况进行总结。

第一节　总体发展情况

长三角地区是国内集成电路产业重要的制造和封测地区,其销售额约占全国 40%。特别在集成电路制造领域,该区域拥有国内最大规模制造生产线,代表了国内目前最高的工艺水平。其中华力微电子的 12 英寸生产线,于 2015 年底实现 28 纳米工艺制程小规模量产,并于 2016 年 11 月投资 387 亿元对生产线进行二次升级,跨入国际主流生产线制程规格;2015 年 12 月,中芯国际 28nm 工艺生产线正式量产,2016 年 10 月 13 日,中芯国际上海新 12 英寸晶圆生产线项目开工,总投资近千亿,工艺节点可覆盖 14nm—10/7nm,是国内第一条 14nm 生产线。据规划,该生产线主要瞄准在新一代移动通信和智能终端领域，预计 2019 年实现量产。此外，长三角地区也是我国最大的封装测试产业集聚区，拥有长电科技、通富微电、晶方科技等中国本土封测业龙头企业。2017 年上半年全国集成电路产业销售额达到 2201.3 亿元，同比增长 19.1%，其中长三角地区包含的上海市、江苏省、浙江省、安徽省四地集成电路产业实现了快速增长，销售收入达到 1100 亿元，同比增长 24.58%，接近全国集成电路产业销售收入的 50%。

第二节　产业发展特点

一、产业销售规模稳步上升，产业规模实现快速增长

2017 年，长三角地区集成电路产业销售收入超过 2000 亿元，约占全国总销售额的 40%。如今，长三角地区集成电路产业已经形成了涵盖芯片设计、制造、封测、设备材料在内的较为完备的产业链条，涌现出了一大批全国领先的企业和品牌。同时该地区是我国大陆最主要的芯片生产基地，该地区集中了全国 56% 的芯片制造生产线，以及集成电路（含分立器件）封装测试企业 100 多家。同时依托国家"02 专项"的扶持，近几年也涌现出丰富的专用材料及设备支撑企业，其中一部分已经实现了产品应用。

二、产业链关键技术水平快速提升

长三角地区作为国内产业发展的龙头地区，近几年坚持自主创新发展的道路，不断推动产业链各环节的技术进步。尤其在封装测试领域，区域内企业技术水平已经接近世界领先水平：逻辑电路主流设计技术为 40nm—28nm—16/14nm，先进设计技术已进入 10nm，7nm 设计技术正在研发；数模混合电路、模拟电路等设计技术在国内均处于领先行列。2017 年，展讯通信推出 14nm、8 核、64 位 LTESoC 智能手机芯片，支持五模全频段通信；并率先完成 5G 原型机开发，在 5G 标准化及商用化进程上与国际一流水平保持同步。同时重点产品实现应用新突破，基于上海兆芯国产 CPU 的计算机，在党的十

九大期间，承担了大会 38 个代表团和文件翻译的会务工作，有力保障了会议相关工作开展，凸显了上海集成电路产业发展实力。

第三节　重点省市发展情况

一、上海

作为中国集成电路产业的重镇，2017 年上海市集成电路产业销售规模达到 1200 亿元左右，同比增长超过 11%。产业链结构更加优化，设计、制造、装备材料"三足鼎立"的态势基本形成。

（一）产业规模

2010—2017 年上海集成电路产业销售规模及增长率如图 9-1 所示。

图 9-1　2010—2017 年上海集成电路产业销售规模和增长率

资料来源：上海集成电路行业统计网，2018 年 1 月。

受到 2008 年国际金融危机的影响，上海集成电路产业经历了连续 4 年的增长乏力期，2013—2015 年前后随着世界经济回暖和全球半导体市场温回升，上海集成电路产业又进入了稳定、持续、较快发展的新阶段。根据统计，2016 年，上海集成电路产业继续保持快速增长态势，销售额约为 1065 亿元，同比增长约 11.6%。2017 年，上海市集成电路产业整体销售规模接近 1200 亿元，同比增长超过12%。产业链结构更加优化，设计、制造、装备材料"三足鼎立"的态势基本形成。

（二）产业结构

2017年，上海集成电路产业链各环节继续保持协同发展、全面提升的态势。其中，设计业销售额为437.4亿元，占整体销售额的37%；芯片制造业销售额为281.96亿元，占整体销售额的23.8%；封装测试业销售额为310.3亿元，占整体销售额的26.2%；材料设备业销售额为150.96亿元，占整体销售额的12.7%。

从增速来看，2017年上海集成电路产业链各环节增速均有所放缓。其中，设计业增速为19.8%，比2016年下降9.4个百分点；制造业增速为7.6%，比2016年下降近4个百分点；封装测试业增速为－0.8%，多年来首次出现负增长；而材料设备业增速为34.1%，比2016年增加24个百分点，出现爆发性增长。

表9-1 2015—2017年上海集成电路产业各行业销售收入及增长率

行业	2017 年		2016 年		2015 年	
	销售额（亿元）	增长率	销售额（亿元）	增长率	销售额（亿元）	增长率
设计业	437.4	19.8%	365.0	20.4%	303.5	26.0%
芯片制造业	281.96	7.6%	240.0	11.5%	215.9	15.9%
封装测试业	310.3	－0.8%	360.0	5.6%	332.2	7.1%
设备材料业	150.96	34.1%	100.0	10.1%	98.6	16.8%
合计	1180.62	12.2%	1065.0	11.6%	950.2	15.7%

资料来源：上海集成电路行业协会统计网，2018年3月。

1. 集成电路设计业

上海集成电路设计业发展迅速，2017年增长率达到19.8%，已经连续多年保持高速增长，占上海集成电路产业链的比重也由2008年占10.1%提升至2017年占37%，设计业已经取代封测业成为产业链第一大环节。

表9-2　2011—2017年上海集成电路设计业销售情况及增长率

年份	2011	2012	2013	2014	2015	2016	2017
销售额（亿元）	149.5	171.2	210.2	240.9	303.5	365.0	437.4
增长率	32.1%	14.5%	22.8%	14.7%	26.0%	20.4%	19.8%
产业链比重	23.7%	25.2%	28.8%	29.3%	31.9%	34.3%	37%

资料来源：上海集成电路产业统计网，2018年3月。

2. 芯片制造业

近年来，随着上海芯片制造业的重组逐渐完成，以及华力微电子、中芯国际上海分公司等多家企业的12英寸生产线开始陆续进入量产阶段，上海集成电路生产线开始进入良率爬升阶段，上海集成电路制造业发展步入正轨。2017年，上海集成电路制造业实现销售收入281.96亿元，同比增长7.6%。中芯国际（上海）的上海厂区正在扩产，未来有望形成9.2万片/月12英寸产能，11万片/月8英寸产能，技术涵盖0.35μm—14nm，成为国内技术最先进、最具规模效益的先进产能芯片研发制造基地。

表9-3　2011—2017年上海芯片制造业销售情况及增长率

年份	2011	2012	2013	2014	2015	2016	2017
销售额（亿元）	127.8	134.6	151.9	186.2	215.9	240.0	281.96
增长率	-4.2%	5.3%	12.9%	22.6%	15.9%	11.5%	7.6%
产业链比重	20.4%	19.8%	20.8%	22.7%	22.7%	22.5%	23.8%

资料来源：上海集成电路产业统计网，2018年3月。

表9-4　2017年上海芯片制造业生产线分布情况

企业	生产线	晶圆尺寸	工艺技术水平	计划产能（万片/月）
中芯国际（上海）	Fab1	8	0.35μm—0.11μm	12.0
	Fab2			
	Fab3	8	0.13μm—0.11nm铜制程	3.0
	Fab8	12	90nm—40nm	1.0
上海华虹宏力	Fab1	8	0.35μm—0.11μm	8.0
	Fab2	8		2.0
	Fab3	8	0.35μm—0.09μm	5.0

企业	生产线	晶圆尺寸	工艺技术水平	计划产能（万片/月）
台积电（中国）	Fab1	8	0.25μm—0.13μm	11.0
上海先进	Fab3	8	0.35μm—0.25μm	1.5
上海新进	Fab1	6	1.5μm—0.5μm	4.0
上海华力	Fab1	12	60nm—40nm	4.0
上海新进芯	Fab1	6	1.0μm—0.35μm	3.0

资料来源：上海集成电路产业统计网，2018 年 3 月。

3. 封装测试业

2017 年，上海封装测试业实现销售收入 310.3 亿元，占上海集成电路产业链的比重为 26.2%。随着上海集成电路设计业和制造业的占比迅速提高，封装测试业占整体产业链的比例正逐年下降，2017 年出现多年来的首次负增长。

表 9 - 5   2011—2017 年上海集成电路封装测试业销售情况及增长率

年份	2011	2012	2013	2014	2015	2016	2017
销售额（亿元）	287.0	293.3	295.3	310.1	332.2	360.0	310.3
增长率	14.8%	2.4%	0.5%	5.0%	7.1%	5.6%	-0.8%
产业链比重	45.5%	43.2%	40.5%	37.7%	35.0%	33.8%	26.2%

资料来源：上海集成电路产业统计网，2018 年 3 月。

4. 设备材料业

上海市集成电路材料设备业依托国家科技创新项目和国家科技重大专项"02 专项"的支持，2017 年上海集成电路材料和设备业出现较大增长，销售额达到 150.96 亿元，增长率达到 34.1%，创多年来新高。

表 9 - 6   2011—2017 年上海集成电路材料设备业销售情况及增长率

年份	2011	2012	2013	2014	2015	2016	2017
销售额（亿元）	65.9	68.3	72.8	84.4	90.8	100.0	150.96
增长率	59.6%	3.6%	6.6%	15.9%	16.6%	9.4%	34.1%
产业链比重	10.5%	10.2%	10.0%	10.3%	10.4%	10.1%	12.7%

资料来源：上海集成电路产业统计网，赛迪智库整理，2018 年 3 月。

（三）未来发展展望

目前，上海市集成电路产业在《国家集成电路产业发展推进纲要》《中国制造2025》等国家战略的指导下，经过2016年的发展，已基本形成了适应新时期的产业发展环境。2017年在市集成电路产业领导小组指导下、在全国规模最大的地方性集成电路产业投资基金推动下，上海市集成电路产业呈现出稳中有升的发展态势。

未来几年，上海集成电路技术将继续沿着三个方向发展推进。先进制造工艺技术将在小于16/14nm工艺制程实现突破。推广以TSV技术为基础的3D/2.5D封装技术。保持移动智能终端基带芯片和应用处理器芯片的技术和产业地位，推动自主研发的高端多核CPU，并将其推广到市场。

二、江苏

（一）产业整体情况

自2007年开始，江苏省集成电路销售额就在全国占据举足轻重的地位，在各个产业链环节都拥有一批有实力的企业，并吸引了一大批国际著名大公司在江苏地区建设生产线。

图9-2　2011—2017年江苏省集成电路产业销售收入规模

资料来源：江苏半导体行业协会，2018年3月。

2017年，江苏省集成电路产业销售收入达1318.8亿元，同比增长20.4%。其中，集成电路设计业销售收入为194.7亿元，同比增长22.0%；

集成电路制造业销售收入为 245.9 亿元，同比增长 13.8%；集成电路封装测试业销售收入 878.2 亿元，同比增长 22.1%。

表 9 – 7   2015—2017 年江苏省集成电路产业各行业销售收入及增长率

行业	2017 年		2016 年		2015 年	
	销售额（亿元）	增长率	销售额（亿元）	增长率	销售额（亿元）	增长率
设计业	194.7	22.0%	161.34	4.96%	153.8	28.2%
芯片制造业	245.9	13.8%	216.13	3.08%	209.7	7.6%
封装测试业	878.2	22.1%	719.34	40.3%	512.7	3.5%
合计	1318.8	20.4%	1096.81	25.2%	876.1	8.2%

资料来源：江苏半导体行业协会，赛迪智库整理，2018 年 1 月。

江苏省拥有集成电路行业相关企业超过 310 家，其中，集成电路封测企业超过 70 家，集成电路制造企业达到 30 家，其余大多数为集成电路支撑类企业。江苏省半导体产业从业人员 2017 年达 12.3 万人，同比增长 7.2%。

（二）产业结构情况

江苏省集成电路产业的设计、制造、封测三业比例进一步优化，但封测依然占据主导地位。集成电路设备材料业形成一定的产业规模，在集成电路可持续发展的道路上又向前迈进一步。同时，在 2016 年长电科技收购星科金朋，通富微电收购 AMD 苏州厂之后，江苏省封测业整体实力显著增强。

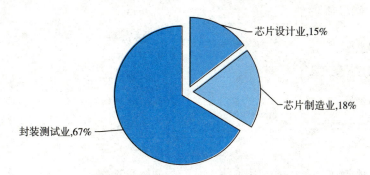

图 9 – 3   2017 年江苏省集成电路产业结构

资料来源：江苏半导体行业协会，赛迪智库整理，2018 年 3 月。

1. 设计业

江苏省集成电路设计业近年来保持了较快的增长，取得了较好的成绩，2017 年，江苏省集成电路设计业销售收入为 194.7 亿元，同比增长 22%，占全省集成电路产业总收入的 14.8%，保持了产业规模扩大、企业经营改善、产业环境优化、技术力量聚集的态势，但也有技术进步慢、整合力度低等问题。

2. 制造业

江苏省是我国仅次于上海的第二大集成电路制造基地，2016 年，江苏省集成电路制造业销售额为 216.1 亿元，同比增长 3.1%；2017 年，江苏省集成电路制造业销售额预计为 245.9 亿元，同比增长 13.8%。江苏省目前有集成电路制造企业 20 余家，主要集中在无锡市和苏州市，分别占到全省同业总值的 88.65% 和 8.12%。目前，江苏省晶圆生产线共 42 条，包括：3 英寸生产线 8 条，4 英寸生产线 13 条，5 英寸生产线 8 条，6 英寸生产线 8 条，8 英寸生产线 3 条，12 英寸生产线 2 条。

表 9 - 8　江苏省芯片制造业生产线分布情况

企业	晶圆 尺寸	工艺技术水平	计划产能 （万片/月）
海力士半导体（中国） 有限公司	12	0.09—0.065μm	10.0
	12	0.045—0.028μm	6.0
和舰科技（苏州） 有限公司	8	0.25—0.15μm	6.0—10.0
	8	0.13μm	
无锡华润上华2厂	8	0.25—0.18μm 0.15—0.11μm	9.0
无锡华润上华1厂	6	1.0—0.35μm	7.0
无锡华润上华5厂	6	0.6—0.35μm	4.0
无锡华润华晶	6	1.2—0.8μm	12.5
无锡 KEC	6	1.6—0.6μm	3
江苏东光	6	0.8—0.35μm	3
华润华晶	5	>3.6μm	>10
	5	1.6—0.8μm	>10

企业	晶圆尺寸	工艺技术水平	计划产能（万片/月）
中电科第58所	5	0.6μm	0.6
江阴新顺	5	2.0—1.6μm	7.0
扬州国宇	5	0.6μm	2.0
扬州晶新	5	1.0μm	5.0
中电科第58所	4	2	0.6
江苏东光	4	5.0—2.0μm	5.0
敦南科技	4	2.0—1.6μm	3.0
明昊微电子	4	5.0—2.0μm	1.0
扬州晶来	4	5.0—2.0μm	3.0—4.0
中电科第55所	4	0.35—0.15μm	2.0

资料来源：江苏半导体行业协会，2018年3月。

3. 封装测试业

作为全国集成电路封装测试业的主要聚集区，2017年，江苏省封装测试业销售额超过878.2亿元，同比增长22.1%，占全国约46%的份额，连续多年位居全国第一位，占全省集成电路产业总收入的66.6%。

近年来，通过合作开发以及并购等方式，江苏省内企业的集成电路封装测试技术已经在部分先进封装技术领域取得突破，部分拥有自主知识产权的先进封装技术达到世界先进水平，整体技术水平实现了快速发展。2017年江苏省封测产业的爆发式增长主要来自长电科技和通富微电两起并购，扩大了产能并提升了两家企业的技术水平。

（三）发展展望

在《国家集成电路产业发展推进纲要》的持续推动下，随着物联网、人工智能、智能驾驶等新技术的发展，以及全国各个行业的信息化建设加快，江苏省集成电路产业将迎来更大的机遇，预计未来几年江苏集成电路市场年均增速将达到16.6%左右。整体来看，优化结构、推动创新将是新的一年中江苏省集成电路产业的主题。在江苏省科学技术厅、江苏省财政厅印发的《2018 年度省重点研发计划（产业前瞻与共性关键技术）项目指南》中就提出，以加强战略高技术前瞻部署、培育创新型企业集群、优化区域产业创新布局、强化产学研联合和人才导向为目标，引领未来产业创新发展和支撑优势产业整体提升。

第十章 珠三角地区集成电路产业发展状况

珠江三角洲集成电路产业发展主要以设计业为主，2017年，集成电路设计产业规模达到687.5亿元，占全国集成电路设计业规模的35%，保持较高增速，同比增长39%，大于全国的平均增速（28%），总体规模超过长江三角洲地区成为第一。其中深圳产业化基地设计规模继续以绝对优势领跑，占珠三角地区整体比重84.2%。珠三角地区集成电路相关企业超过300家，其中以海思、中兴微、汇顶、敦泰等为首的设计业企业约270家；制造业10家，以中芯国际（深圳）、方正、深爱等企业为首，分布在深圳、东莞、珠海和中山等地；封测业企业约20家，主要企业有赛意法、佰维存储、华润赛美科等，主要分布在深圳、广州、中山和东莞；设备、零部件、材料、产品及售后服务企业主要分布在深圳、珠海、广州、东莞等地区，代表性企业有睿尔星电子、沸石科技等。总体上，珠三角地区的集成电路设计业在国内竞争力较强，但是在制造业、封测业、材料业和设备业等产业链环节规模不高，处于发展上升期。目前，珠三角地区具备优良政策环境、偏重集成电路设计业、较为优良产业发展环境、人才培养较好等产业发展特点。

第一节 总体发展情况

一、产业规模

珠三角地区主要包含广州、珠海、江门、肇庆、深圳、佛山、东莞、中山、惠州等核心城市以及香港特别行政区、澳门特别行政区及深汕特别合作区，是我国重要的先进制造业基地。地区经济基础雄厚、技术创新氛围浓、人才层次较高、储备量较大，同时拥有广州和深圳两大集成电路产业基地，优势较为明显。珠三角地区集成电路以设计业为主，2017 年设计产业规模约为 687.5 亿元，约占全国产业规模的 35%。地区内深圳、珠海两城市入围集成电路设计业规模前十名，深圳市设计业规模为 579.2 亿元，占据全国第一位，珠海市设计业规模为 40 亿元，位列全国第十位。珠三角地区旺盛的市场需求和较为完整的产业链进一步促进了集成电路设计业的发展，进而拉动了制造、封测等其他集成电路相关产业快速兴起。珠三角地区的集成电路企业超过 400 家，其中设计业企业数量超过 250 家，大部分集中在深圳，企业设计总体水平全国领先。2017 年海思、中兴微、汇顶等企业纷纷进入全国集成电路设计业前十位。集成电路制造企业数量约为 130 家，但多而不强，主要分布在深圳、东莞、珠海和中山等地。封测企业数量约为 20 家，主要分布在深圳、广州、中山和东莞等地。

二、产业结构

2017 年，珠三角集成电路产业以深圳为中心向周边地区辐射，产业发展继续保持高速增长。珠三角地区的集成电路产业多元化发展继续扩大，聚集了海思、汇顶、中兴微、敦泰、中芯国际、航顺、方正、紫光同创等一大批实力强劲的企业，产品应用于通信、消费电子仪器仪表、汽车电子、传感器、柔性显示屏等相关产业。销售额过亿的企业数量达到 33 家，全国范围占比 17.3%。其中，海思半导体 2017 年销售额为 381.5 亿元，同比增长 27.7%，继续位列中国集成电路设计企业第一名。2014 年底，中芯国际在深圳正式投产的华南地区第一条 8 英寸生产线已实现 3 万片月产能，近两年一直满载生产。

表 10 - 1　2015—2017 年珠三角主要城市集成电路设计业情况

城市	2015 年（亿元）	2016 年（亿元）	2017 年（亿元）	2016/2017 增长率
深圳	380.0	420.0	579.2	37.9%
珠海	17.8	27.6	46	66.7%
香港	9.2	12.4	15.2	22.6%
福州	14.9	15.0	15.1	0.9%
厦门	18.0	21.0	32	52.4%
小计	439.9	496	687.5	38.6%

资料来源：中国半导体行业协会集成电路设计分会年会，2017 年 11 月。

第二节　产业发展特点

一、政策环境进一步优化

广东省人民政府积极部署创新驱动发展战略，在珠三角国家自主创新示范区加快建设创新创业中心，进一步优化了集成电路产业发展环境。2016 年 7 月印发的《珠三角国家自主创新示范区建设实施方案（2016—2020 年）》指出，要增强制造业的核心竞争力，重点围绕集成电路芯片等重大项目，完善相应制造封测、终端应用、软件开发等全产业链，继续促进珠三角集成电路产业向更高方向发展。《深圳市关于进一步加快软件产业和集成电路设计产业发展的若干措施》明确指出，将加大资金扶持力度，重点扶持首次开发设计的创新性较强、应用推广价值较高的集成电路产品示范应用；在面向中小集成电路设计企业行业平台的建设方面提供资金支持，对集成电路设计产业园区内企业，提供适当补贴。《珠海高新区扶持软件和集成电路设计产业发展暂行规定》增加了对集成电路设计产业的支持，对集成电路设计企业或技术服务平台给予 10 万元到 100 万元不等的补贴。2017 年 10 月，广州市人民政府《关于印发〈广州市建设"中国制造 2025"试点示范城市实施方案〉的通知》中提到："依托北斗卫星导航射频、卫星通信射频、功放、数字多媒体等基础领域的优势，重点围绕移动智能终端、存储器、光电、照明、传感网、物联网等应用领域，引进和培育一批具有国际影响力，且拥有自主知识产权的集成电路设计企业；加快发展 12 英寸、8 英寸集成电路制造生产线，尽快建立以芯片制造为核心的产业链、供应链，在硅晶圆、光刻胶、抛光液、溅射靶材、金属丝线等专用原材料以及制程、量测设备等领域培育一批龙头企业；推动大功率器件、电源管理、基板等领域半导体分立器件和集成电路封装产业上规模、上水平。"

二、集成电路设计业发达，制造和封测业薄弱。

全国集成电路产业结构近年来处在调整期，设计、制造、封装测试三业从 2003 年的 1.5∶1.5∶7 开始逐步接近于 3∶4∶4 的合理比例。珠三角地区是促进国内设计业比重的提升的主要地区之一，目前拥有国家集成电路设计深圳产业化基地，深圳市高新技术产业园和广州国家现代服务业集成电路设计产业化基地。国家集成电路设计深圳产业化基地拥有公共 EDA（电子设计自动化）技术平台、MPW（多项目晶圆）服务平台、IP（知识产权模块）复用与 SoC（系统级芯片）开发平台、测试验证工程技术中心和教育培训中心。深圳市高新技术产业园聚集了海思、汇顶、中兴微等一批高水平的集成电路设计公司，中芯国际、方正、深爱等芯片制造公司。广州国家现代服务业集成电路设计产业化基地是电子信息 IT 业国家级产业园区，基地汇聚了大量集成电路设计和应用相关专家及众多高技术集成电路设计公司。珠三角地区集成电路设计业占全国集成电路设计比重的 39%，其中深圳、珠海设计业规模更是名列全国前两位。然而，珠三角自身产业结构却十分不合理，制造、封测业企业大多数以初创小型公司为主，与中西部地区和长三角地区相比，发展较为缓慢且较为薄弱，大型生产线引入较少。珠三角地区产业结构不合理的主要原因是相关设计业的发展与制造业、封测业的发展脱节。国内制造业相关企业制程和产能相对落后，无法满足设计公司的生产需求，设计公司更倾向于选择台积电等国际一流大厂来保证良率与利润。

三、产业环境适宜

珠三角地区集成电路产业环境适宜，在集成电路设计业、终端应用需求、企业竞争氛围等方面优势明显。一是该地区有近 30 年电子制造历史，聚集了大量集成电路应用端整机厂商。通信领域有华为、中兴通讯、UT 等；汽车电子领域有比亚迪微电子、航盛电子等；PC 有长城科技和神舟电脑；电视和机顶盒领域有康佳、TCL、创维和同州电子等；移动存储领域有江波龙；工业控制领域有研祥；音响领域有三诺。处于这些领域的企业在国内占据较大市场份额，并逐步迈向国际市场。同时，未来珠三角将进一步加强智能装备及机器人、新型显示、高性能医疗器械等领域的布局。在需求市场的牵引下，珠三角电子制造行业上游的集成电路设计业近年来突飞猛进。二是制造业和封测业仍有较大的发展空间。2017 年，京津环渤海和长三角地区引入生产线的大幅度动作相比，珠三角地区比较平静，除了2016年底，中芯国际的一个12英寸生产线开工建设后，并无较大的建厂动作。封测方面，企业有赛意法、沛顿、安博、华润赛美科等正持续加大研发力度，开发高端封测工艺和技术。三是广州、深圳、珠海等城市拥有高新区、大学城、科研院所、中小企业孵化器及孵化器创业平台。不仅为技术研究与突破提供了人才与资源上的保障，同时有利于孵化出一批具有自主核心知识产权的创新型企业。

四、集成电路人才培养情况良好

制约我国集成电路发展最主要的瓶颈是人才的短缺。珠三角地区拥有中山大学、华南理工大学、暨南大学、深圳大学、中国科学院深圳先进技术研究院、清华大学深圳研究生院、北京大学深圳研究生院、哈尔滨工业大学深圳研究生院和南方科技大学等多所全国知名高校以及知名高校设立的研究院。此外，还拥有多所专科院校有针对性地培养产线操作工人和设备技术工人。由于企业是专业的集成电路人才培养的主要力量，因此密集的集成电路企业有助于珠三角地区培养出更多的人才。同时，珠三角各集成电路基地培训中心积极开展各项专业研讨会，学习先进IP、EDA，积极与Foundry厂商沟通交流，为相关技术人员提供了学习和交流的平台。许多企业和机构也注重硕士、博士等高端人才的培养，为珠三角地区集成电路产业高端人才储备提供了有力的支持。

第三节　重点省市发展情况

一、深圳

（一）产业规模

深圳市是全国集成电路产业核心和枢纽，拥有多家全国最强的集成电路设计企业。在《国家集成电路产业发展推进纲要》中，将深圳市列入国家集成电路产业发展重点城市，突出深圳在IC设计与应用领域的核心地位。深圳市政府高度重视集成电路产业的发展，每年至少投入 5 亿元集成电路设计产业发展专项资金，吸引全球产业巨头集聚深圳，支持本土企业自主创新。2016 年，深圳市集成电路设计业规模首次突破 500 亿元，年销售收入达到了 569.35 亿元，产业规模的增速达到了 30.0%。在设计业方面，深圳拥有世界排名第六的海思半导体及中兴微等领先设企业，同时在细分领域中，新兴设计公司还在不断涌现。在 2017 年统计的全国十大 IC 设计企业中，深圳就占据 3 家。全市 IC 设计业销售收入为 579.2 亿元，同比增长 17.4%，占全国设计企业销售收入的 30.0%，连续 6 年在国内各大城市中居首。目前，深圳市从事集成电路设计的企业和机构超过 100 家，其中企业 20 家销售过亿，封测企业 15 家，制造企业 3 家，集成电路相关产业从业人员接近 3 万人。

（二）产业结构

深圳市集成电路产业主要以设计业为主，而制造、封测、装备材料等企业数量少、实力弱，产业生态链不够均衡。自 2012 年起，由于政府的大力扶持，深圳集成电路设计业的产业规模和技术水平一直非常突出。根据深圳市半导体行业协会统计，协会会员中，集成电路设计企业为 91 家，排在前两位的是海思半导体和中兴微电子。2017 年两家设计公司销售额总额为深圳市集成电路设计产业销售总额的 80%，其中海思半导体销售额达到 381.5 亿元，稳居全国第一，全球排名挤入前六。中兴微电子 2016 年获国家集成电路产业投资基金 24 亿元的投资，2017 年销售额达 100 亿元，位列全国第三。总体来看，深圳集成电路设计产业稳步增长，技术水平与市场规模已经达到了国际领先地位。在龙头企业的带动下，产品和市场应用呈现多元化发展趋势，龙头带动作用显著。

在深圳市半导体协会的注册会员中，集成电路制造企业仅有 3 家，分别为中芯国际、北大方正和清溢光电。此外还有一家半导体器件制造商深爱半导体。其中，2014 年底中芯国际在深圳正式投产的 8 英寸生产线是华南地区第一条 8 寸生产线，目前已实现 3 万片月产能，已经处于满产状态。深爱半导体有一条 5 英寸双极功率器件芯片生产线，月产 8 万片；一条 5 英寸 MOS 器件芯片生产线，月产 4 万片；一条 6 英寸芯片生产线正筹建和一条大功率晶体管及 IC 封装生产线，月产 1.5 亿只；方正微电子拥有两条满产的特色工艺 6 英寸线，主要产品包括 MCU 芯片、功率半导体器件和分立器件等，应用领域包括计算机及外围接口、通信产品、消费电子、汽车电子等。深圳清溢光电致力于光掩膜技术的研发及相关设备研发。主要产品为光掩膜、测量机和激光修补机。

集成电路封测领域，在半导体协会注册的深圳企业达 16 家，呈现多而不强的格局。其中矽格、赛美科、安博、气派等封装公司提供的封装服务主要面向于中低端产品。而意法、赛意法、沛顿科技等企业的封测业务，主要针对公司内部或海外客户提供封装服务。为了适应国内相关企业封测技术大幅提升的形势，并满足设计产业不断提高的技术需求，深圳市封测企业正努力研究先进封装技术，寻求拓展市场、实现产品高端化的路径，如泰胜、气派、安博等正研发高端封装工艺和技术；展芯科技建立了较为完善的 EMMI 失效分析系统进行研究；香港科技园以其拥有的先进测试分析设备与深圳企业合作，联合开展高端测试验证和小批量测试；深南电路于 2017 年底上市，主要业务有 PCB、PCBA 板的设计与加工、MPP 封测平台和基板封装等。

（三）重点产品

近几年，深圳地区涌现出了一大批创新制造公司，除华为、中兴、比亚迪、康佳、创维、TCL 等国内领先的系统整机及设备企业外，还成长了一批如大疆创新（无人机）、优必选科技（机器人）、碳云科技（智能健康）和柔宇科技（柔性器件）等具备潜力的创新公司，为深圳市集成电路发展提供了下游需求保障。早期深圳市集成电路产品线仅面对通信和消费电子两大类市场。伴随着深圳市集成电路产业的转型升级，产品市场逐步开拓，将低功耗 SoC 芯片、人工智能芯片、信息安全芯片、通信芯片、显示驱动芯片、指纹识别芯片设计、生物芯片、电力电子、智能设备芯片等关键核心技术的研制作为突破口。重点致力于以下芯片：

智能移动终端芯片：拥有中兴、华为等通信智能手机厂商，促进了深圳市移动智能终端芯片的快速发展。华为控股的海思半导体，在手机智能芯片性能方面在国际范围内已经具备较强竞争力，装载自研芯片的华为智能手机得到了国际用户的广泛认可。2017 年，华为海思麒麟芯片市场份额为 8%，位列第五，比上年增长了 2% 的份额，主要原因是使用自研芯片的华为手机数量增加所致。海思麒麟处理器产品包括：K3V2、麒麟 910、920、930、950、960、970 以及麒麟 620、650；基带包括：巴龙 710、720、750 等。高端机型芯片海思麒麟 970 是全球首款内置独立 NPU（神经网络单元）的智能手机 AI 计算平台，由台积电 10nm 制程代工，包含 55 亿颗晶体管（骁龙 835 是 31 亿颗，苹果 A10 是 33 亿颗），面积约 100 平方毫米。另外，深圳华大北斗科技有限公司成功研发了拥有自主知识产权的第三代北斗芯片，该芯片属于基带和射频一体化芯片，其研制成功标志着在智慧城市、智慧交通、智慧养老等多种行业的迫切需求下，国产定位芯片迈出了重要一步，有效推动智慧城市基础设施的优化和完善。

移动存储和控制芯片：江波龙 2017 年推出了 P900 系列 PCIe NVMe SSD 提供 128GB、256GB 以及 512GB 的容量选择，系列采用最新制程的 64 层 3D TLC NAND Flash，并拥有更低的成本和功耗，主要面向消费类装机市场、VR/AR、智能汽车等。此外在手机存储方面推出 UFS 产品，采用 SMI 主控和自主固件程序，搭配 3D NAND Flash，容量涵盖 32GB/64GB/128GB，能明显提升手机性能及用户体验；视频监控芯片（IPC–SoC）领域，海思已经占据中国市场份额的 90%；在移动多媒体领域（数模芯片），华芯飞推出智能手表、运动 MP3、移动电源等产品。海泰康多年致力于车载播放器和 MP4 芯片，与中兴、德赛汽车、华阳均有合作关系。

数字电视芯片：深圳拥有 TCL、康佳、创维、长虹等国内领先的电视机和机顶盒整机厂商，数字电视芯片市场需求很大。如今，数字电视芯片正向智能化方向发展，包括的新增功能有对信号中的影像信号和图像进行处理和修复，清晰度、降噪、色彩增强、对比度提升、运动补偿等作用。海思半导体已经占据了数字电视显示控制芯片 5% 的市场份额。深圳创维经过长期深入的研究，建立了国际先进的智能图像处理技术（AI 画质芯片），采用 AI（人工智能）技术来对图像对象搜索、识别和重构，从而精准地提升图像画质，分毫毕现地还原极具临场感的高品质画面。

信息安全和物联网芯片：2017 年，深圳物联网企业焕发勃勃生机。如远望谷（RFID 芯片）、中兴物联（通信解决方案）、有方科技（无线通信）、卡的智能（RFID，电子标签）、芯海科技（MCU）、敦泰科技（屏下指纹）和国民技术（RCC，卡芯片）。其中，国民技术 2017 年虽风雨飘摇，但其 RCC 技术已成为国家标准。敦泰科技屏下指纹技术获得青睐，已获得拥有 OPPO、vivo、华为、夏普及 Sony 等智能手机品牌订单。

二、广州

广州位于珠三角中心，是珠三角国家自主创新示范区的龙头城市，已有国家高新技术企业 8700 多家，高新技术企业总量以及硬科技发展指数均居全国前三，集成电路产业链较为完善。广州和周边地区是国内最大的集成电路消耗区域，其消耗量占全国 75%。广州拥有广东省 97% 的国家重点学科、80% 的高校、70% 以上的科技人员和 95% 的博士，在校大学生总量居全国第一。完善的集成电路产业链、充足的市场需求和雄厚的人才储备，极大地推动了广州集成电路产业的发展。政策方面，广州市政府高度重视新兴产业发展，针对集成电路分别下发了《广州市鼓励发展集成电路产业若干规定》《广东省软件和集成电路设计产业 100 强企业培育实施方案（试行）》《广州制造 2025 战略规划》《广州市先进制造业发展及布局第十三个五年规划》《广州市信息化发展第十三个五年规划》《加快 IAB 产业发展实施意见》等文件，集中力量重点推动设计、封装、测试、材料和装备等集成电路行业加速集聚，提升产业"核心动力"。其中 2012 年成立的广州国家现代服务业集成电路设计产业化基地（广州 IC 基地）致力于面向物联网、互联网、大数据、云计算、智能机器人等产业的芯片设计及产品应用的研发服务，可提供完整的集成电路设计工具及先进工艺全流程的设计服务、MPW 流片，IP 开发、交易、集成等技术咨询服务，产品检测试验、分析评价服务等。目前，广州 IC 基地已累计孵化企业/项目 140 余家/项，培育新三板上市企业 2 家、国家高新技术企业 15 家，为社会培养集成电路专业技术人才 2000 余人。

集成电路设计方面，广州有广晟、安凯、恒矽、亿世德微、晟矽等 11 家设计企业，主要运营方向为通信领域和消费电子领域。在 2017 年底，上海恒矽传感器有限公司投资 2000 万元，联合来自中国台湾、上海、武汉等地集成电路设计行业专家，在广州开发区设立恒矽（广州）微电子有限公司，开展高端电力开关、仪表芯片、气体传感器芯片的研发。安凯微电子发布的 AK 系列芯片产品，可用于高清摄像机、蓝牙耳机、婴儿监控器等产品。

　　在集成电路制造领域，广州拥有南科集团，其主营业务是 6 英寸晶圆代工企业，具备单晶硅制造、集成电路的设计、制造、封测等生产线。广州市决心大力发展集成电路制造业，并积极建设生产线。2017 年底，总投资额约 70 亿元的粤芯 12 英寸芯片制造项目在中新广州知识城破土动工，规划月产 3 万片 12 英寸晶圆芯片，达产后销售收入 100 亿元，带动上下游企业形成 1000 亿元产值，预计 2019 年上半年建成投产。粤芯项目是广州开发区管委会和黄浦区政府共同合作打造的 CIDM 模式项目，由张汝京团队负责。CIDM 模式是指数家设计公司共同成立工厂，从而达到资源共享、风险分担、协同能力增强等目的。

　　在集成电路封测方面，广州地区集成电路封测业发展较弱。2017 年底，粤芯项目的落实使得广州地区在集成电路封测业发展向新模式迈出试探性的一步。与单独发展封测业不同，广州粤芯项目总共关联 15 家企业，属于"芯片设计—晶圆制造—封装测试—终端应用"为一体的作业模式。这种方式保证了封测企业与设计、制造企业紧密结，拥有较小风险。在新模式的带动下，广州市封测业的发展将会更加健康、平稳、快速。

　　在技术研究实力和人才培育储备方面，广州拥有华南地区大部分高等院校和研究所，高中低端人才资源丰富。其中，国内知名大学中山大学、华南理工大学、暨南大学等 39 所高校每年将产生微电子相关专业本科生 1000 多人，研究生上百人。科研实力方面，广州聚集了工业和信息化部电子五所、中电科第七研究所、移动通信国家工程中心等上百家家研究机构，其中的科研人员极大地提升了广州的集成电路研发实力。2018 年，广州市将致力于集成电路产业发展，以粤芯为代表的新模式作为突破口，促进"设计、封装、测试"集成电路制造产业链的加速布局，形成产业辐射带动效应。

第十一章 中西部地区集成电路产业发展状况

近年来，受益于国家"一带一路"总体战略，中西部地区集成电路产业发展十分迅速。西部重点城市如成都、西安、重庆、武汉、合肥等，在国家及地方财政的支持下，已经具备市场、政策、人才、技术等优势，瞄准物联网、人工智能等新兴领域，加速集成电路产业布局。中西部地区拥有成都和西安两大国家集成电路设计基地，2017 年中西部设计业销售额为 193.3 亿元，同比增长 50.1%，全国经济带中增速最快。特别是西安市设计业增速高达 114.57%，位列全国城市 IC 设计增速排行榜榜首。在制造方面，2017 年格罗方德在成都高新区建 12 寸晶圆厂，一期工厂的制程为 18nm 和 13nm，2018 年底投产，月产能 2 万片。二期 FD－SOI 工厂制程为 22nm，2019 年下半年投产，产能为每月 6.5 万片。合肥市建设投资控股有限公司与台湾力晶于 2015 年合资建设的合肥晶合 12 英寸晶圆厂，在 2018 年 1 月正式量产，有望成为全球最大面板驱动芯片制造商。国内厂商方面，除西安郦山微电子和重庆华润微电子外，武汉新芯与紫光集团合作成立的长江存储在成都设立 12 英寸制造产线，用于制造存储晶圆。在封测方面，天水华天在西安投资 58 亿元建设封装新厂。加上之前的英特尔、德州仪器等在成都的封测厂，中西部地区的封测产业规模将进一步增大。整体来看，2017—2018 年中西部地区集成电路产业发展势头将继续强劲，产业链进一步完善，这将带动上下游产业快速发展并缩小与国内其他区域的差距。

第一节 总体发展情况

中西部地区集成电路产业与长三角、珠三角和京津冀等东部地区相比，起步晚，整体水平不高。但近年来，中西部地区逐步形成有地区特色的政策优势、资源优势、土地优势和人才优势，由此吸引越来越多的集成电路企业落户。尤其是西安和合肥在 2017 年芯片设计规模增长率方面，位列全国所有城市的前两名。以重要省会城市和直辖市为主，中部地区的经济发展水平近年来保持平稳快速增长。此外，国家信息光电子创新中心在武汉落地，使得中西部地区人才储备和科研实力在未来将有巨大加强。国家存储基地 2017 年在武汉也取得重大进展。在国家集成电路产业投资基金和其他投资基金的驱动下、在国家和地方优惠政策的支持下，中西部地区集成电路总投资接近万亿，俨然形成了新的集成电路产业集群。

2017 年，中西部地区集成电路产业发展势头保持高速增长，其中设计业继续稳步提升，销售收入从 2016 年的 127.96 亿元上涨到 2017 年的 193.34 亿元，同比增长 51.1%。除设计业蓬勃发展外，集成电路制造业、封测业和材料设备业发展也十分迅速。近年来，中西部地区建设了多条 6 英寸和 8 英寸产线。2017 年，中西部地区产线继续升级，12 英寸生产线数量继续增加。除武汉和西安的 12 英寸存储器生产线外，格罗方得在成都的新 12 英寸生产线开工动土。集成电路设计方面，成都和西安分别拥有国家集成电路设计产业化基地。集成电路封测方面，得益于长三角地区封测企业向中西部地区转移，中西部封测业的发展较为迅猛。中西部地区封测企包含了联合科技、中芯国际和德州仪器等公司的封测环节企业，以及英特尔产品（成都）有限公司和天水华天电子集团，承接为国际知名半导体巨头的封测任务。

表 11-1　2015—2017 年中西部地区主要城市集成电路设计情况

城市	2015 年（亿元）	2016 年（亿元）	2017 年（亿元）	2016/2017 增长率
成都	31.0	38.0	46.7	22.9%
西安	28.6	36.0	77.2	114.6%
武汉	0	25.0	33.0	32.0%
重庆	9.5	7.0	9.5	35.4%
长沙	4.1	22.0	27.0	22.7%
小计	73.2	128.0	193.4	51.1%

资料来源：中国半导体行业协会集成电路设计分会年会，2017 年 11 月。

第二节　重点省市发展情况

一、湖北省

（一）总体状况

湖北省位于长江经济带的核心区域，是长江中游地区对接"一带一路"战略的核心城市。2017 年湖北省 GDP 达到 3.65 万亿元，同比增长 7.5%，快于全国 0.9 个百分点。自 2000 年确定发展集成电路产业以来，经过十多年的发展和布局，目前湖北省拥有较为完整的产业链，包含设计、制造、封装测试、终端应用。设计领域，湖北不仅培育了烽火科技微电子部、昊昱微电子、中船微电子、九同方微电子、芯动科技、长芯盛科技、高德红外、武汉梦芯等一批具有较强竞争力的本土企业，而且也吸引了新思科技、凹凸电子以及联发科等一批国际一流的 IC 设计企业加入。在制造领域，湖北不仅有我国销量最大的大功率半导体器件供应商台基半导体，还有华中首条 12 英寸集成电路芯片生产线和总投资 240 亿美元的国家存储器基地项目。在封测领域，湖北拥有方晶电子和芯茂半导体等多家封测企业。在材料方面，晶丰电子正在切入到代工厂的供应体系；湖北兴福电子与格罗方德、中芯国际等大厂都建立了合作伙伴关系。此外，湖北还吸引了一大批科技巨头先后在汉设立研发中心或生产基地，如 IBM、华为、中兴、联想、小米等，极大地提升了湖北的人才和科研实力。

湖北集成电路产业发展优势明显。一是具备资源优势。湖北能源丰富，水电价格低且可长久供应，可为集成电路企业节省较大的开支。二是具备科研与人才优势。湖北集成电路人才教育资源丰富，其中武汉大学和华中科技大学设有计算机微电子相关学院和专业，同时拥有一批共建实验室和科研单位，例如，"先进 SoC 设计与验证联合实验室""EDA 联合实验室""集成电路设计工程技术研究中心"和"Xilinx 联合实验室"等。每年相关专业毕业生，包含本科生、硕士和博士共 1600 多名，为湖北集成电路产业发展保障了人才基础。三是具备政策优势。湖北省出台《湖北省集成电路产业发展行动方案》和《湖北省新一代信息技术产业发展行动计划》，旨在打造"多极支撑"的新一代信息技术产业格局，囊括核心支柱产业、特色优势产业、智能终端产业和新兴产业四大产业体系，具体涉及集成电路、新型显示、软件和信息服务业、光通信、激光、新型电子材料、北斗导航、物联网、应用电子等。此外，湖北省设立 300 亿元集成电路产业基金。2017 年首期 100 亿元已超募完成，后期将扩大至 300 亿元。当前基金已储备 20 余个大型项目，并正在与大基金、国开金融等机构探讨实质性合作。

（二）重点城市和园区

武汉市是湖北省集成电路的发展中心，聚集了芯片设计企业 30 余家，培育了烽火科技微电子部、昊昱微电子等一批具有较强竞争力的本土企业。在封装材料方面，晶丰电子的封装胶产品正在进入到国内代工厂的供应体系。烽火通信、联想、富士康、天马、华星光电等电子整机企业，为集成电路设计企业提供了大量的市场需求。在人才储备方面，武汉拥有电子信息领域院士 22 名，半导体专业从业人员超过 1 万人。在晶圆代工方面，武汉新芯的 12 英寸晶圆制造项目在湖北省武汉市启动，总投资 14.25 亿美元。目前的该项目生产能力为：闪存器（NOR – Flash）1 万片/月、图像传感器（BSI）1 万片/月、55nm 低功耗逻辑芯片 2000 片/月的产能；目前业务布局物联网领域，专注于 SoC、MCU 和三维集成等特色工艺的生产和研发。未来业务主要集中于储器领域，专注于 3D 存储的制造工艺和产品研发。

2016 年，长江存储项目在武汉东湖高新区正式启动，总投资 240 亿美元。2017 年 9 月，存储基地一号生产动力厂房建设完毕。作为新中国成立以来湖北省单体投资最大的高科技产业项目，存储器基地项目还将建造 2 座全球单座洁净面积最大的 12 英寸 3D NAND 工厂，预计 2020 年实现月产能 30 万片，2030 年实现 100 万片。武汉继北京、上海、深圳之后成为国家重点布局的集成电路产业四大基地之一，并逐步实现向"新工业硅城"的转型。但是，相对于拥有大量高端人才的北京、上海和深圳，武汉集成电路产业的发展依然存在隐患。武汉集成电路企业创新能力不足，新产品核心技术研发资历尚浅，多数产品低端化且同质化。

二、四川省

（一）总体状况

四川省独特的区位优势使得军工企业入驻较早，电子信息产业基础良好，拥有中科院光电所、成都计算所、航天 618 所、兵器 209 所及中电 10 所、29 所、30 所等科研院所，和旭光科技、国腾、长虹、九州、迈普、锦电等电子整机产品企业。但在集成电路芯片产业领域基础较为薄弱。在设计、制造和封测等产业发展长期呈现小规模、分散化。四川省拥有超过 20 亿元的集成电路年需求，然而大部分依赖进口。因此，四川省近年来高度重视集成电路产业发展，积极引入国际知名半导体或代工企业生产线。通过这些企业生产线的建设，盘活整个产业链，聚集资金和人才，为扶植本土企业进行先期积累和提供有力保障。2017 年，四川省电子信息产业实现营业收入近 8000 亿元，同比增长 15%，位居西部第一，全国第七。未来四川将大力发展电子信息产业，打造更多百亿企业，千亿产业，成为万亿集群。目前，军事电子装备全国第一，信息安全产业总量全国第二，微型计算机产量占全国 21.7%。全球超过 50% 的笔记本电脑芯片在四川封测。英特尔、格罗方得等大批国际巨头企业纷纷落户四川。京东方、紫光等本土项目迅速落地，形成了以成都为中心，涵盖制造、封测和终端应用的产业集群。

四川省政府深入贯彻《国家集成电路产业发展推进纲要》，2014 年出台《四川省信息安全产业发展工作推进方案》，明确将四川省打造为集成电路中西部中心、国家信息完全产业中心。2016 年 5 月，四川省成立信息安全与集成电路产业投资基金，规模为 120 亿元。基金重点投资对象为高产值项目、集成电路行骨干企业和创新企业。

（二）重点城市和园区

成都作为四川中心城市，在电子信息产业方面发展迅速，拥有我国中西部区域最大的集成电路产业集群，其中拥有大部分国内外知名 IT 企业如英特尔、德州仪器、格罗方得、紫光国芯、京东方等。2017 年，成都市电子信息产业整体规模预计将达到 5800 亿元，其中高新区占比超过 50%。成都高新区主要包含软件企业和相应配套服务基地。2017 年 7 月，成都国家中心城市产业发展大会公布了《成都市产业发展白皮书》，其中指出到 2020 年，力争把电子信息产业发展为全市第一个万亿级产业集群，成都将建成国际知名电子信息产业基地。作为成都市电子信息发展中心，高新区随后出台《关于支持电子信息产业发展的若干政策》，明确建立由市财政出资 50 亿元，最终总规模不低于 500 亿元的产业发展基金，对重点领域如集成电路、智能终端等新兴领域的企业进行布局和投资。

在芯片设计方面，成都拥有 70 多家设计企业，主要聚集在成都高新区，领域涉及网络通信、北斗导航、IP、物联网等，其中振芯科技及成都精准时空分别在全国北斗芯片的军用和民用市场中占有重要地位，中电旗下的华大九天是目前国内 EDA 软件及 IP 本土龙头供应商，澜起科技目前是全球领先的模拟和混合信号芯片供应商。在芯片制造方面，德州仪器在成都设立了月产能 30 万片的特色工艺制造生产线。在封测方面，英特尔（成都）为英特尔芯片的最主要封测厂，能够承接其 60% 以上芯片组，55% 以上处理器的封装任务，此外友尼森等其他大型封装测试企业已经超过 10 家。在集成电路材料产业方面，抛光材料生产商"时代立夫"的产品近年已开始大量进入市场，8 英寸抛光垫已通过客户认证及采购，12 英寸抛光垫也已在测试阶段。另外在化合物半导体领域，成都的海威华芯目前已实现 6 英寸 GaAs 晶圆量产，同时在 GaN、SiC 等化合物半导体领域也已展开布局。

2017 年 2 月，全球第二大晶圆代工巨头格罗方德投资百亿美元在成都高新区建设 12 英寸晶圆生产线。2017 年 5 月，格罗方德与成都市合作围绕格芯 22FDX 先进技术推动产业生态圈发展。目标是 6 年内，完善高性能芯片相关产业链和相关产业生态系统。这将使其在关键时间节点上满足通信网络、物联网、车联网等在未来的市场需求，也将使得成都集成电路产业向高端和世界发展迈出坚实一步。

三、陕西省

（一）总体状况

集成电路领域，陕西省是我国重要的科研、教育和生产基地，拥有西安国家级集成电路设计产业化基地。陕西省共聚集了超过 200 家的集成电路相关企业，涵盖了集成电路设计、制造、封测、装备、材料、系统应用等集成电路产业链相关产业。集成电路设计企业有西安华芯半导体和西安航天华讯等，制造业有三星半导体、西安西岳电子和航天科技 771 所等，封测企业有华天科技、西谷微电子、美光半导体等，材料企业有天宏硅材料、隆基硅、和应用材料等。此外，在集成电路支撑方面，陕西省还有 18 个科研机构，2个培训机构和 3 个测试与分析中心。

近年来，陕西省加快布局集成电路产业。2016 年 9 月，陕西省集成电路产业投资基金在西安成立，基金初始设立规模 60 亿元，未来规模将达到 300亿元。2017 年 1—10 月，陕西共生产集成电路 1284 亿块，同比增长 20.7%。另外，陕西省积极推动集成电路产业集群建设，重大集成电路项目接连落地。2017 年 1 月 7 日，华为全球技术支持中心在西安揭牌，中心将在大数据及云计算产业等领域加强合作，推进产业转型升级；4 月 9 日，中兴智能终端制造总部暨中兴智能终端制造二期项目落户西安高新区，将打造千亿级智能终端产业链集群；8 月 30 日，三星电子高端存储芯片二期项目落户西安。

综合来看，陕西省的发展策略是通过引入三星半导体项目，带动了上百家配套企业入驻，并快速形成了较为完整的产业链条和新一代信息技术产业集群。同时实现了半导体进出口贸易额增长和人才数量积累，并使陕西省毕业的集成电路人才就近就业，同时吸引了不少外省人才在线就业，保证集成电路产业的发展进入良性循环当中。值得注意的是，陕西省引入的是三星全球最领先的 10nm 级 V－NAND 技术，并非落后淘汰的技术，这也是陕西集成电路快速起步的关键性因素之一。

（二）重点城市和园区

西安市和西安高新技术产业开发区是陕西省集成电路产业的核心区。西安早在 2000 年就被科技部批准建立国家集成电路设计产业化基地，是全国八大集成电路设计产业化基地之一。2017 年，西安的集成电路设计业产业规模为 77.16 亿元，同比增长 114.6%，2017 年增速排行全国第一位。近年来，西安高新区大力发展集成电路等战略性新兴产业，依靠优势的科研资源，集成电路人才资源和产业政策，引进了国内外知名企业如美光、英特尔、韩国信泰电子、日本 NEC、应用材料、霍尼维尔、华新丽华、华为、中兴等进驻西安高新区。特别是 2014 年三星项目的引入，成功带动了上百家配套企业，形成了上千亿的集成电路产业集群。西安市最大的优势在于集成电路人才的培养与储备。西安电子科技大学、西安交通大学和西北工业大学正在积极建设示范性微电子学院，其中西安电子科技大学已经获得教育部批准。其他高校如西安邮电、西北大学、西安理工、西安科技等高校均开设了微电子相关专业，每年有上万应届生毕业。此外，西安航天军工研究所、中科院下属研究所也培养了大批硕士和博士等微电子高端人才。

依托于三星项目之外，西安高新区已成功引进了 88 家配套企业，包括美国空气化工、日本住友、韩国东进世美肯等，企业总投资为 4.38 亿美元。其中的 15 家在西安高新综合保税区并已全部投产，其中千万规模以上企业 5 家。预测未来还将带动更多家配套企业入驻，提供高技术就业岗位将达万余。2017 年，京东方旗下的奕斯伟携 100 亿元入驻高新区，致力于硅材料，12 英寸大硅片的生产线，标志着西安集成电路产业链上游原材料拼图已经完成。全球知名工业气体及工程公司德国林德集团与西安艾润生命科学有限公司组建的合资公司林德艾润的入驻，使得西安集成电路下游应用端范围进一步扩大。

第十二章　福厦泉地区集成电路产业发展状况

2016 年 6 月，福州、厦门、泉州经国务院批准，成立福厦泉国家自主创新示范区。作为福建省最大的经济体和最活跃的创新地区，福夏泉三地施行差异化发展思路。福州科教人才聚集，厦门创新制造业腾飞，泉州民营企业汇聚。福建省"十三五"规划明确指出了基础电子产业的发展重点，即以集成电路设计和集成电路芯片制造为主要价值链，重点发展集成电路设计、制造项目。之后，厦门市相继发布《厦门集成电路产业发展规划纲要》《厦门市加快发展集成电路产业实施意见》，着重在区域、资金、政策、人才等多方面为未来 10 年厦门集成电路产业发展布局。福州瑞芯微、8 英寸和 12 英寸硅基集成电路、6 英寸Ⅲ－Ⅴ族化合物集成电路、三安光电等项目相继落地。福建省、泉州市、晋江市三级政府联合国家集成电路产业投资基金股份有限公司、华芯投资管理有限责任公司、福建三安集团有限公司等共同出资设立安芯产业投资基金，目标规模 500 亿元，首期已完成出资 75.1 亿元，主要投向Ⅲ－Ⅴ族化合物半导体以及其他集成电路产业链，如今已经入股三安光电、瑞丰光电等企业。2017 年，厦门海沧区 12 英寸特色工艺 MEMS、功率半导体生产线落户。对于国家重点支持的晋江晋华集成电路有限公司 DRAM 存储器生产项目，相应产线的主厂房建也于 2017 年底顺利封顶，存储芯片即将量产。

第一节　总体发展情况

福建省拥有独特的区位优势，是国家面向东南亚的重要贸易窗口，在国家"一带一路"战略规划中，被列为 21 世纪海上丝绸之路核心区。福建沿海地区是全国首批电子信息产业基地，据福建统计局统计，2017 年，福建省集成电路产量为 2.24 亿块，同比增长 35.3%。福建省集成电路产业主要分布在福州、厦门、泉州、莆田四地。福州市形成了以福建省集成电路设计中心、福州高新区及区内企业为依托的集成电路制造完整产业链，设计有瑞芯微、慧翰微；制造有福顺微电子；封装有福顺半导体、合顺微电子等重点企业；厦门市以火炬高技术产业开发区为载体，聚集了紫光展锐、台湾联电、台湾二安等知名企业，2017 年，开发区又将联电的上游光掩膜供货商美国丰创拉入开发区中。目前，厦门初步形成了涵盖设计、制造、封测、材料的集成电路全产业链；泉州市以福建省集成电路产业园和泉州南翼高新技术园区为载体，依托晋华集成电路存储器生产项目为龙头，同时引进矽品封测项目、三安 LED 生产基地项目、立讯精密新能源汽车项目、HDT 整线输出项目、芝奇公司内存模组项目入驻，将成为未来全国重要的集成电路生产城市。莆田市主要以莆田市高新技术产业开发区为载体，依托福建安特半导体和福联集成电路公司，主要致力于功率半导体制造业。福建省集成电路产业布局覆盖了存储芯片及相应封测领域，化合物半导体及相应封测领域。主要应用于DRAM、大功率半导体、LED、电源管理、通信器件等相关产品。2017—2018年，福夏泉地区新落地及即将落地的项目总规模为 636 亿元，其中包含了士兰微和三安光电两个上百亿的项目。

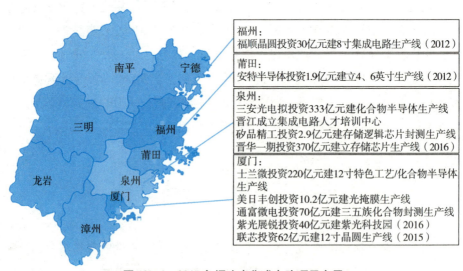

图 12-1　2017 年福建省集成电路项目布局

资料来源：赛迪智库整理，2018 年 1 月。

第二节 重点城市发展情况

一、福州市

福州市集成电路产业已形成包括集成电路设计、制造、封装于一体较为完善的产业链，以瑞芯微、福顺微、福顺半导体等企业为龙头，并推进福顺晶圆等项目建设。在集成电路设计领域，瑞芯微公司是专业的集成电路设计公司，为平板电脑、通信平板、电视机顶盒、车载导航等音视频产品提供专业芯片解决方案，获得过十届中国芯"最佳市场表现奖"。慧翰微电子是国内最大的车载通信产品汽车前装供应商，主要产品包括汽车前装蓝牙、Wi－Fi、3G/LTE 无线通信等模块和传输层嵌入式软件中间件等。在集成电路制造领域，福顺微电子公司已建成 1 条 4 英寸集成电路晶圆片生产线和 2 条 6 英寸集成电路晶圆片生产线。在集成电路封装领域，福顺半导体、合顺微电子公司已实现 TO、SOT、DIP 等多种集成电路封装形式。在项目引进上，福顺晶圆项目总占地 330 亩，一期计划投资 10 亿元，占地 77 亩，正建设 1 条 8 英寸晶圆片生产线，目前项目主体工程已完工，正进行生产线的设备采购。在集成电路计算机辅助设计基础研究方面，福州大学离散数学与理论计算机科学研究中心 2017 年在拿下电子设计自动化领域顶级学术会议最佳论文奖之后，又在 ICCAD 上横空出世夺得第一名，成果丰硕。

二、厦门市

近年来，厦门市致力于完善集成电路产业链布局，先后涌现出了厦门元顺、厦门优讯、海芯科技、矽恩微电子等 70 多家集成电路企业。2017 年前四个月，厦门集成电路产业产值达到 40.75 亿元，同比增长 32.52%，全年产值预计将达到 110 亿元。2016 年 6 月，厦门发布《厦门集成电路产业发展规划纲要》，明确厦门将成立规模不低于 500 亿元的厦门市集成电路产业投资基金，目标是使厦门集成电路产业总产值在 2025 年突破 1500 亿元，依托集成电路产业的信息技术相关产业总体规模突破 4500 亿元，形成我国集成电路产业发展的重点集聚地区之一，形成处于国内领先地位的化合物半导体研发、产业化基地。平台建设方面，厦门提出"一区一园一基地"，即重点规划区域用于引进集成电路制造和相关配套企业、集成电路设计及关联企业，大学科技园和集成电路人才培养基地。人才培养方面，厦门市委市政府印发《关于深化人才发展体制机制改革加快推进人才强市战略的意见》，明确指出："推进清华大学厦门工研院等产业平台建设，为实现产业可持续发展提供核心动力；与中科院大学建微电子学院及研发平台，培养集成电路产业紧缺人才。"据统计，厦门火炬高新区集成电路产业已汇聚各类高层次人才 1100 多人。2016 年 12 月，中科院大学和中科院微电子所与厦门市政府合作成立中科院大学厦门微电子工程学院和厦门微电子产业研究院。学院预计从 2018 年起开始招收研究生。其中，80% 以上的研究生在厦门微电子工程学院培养，20% 的研究生在中科院大学北京本部培养。重大项目方面，厦门市 2017 年积极促成一系列项目落地，包括士兰微特色工艺生产线、通富微电 III－V 族化合物半导体封测生产线。此外还引进美日丰创先进光掩膜等上下游相关配套项目。从项目来看，厦门市的发展重点布局在高功率半导体、通信芯片等特色工艺半导体芯片的制造与封装。

2017 年 8 月，中国封测巨头通富微电与厦门市海沧区政府签订战略合作协议，旨在建设集成电路先进封测生产线。按协议约定，项目总投资 70 亿元，计划按三期分阶段实施；其中，一期规划建设产能为 2 万片的 Bumping、CP 线以及 2 万片 WLCSP、SIP（中试线）。项目于 2017 年第三季度开工建设，预计 2018 年 11 月试投产。通富封测生产线的落地，成为厦门周边地区唯一先进封测线，完成了厦门集成电路产业链的封测拼图，其设计与制造环节分别为三安光电和厦门联芯，实现了厦门区域内的垂直整合。

士兰微电子项目是杭州士兰微与厦门海沧区政府共同签署战略合作协议设立的。按协议约定，士兰微电子与厦门半导体投资集团共筹资 220 亿元，在海沧建设两条特色工艺 12 英寸生产线和一条化合物半导体器件先进生产线。按照协议，两条 12 英寸 90—65nm 的特色工艺产线共投资 170 亿元，相应应用产品为 MEMS、功率半导体器件等。其中，第一条产线规划产能 8 万片/月，初期规划产能 4 万片/月。此次项目落有利于推动当地集成电路制造产业进一步发展，对于国内发展特色工艺及新一代化合物半导体领域具有重要意义，进一步完善中国东南沿海区域产业链条，提升了厦门乃至福建集成电路产业在国家战略布局中的格局和地位。此外，此项目旨在未来开拓在集成电路领域的细分市场。

厦门美日丰创光罩有限公司由美国丰创股份和日本 DNP（大日本印刷株式会社）合资设立的材料公司，主要生产光掩膜。首期项目的投资总额为 1.6亿美元，主要从事用于先进工艺 40—28nm 技术的光掩膜的生产。项目量产时间预计为 2018 年底，月产能为 600 片。此前，大陆主要高端晶圆厂商使用的光掩膜多依赖国外进口。厦门美日丰创光掩膜项目的落地，最主要的目的是给联芯提供货源。近期，由集成电路巨头台湾联电在厦门投建的联芯集成电路制造（厦门）有限公司成功实现 28nm 制程量产，已经成为大陆范围内技术水平最先进、产品良率最高的 12 英寸代工厂。国外先进光掩膜材料厂的落地，不仅推动厦门集成电路产业链在材料端进一步完善，而且对我国光掩膜技术的发展起到了积极推动的作用。

三、泉州市

泉州市作为"中国制造 2025"地方试点城市，荣登"2017 年度中国最具投资潜力城市 50 强"。泉州市主要的工业基础以纺织服装、鞋业、石油化工、机械装备、建材家居等产业基础，规模上亿，拥有上市公司 101 家、中国驰名商标 152 个。2017 年，泉州市完成地区生产总值 7533 亿元，同比增长8.3%。经济总量连续 19 年位居福建省首位。集成电路产业方面，2017—2018 年间，集成电路产业链逐步完善成型，围绕晋华存储项目，设立了晋江集成电路产业园区、南安高新技术产业园区、安溪湖头光电产业园区。吸引了矽品、芝奇等 22 个配套项目签约落地。此外，2017 年，泉州市携手国家大基金合作开发南安园区，引进三安光电，在化合物半导体领域布局。集成电路人才培养方面，晋江市成立集成电路人才培训中心，引进国际集成电路产业发达地区的先进教学资源和师资力量，其定制班结业 154 名学员，计划通过十年时间培训 1.26 万名专业人才。此外，联合福州大学、省电子信息集团共建国家示范性微电子学院，每年为晋江培养超过 200 名学生。

泉州市制造业主要来源于民营企业的活跃，主要在安防设备、LED 照明、纺织鞋服、食品饮料、水暖器材、建筑装饰/工艺品等低端行业，其中纺织鞋服等轻工业集群产值达到 1500 亿元规模。然而，泉州民营企业数量虽多，但质量参差不齐，分散化严重，企业间联系不紧密，没有形成产业链。随着技术水平和人均劳动成本的日益升高，民营为主体的制造业前景堪忧。近年来，泉州市正逐步对接国内战略性新兴产业发展方向，希望在集成电路领域培育出带头性的龙头企业，进而整合民营制造业，实现经济转型升级。制造业的转型升级将为集成电路产业发展提供更多的应用市场和就业机会，例如纺织鞋服轻工业升级成为智能可穿带设备新兴产业；传统安防产业与人工智能芯片相结合，打造新型安防产业；存储器项目、化合物半导体项目的引入更是能培养出一批为存储芯片、功率半导体配套的下游新型应用产品企业。

2017 年末，总投资 333 亿元的泉州市三安项目在"芯谷"正式动工。作为泉州市两大新型产业支柱，项目主要致力于打造福建省 III－V 族化合物集成电路以及向光集成电路产业链，目标是 5 年内实现投产，7 年内全部项目实现达产，经营期限不少于 25 年。另一大产业支柱，晋华存储项目也正在按计划推进。其主厂房已于 2017 年 11 月正式建造成功。随后，晋江市与工信部软件与集成电路促进中心共建战略合作关系，芝奇、美国空气化工、创龙智新等 14 个产业链项目现场签约落地晋江，投资总额达 29.05 亿元。晋华项目总投资 56.5 亿美元，旨在打造国内首条拥有自主核心技术的 DRAM 生产线。一期建成 12 英寸 25/20nmDRAM 生产线，达到 6 万片/月产能。同时，泉州市在 2017 年 5 月引进矽品封测生产线，并于 2018 年初正式开工。矽品封测项目的引入主要目的是配合晋华存储生产线，完善集成电路制造产业链，使得泉州集成电路封测端的实力大大加强。

四、莆田市

莆田市是著名的侨乡，侨资企业众多，并成立有莆田市侨商联合会。2017 年，莆田市省重点项目 29 个，总投资 292 亿元，荣获了 2017 年消费品工业"三品"战略示范城和 2017 年中国最佳表现城市。莆田市集成电路在电子信息产业领域重点布局半导体、覆铜板、新型电子元器件、显示屏、手机等产业。半导体领域，莆田市主要依托安特微电子和福联集成电路公司，重点发展功率半导体、半导体元器件等特色工艺制造。安特微电子由俄罗斯安特集团 2002 年投资建设，目前拥有产能为 3 万片/月的 5 英寸半导体元器件、功率器件芯片生产线，并与福建省电子信息集团合作开发 8 英寸集成电路和砷化镓生产项目。研发方面，公司 2016 年开始计划研发平面整流二极管和 TVS。福联集成电路公司拥有一条 6 英寸砷化镓芯片代工生产线，主要从事砷化镓相关化合物半导体外延片代工。公司拟投资 20 亿元建设氮化镓生产线，投资时间尚未公布。

企业篇

第十三章　集成电路设计行业重点企业

国内设计企业的整体质量在不断提升，多家企业实现上市。本章选择国内在计算机、消费电子、人工智能领域具有代表性的公司，通过分析公司的发展历程、业务情况、技术水平和发展策略，为研究国内设计企业提供参考。上海兆芯主要面向桌面计算机生产 X86 架构处理器，兼有 ARM 芯片和 GPU 产品线，提供高性能、低功耗、低成本的芯片及配套解决方案。苏州国芯基于 PowerPC 的指令集和架构开发高端嵌入式 C * Core CPU，形成了具有自主知识产权的多个系列高性能低功耗 C * Core 32 位嵌入 CPU 核和面向不同应用的 SoC 芯片设计平台。寒武纪公司面向人工智能应用开发专用芯片，是国内技术领先、具有代表性的 AI 芯片公司。

第一节　上海兆芯集成电路有限公司

一、发展历程

上海兆芯集成电路有限公司于 2013 年 4 月成立，公司研究、开发、设计集成电路芯片、系统级芯片、模块、电子及通信产品及智能终端并提供相关咨询，委托加工制造和销售自产产品，提供应用系统集成、软件及操作系统配套及参考设计方案；从事上述同类产品的批发、佣金代理（拍卖除外）及进出口业务。公司法人代表为叶峻，注册资本 2.5 亿美元，注册地为中国上海。

二、业务情况

兆芯为 Fabless 企业，作为国家"十二五"规划重点发展目标之一，兆芯立足于处理器等高端通用芯片的开发和设计，具有 CPU、GPU 和芯片组等方面的设计能力，为业界提供满足国家战略需求、高性能、低功耗、低成本的处理器芯片及配套解决方案，成为中国核心处理器芯片的重要供应商之一。

目前兆芯的主要产品包括兼容 X86 架构的 CPU/SOC 处理器、ARM Cortex AX 系列和融入自主知识产权 GPU 的 Elite 系列各类 SoC 芯片。一是兼容 X86 架构的 CPU/SOC 处理器产品线。立足于国内市场，首先在计算机桌面平台领域积极推广，以此为基础逐步辐射到服务器及嵌入式工控领域。二是 ARM 系列处理器产品线。兆芯的 ARM 系列产品，立足于广电机顶盒市场发展，并向物联网方面发展。三是 GPU 系列。通过桌面级 GPU 的设计，在确保 GPU 整体设计水准制高点的基础上，主要进军电机顶盒市场，其中对 VR 解决方案需求较高的市场将是一个重点，也是兆芯的优势。同时兆芯积极考虑进入人工智能领域，开拓相关市场。

三、技术水平

兆芯兼容 X86 架构的 CPU/SOC 处理器技术性能优秀，达到了国内领先的水平，是国内唯一一家能支持 Windows 和 Linux 双系统的处理器，拥有完善的生态环境，软件环境丰富。应用兆芯方案的联想整机已经通过了 10 万小时的 MTBF 可靠性认证，现已获得广泛的市场应用，用户反馈良好。日常应用办公体验，基本同 Intel i5 相当，可完全满足目标市场的应用需求，并能支持不同形态的桌面整机产品。兆芯服务器产品具备服务器所需的多种特性，如内存 ECC、多 IO 扩展等，所以具备更高稳定性和高扩展性优势，其市场定位于中低端服务器、工作站和存储设备。主要面向的服务器市场为邮件服务器、文件服务器、打印服务器、数据库服务器、中间件服务器以及 Web 应用与 CND 等；另外，在数据存储方面，可以用于备份设备、NAS、DAS 和 SAN 等融合方案。2017 年 12 月 28 日，兆芯发布 KX - 5000 系列产品，面向桌面整机、便携终端和嵌入式设备，面向服务器及存储设备的开胜 KH - 20000 系列处理器以及 ZX - 200 IO 扩展芯片。

四、发展策略

未来五年，兆芯将继续推进 X86 架构和 ARM 架构处理器的研发，向处理器研发技术的纵深发展，逐步追近国际领先水平，为我国集成电路产业发展贡献更多力量。

一是积极参与 X86 CPU/SOC 的国产定制化市场竞争，在技术和市场上实现对国内竞争对手的全面压制。以国产定制化市场为基础，取得市场和产业链的认可和信任，建立口碑；依托于国产定制化市场，利用产品支持 Windows 操作系统的独特优势，与国内软硬件厂商合作争取在 2018 年之前实现 Windows 可控，作为支持信息安全可控市场的技术基础，积极培育和开拓信息安全可控市场；不断优化产品研发实现成本优化和性能提升，以实现自身产品性价比的提高，并持续关注通用市场的发展趋势和技术需求，期望能够抓住机会实现弯道超车，实现通用市场的突破。

二是 ARM 系列产品，在原有广电机顶盒市场发展的基础之上，未来将会向物联网方面发展。ARM 产品的多样性，也决定了 ARM 的产品可向多个方面发展，兆芯未来会立足于广电机顶盒的发展，同时也会在 IPTV、OTT 市场进行更深入的调查和研究，对整个行业进行多方面的了解。兆芯未来会不断开发新型应用功能，补充到广电机顶盒的产品之上，比如在现有相对热门的功能 VR，兆芯充分利用 GPU 的能力，开发出了适用于广电机顶盒的实用解决方案。在未来，会更进一步加强，把只能从电脑实现的 VR 游戏及其他应用，几年内在机顶盒上实现。同时兆芯积极考虑进入人工智能领域，开拓相关市场。

第二节　苏州国芯科技有限公司

一、发展历程

苏州国芯科技有限公司成立于 2001 年，注册资本 16200 万元人民币。苏州国芯坚持走自主创新、安全可控和国际主流兼容相结合的道路，2001 年在信息产业部指导下，苏州国芯接收摩托罗拉先进水平的低功耗、高性能 32 位 RISC 嵌入式 CPU M＊Core 技术及设计方法，2010 年又接收了 IBM 最先进的

PowerPC 技术，基于 PowerPC 的指令集和架构开发高端嵌入式 C＊Core CPU，经过多年的开发与自主创新，形成了具有自主知识产权的多个系列高性能低功耗 C＊Core 32 位嵌入 CPU 核和面向不同应用的 SoC 芯片设计平台，对外进行授权、设计服务和开发自主芯片产品。

二、业务情况

国芯通过向客户提供 C＊Core 系列 CPU 授权、设计平台授权和全方位的 IC 设计服务和培训，推广应用 32 位嵌入式 C＊Core CPU 技术及 SoC 设计方法和相关技术。公司已开发出 7 种 43 款 CPU 核，兼容 PowerPC 国际主流架构与指令系统。公司积累了大量的 IP，包括功能、算法和接口 IP。目前，C＊Core CPU 已经在 70 余家单位 80 余款高端 SoC 芯片中使用，涉及信息安全、汽车电子、智能电网、工业控制、航天航空、移动智能终端、网络通信、电子金融、办公自动化等多个应用领域，量产规模已达 2 亿颗以上。

信息安全方面，国芯拥有国产密码芯片、国际通用密码算法、可信安全技术、安全防护等，开发了可信计算安全手机安全、金融 POS 机等 15 款自主信息安全芯片。在信息安全芯片领域，采用国芯 CPU 的厂商约占半数以上。此外，国芯还开发了软件系统。汽车电子方面，拥有发动机控制芯片和车身控制芯片，还在大规模试验阶段。

三、技术水平

2001 年，在中国信息产业部推荐下，苏州国芯无偿接收了摩托罗拉公司 M－CORE 微处理器核心技术，在此基础上，建立 SoC 设计平台和软硬件协同开发环境，进一步开发嵌入式 32 位 C＊Core CPU 核达到国际先进水平。2010 年第 3 季度，国芯科技与美国 IBM 公司正式签署协议，引进了 PowerPC 架构和指令系统，根据 IBM 和国芯科技的技术转移协议，IBM 同意国芯科技基于 PowerPC 架构和指令系统开发设计自主的高端嵌入式 CPU，这也是 IBM 第一次将 PowerPC 技术正式许可给中国企业使用。

公司走实现软硬件协同设计、国际主流兼容和自主创新发展相结合的道路，成功研制具有自主知识产权的可以完全和国际主流供应商同台竞争的高端嵌入式 CPU 核心，从而既可解决国产嵌入式 CPU 指令系统不丰富的不足，同时能够高效利用国际上成熟的系统软件和应用软件，支撑我国高端集成电路 SoC 芯片的批量开发，从而整体提升我国集成电路的核心竞争力，支持新一代信息技术产业的发展。

苏州国芯主要工作集中在新开发处理器的应用推广与完善。采用 C2002/C2003 的汽车电子控制芯片历经 4 年开发，目前已通过模组功能及可靠性测试，有望在 2017 年上车实验。面向更高性能动力总成控制器，苏州国芯于 2015 年开发了运行频率更高的 C2006 处理器，计划在 2017 年应用到实际产品中。高性能嵌入式 PowerPC 处理器 C8000/C9000 已用于多款工业控制、高端密码设备及可信计算安全应用芯片项目。C0 系列处理器在物联网及低端安全芯片市场得到了广泛应用。基于 C0 的指纹识别处理器也在 2016 年得到了流片验证。

四、发展策略

公司未来继续加强 IP 产品和 SoC 芯片的开发，一方面加快嵌入式 CPU 核开发，对外授权，提供设计服务。另一方面，在 SoC 芯片方面，主要有四大应用领域。一是可信安全，包括互联网、云计算、大数据的可信安全防护，包括终端安全、手机安全、智能电网安全、工业智能制造安全、智能家居安全、服务器安全、特种装备安全、公共安全等。二是国防应用，包括航天航空、兵器、北斗等。三是汽车电子与工业控制，包括车身控制、动力总成、智能电网、工控机、工业控制 4.0 等。四是物联网，包括物联网、智能家居等。

第三节　寒武纪科技公司

一、发展历程

寒武纪科技公司于 2016 年正式成立，主要业务包括各类智能云服务器、智能终端以及智能机器人的核心处理器芯片。研发团队来自中国科学院计算技术研究所，团队骨干成员均毕业于国内顶尖高校，具有丰富的芯片设计开发经验和人工智能研究经验，从事相关领域研发的平均时间达 8 年以上。

表 13 - 1　寒武纪科技公司发展历程

时间	事件
2008 年	寒武纪创始团队成员开始从事处理器架构和人工智能的交叉研究。
2011 年	寒武纪创始团队成员与南京大学 LAMDA 研究组合作，将人工智能方法应用于处理器架构优化，该学术论文发表于人工智能领域顶级国际学术会议 IJCAI 2011。
2013 年	寒武纪创始团队与 Inria 的国际合作者提出国际首个深度学习处理器架构 Dian-Nao，该学术论文获 ASPLOS 2014 最佳论文奖，这是亚洲首获处理器架构领域顶级国际学术会议最佳论文。
2014 年	寒武纪创始团队与 Inria 的国际合作者提出国际首个多核深度学习处理器架构 DaDianNao，该学术论文获处理器架构领域顶级国际学术会议 MICRO 2014' 最佳论文奖。
2015 年	寒武纪创始团队研发世界首款深度学习专用处理器原型芯片。
2016 年	寒武纪科技正式创立，并完成天使轮融资（投资者包括元禾原点、科大讯飞、涌铧投资）；同年推出"寒武纪 1A"处理器是全球首款商用深度学习专用处理器，入选世界互联网大会评选的"世界互联网领先科技成果奖"；发布国际首个智能处理器指令集 Cambricon ISA。
2017 年	完成 A 轮融资（投资者包括国投创业、阿里巴巴、联想创投、国科投资、中科图灵、元禾原点、涌铧投资），成为全球人工智能芯片领域独角兽初创公司；集成寒武纪 1A 处理器的世界首款人工智能手机芯片华为麒麟 970 正式发布并在华为 Mate 10 手机中投入大规模商用。

资料来源：赛迪智库整理，2018 年 1 月。

二、业务情况

寒武纪拥有两条产品线，分别为终端智能芯片处理器 IP 和云端高性能智能芯片，主要商业模式是向终端销售 IP，向云端销售芯片。寒武纪预计 3 年后占有国内高性能智能芯片 30% 的市场份额，并在全球 10 亿台以上的智能终端设备中采用寒武纪智能处理器。

三、技术水平

寒武纪是全球第一个成功流片并拥有成熟产品的智能芯片公司，包括终端和服务器两条产品线。寒武纪研发了全球首个深度学习专用处理器原型芯片、全球首个智能处理器指令集、全球首个商用深度学习专用处理器、全球首个 MLU 智能芯片。寒武纪的产品高效支撑各种平台的智能应用，对比传统芯片可达数量级的性能领先、成本缩减、功耗降低，并已申请大量国内外专利，具有完全自主知识产权。2016 年推出寒武纪 1A 处理器（Cambricon – 1A）是世界首款商用深度学习专用处理器，面向智能手机、可穿戴设备、安防监控、智能驾驶和无人机等各类终端设备，在运行主流智能算法时性能功耗比全面超越单独的 CPU 和 GPU 芯片，入选第三届世界互联网大会评选的 15 项"世界互联网领先科技成果"。与中科曙光合作推出全球首款基于寒武纪芯片的 AI 推理专用服务器 Phaneron，为全球首个人工智能手机芯片华为麒麟 970（Kirin 970）提供了强大的人工智能处理能力。

表 13 – 2　寒武纪科技公司主要芯片

芯片名称	特点	应用领域
寒武纪 1A	高性能硬件架构及软件支持，兼容 Caffe、Tensorflow、MXnet 等主流 AI 开发平台	计算机视觉、语音识别、自然语言处理等智能处理领域
寒武纪 1H8	针对视觉领域设计的产品，与寒武纪 1A 对比，在相同的处理能力情况下具有更低的功耗和面积	安防监控、智能驾驶、无人机
寒武纪 1H16	能效比提升，拥有更广泛的通用性	计算机视觉、语音识别、自然语音处理等领域
寒武纪 MLU100/200	偏重于推理和训练两个用途	面向云端的高性能智能处理器产品
软件平台 NeuWare	寒武纪人工智能软件平台	全面支撑端云一体的智能处理

资料来源：赛迪智库整理，2018 年 1 月。

四、发展策略

一是软硬结合打造自底向上辐射整个人工智能产业链的平台。硬件是万物智能的终端，智能人机交互是其服务方式，云和大数据是其数据的存储记忆组织，而人工智能为其分析决策的核心组织。寒武纪处于人工智能产业链的基础层，研发人工智能专用芯片，并且开发支持硬件开发的软件平台，完善人工智能芯片产业生态。未来寒武纪一方面在芯片方面继续提升终端智能芯片处理器 IP 和云端高性能智能芯片性能，针对特定的应用提升计算能力，支持更加全面和多样化的人工智能应用；另一方面，加强软件平台建设，强化对云端一体的智能处理支持能力，通过软件平台的建设推广技术层应用。

二是全方位拓展应用，加强对终端和云端人工智能用户的渗透。寒武纪的芯片主要面向两大方向，一方面是终端领域，包括智能手机、智能眼镜、无人机、自动驾驶汽车等应用，提供人工智能芯片，支持计算机视觉、语音识别、自然语音处理等功能。另一方面是云端领域，为技术层的客户提供云端服务，包括科大讯飞、中科曙光等算法和整机相关企业，通过深度合作开发，进一步提升芯片能效比。

第十四章　集成电路制造行业重点企业

中芯国际是中国大陆地区规模最大、技术最先进的集成电路代工企业，在全球代工企业中排名第四，工艺制程覆盖0.35微米至28纳米制程区间。在制造企业规模方面，中芯国际连续多年位列国内第一，在北京、上海、天津等地拥有3座12英寸晶圆厂和4座8英寸晶圆厂，合计约当于8英寸设计产能为486千片/月。2017年中芯国际营收达到31亿美元，其中毛利为7.4亿美元，由一家曾经内部管理动荡、财务亏损严重的企业，蜕变为能够持续盈利的企业，顺利走向良性发展道路。整体来看，中芯国际在技术研发、企业规模及公司运营方面发展良好，伴随国内相关政策的支持，使中芯国际具有广阔的发展前景。

2000年，中芯国际集成电路制造有限公司（以下简称"中芯国际"）在上海成立，是中国大陆地区规模最大、技术最先进的集成电路晶圆代工企业。中芯国际现有员工10007名，其中拥有博士学历员工约100名，硕士学历员工约1500名，4名员工入选国家或上海的"千人计划"。目前，中芯国际已发展成为跨国企业，在美国、欧洲、日本和中国台湾地区设立了营销办事处并提供客户服务。

一、发展历程

中芯国际创办于2000年，其创始人张汝京博士在全球芯片业享有盛誉。在中芯国际之前，张汝京曾在台湾创办仅次于台积电和联电的第三大芯片代工厂——世大积体电路公司。随着世大公司被台积电收购，张汝京开始转移至中国大陆发展。2002年，中芯国际首条生产线在上海正式投产，同年北京生产线也启动开工。2004年中芯国际收购摩托罗拉在天津的生产线，并于港交所和纳斯达克完成上市。在公司发展的前5年，中芯国际经历了最辉煌的成长阶段，销售额在 2004 年已达到 10 亿美元。

图 14 –1　中芯国际全球布局

资料来源：中芯国际官网，2018 年 2 月。

但随后的 4 年中，中芯国际由于过于激进的战略扩张决策，使公司财务方面亏损严重，公司发展面临危机。特别是在 2009 年，台积电控告中芯国际侵权和窃取其商业机密，最终美国法院判定台积电胜诉，虽两家企业达成庭外和解协议，但公司掌舵人张汝京被迫离开，中芯国际进入"后张汝京"时代。而随后的 2011 年，中芯国际陷入内部权力纷争，总裁王宁国和财务总监以及近百名核心员工辞职，高层动荡使中芯国际再失增长潜力。2011 年之后，邱慈云博士担任中芯国际首席执行官兼执行董事，使中芯国际在短短一年多的时间内重上正轨，扭亏为盈。2017 年 10 月，中芯国际宣布赵海军和梁孟松担任中芯国际联合首席执行官兼执行董事，将专注于先进制程的研发，开启了中芯国际的新征程。

表 14 - 1　中芯国际发展历程

时间	事件
2000 年 4 月	中芯国际成立
2002 年 1 月	上海一厂实现量产
2002 年 9 月	二厂及三 B 厂量产,中芯国际设立日本子公司
2002 年 9 月	中芯北京厂开始建设
2004 年 1 月	中芯收购在天津的七厂
2004 年 3 月	中芯在美国纽约证券交易所和香港联合交易所同时挂牌上市
2005 年 12 月	成都封装测试厂和九厂试产
2007 年 12 月	中芯与 IBM 签订 45nm 技术许可协议,上海 300mm 厂开始投产
2008 年 4 月	武汉新芯(由中芯国际管理经营)开始投产
2009 年 11 月	美国法院判决台积电起诉中芯国际"窃取商业机密案"胜诉,张汝京因个人原因宣布辞职,王宁国出任新总裁兼 CEO
2010 年 8 月	65nm 制程成功量产
2011 年 8 月	邱慈云博士担任中芯国际首席执行官兼执行董事
2012 年 9 月	40nm 制程成功量产
2014 年 1 月	宣布量产 28nm 制程工艺
2016 年 4 月	与长电科技合资 12 英寸 Bumping,为客户提供一站式解决方案
2016 年 6 月	完成首度海外并购案,收购意大利 LFoundry 约 70% 股权
2016 年 10—11 月	先后启动了上海新 12 英寸晶圆产线、深圳新 12 英寸晶圆产线以及天津 8 英寸晶圆产线扩建项目
2017 年 10 月	任命赵海军、梁孟松博士为中芯国际联合首席执行官兼执行董事

资料来源:公司网站,2018 年 1 月。

二、业务情况

中芯国际是中国大陆最大、全球排名第五的集成电路代工企业,中芯国际现有 3 座 12 英寸晶圆厂和 4 座 8 英寸晶圆厂,合计约相当于 8 英寸设计产能 486 千片/月。从制程节点上来看,中芯国际可提供 0.35μm—40nm 工艺代工,在 2014 年实现 28nm 量产,但 40nm 以上成熟工艺仍为公司主要业务。基于 45nm 以上的成熟工艺产能为 362 千片/月,占总产能比重为 75%。从技术类型看,包括图像传感器、BCD/IGBT 等高压电路、闪存内存、逻辑电路、

MEMS 芯片、混合信号/CMOS 射频电路等。从应用产品来看，通信类产品占半壁江山，第二位是消费类产品。从客户构成来看，45.7%的客户来自中国大陆地区，公司前十大客户，5 家来自中国，3 家来自美国，2 家来自欧洲。

在 2011 年至 2017 年期间，中芯国际的产能利用率一直维持较高水平，远高于行业产能利用率，其中 2015 年期间公司满产运行。2016 年，中芯国际连续宣布新厂投资计划，将在上海和深圳新增建设 12 英寸生产线，上海厂制程为 14nm 及以下，月产能 7 万片，深圳厂月产能为 4 万片；另外，将天津厂扩充产能为全球单体最大的 8 英寸生产线，产能由 4.5 万片/月扩大至 15 万片/月。2017 年，由于中芯国际先进制程研发低于预期，导致海思、汇顶等客户纷纷转向台积电和联电等海外代工厂，降低了中芯国际的产能利用率和净利润。基于此，2017 年 10 月，中芯国际聘任梁孟松为共同首席执行官，将公司重点集中在先进制程研发方面。根据中芯国际 2017 年第四季度的财报，其 28nm 制程收入环比增长 31.3%，占 4 季度销售额的 11.3%，占 2017 年销售额的 7.9%。预计 2018 年 28nm 制程收入增长 46.0%至 3.6 亿美元，占销售额的 10.7%。同时，2018 下半年将发布 28nm HKC + 工艺制程，2019 年实现量产 14nm 工艺制程。

目前中芯国际的产线布局集中在中国大陆地区，在上海建有一座 300mm 晶圆厂和一座 200mm 晶圆厂；在北京建有一座 300mm 晶圆厂和一座控股的 300mm 先进制程晶圆厂；在天津和深圳各建有一座 200mm 晶圆厂；在江阴有一座控股的 300mm 凸块加工合资厂；在意大利有一座控股的 200mm 晶圆厂。

表 14 - 2 中芯国际产能情况

Fab	技术节点	产能（千片/月）	设计产能（千片/月）
上海 12 英寸厂	45nm 及以下	38	40
北京 12 英寸厂	28—90nm, 0.13μm	103.5	110
北京 12 英寸 JV 厂	45nm 及以下	65	80
上海 8 英寸厂	0.11—0.35μm	109	110
天津 8 英寸厂	0.13—0.35μm	50	60
深圳 12 英寸厂	—	6.8	40
深圳 8 英寸厂	0.15—0.35μm	26	50
意大利 8 英寸 LFoundry	90nm—0.18μm	40	50

资料来源：赛迪智库整理，2017 年 12 月。

三、技术水平

中芯国际具有高端全面的制程能力，目前其工艺代工技术水平可覆盖 0.35um 到 28nm。除此之外，中芯国际也能为客户提供全方位 turnkey 的晶圆代工解决方案：从前端的掩膜版制造、IP 研发，一直到后端的辅助设计服务和外包服务，其中包括了凸块服务、晶圆片探测，以及最终的封装、终测等。

完整的代工制造平台。从工艺技术角度看，中芯国际拥有 8 代工艺技术，分别是 28nm、40nm、65/55nm 先进逻辑技术；90nm、0.13/0.11μm、0.18μm、0.25μm、0.35μm 成熟逻辑技术以及模拟/电源管理、非挥发性存储器、CMOS 微电子机械系统、LCD 驱动 IC 等产品线。此外，中芯国际也一直在持续开发更先进的 14nm 工艺制程。2016 年，中芯国际的主要收入来源仍是 0.15/0.18μm 工艺，销售额已占其总销售额的 43.7%。中芯国际的 28nm 技术采用业界主流技术，包含传统的多晶硅（PolySiON）和后闸极的高介电常数金属闸极（HKMG）制程。中芯国际 28nm 技术于 2013 年第四季度推出，现已成功进入多项目晶圆（MPW）阶段，可依照客户需求提供 28nmPolySiON 和 HKMG 制程服务。目前中芯国际在 28nm 上的产能为 1.7 万片/月，其中北京厂产能为 1 万片/月，上海厂产能为 7000 片/月，主要客户有高通等。但从营收角度来看，截至 2017 年第四季度，中芯国际 28nm 工艺营收占总体营收的比重从 2016 年的 0.3% 提升至 11.3%，标志着中芯国际 28nm 制程的技术及良率瓶颈已得到了有效突破。28nm 的营收已占其 2017 年销售额的 7.9%。随着产品升级与行业驱动力转移，28nm 的营收贡献还将不断攀升，将成为中芯国际未来很长一段时间内的营收增长主力。同时，中芯国际也在继续布局下一代制程，自梁孟松加盟后，中芯国际的主要重心和焦点一直都在 14nm 制程的研发上，14nm 的前期开发工作也已经全面展开，预计在 2019 年上半年开始风险生产，表明中芯国际在先进制程的追赶上超出预期。

存储器代工业务不断取得突破。2014 年，中芯国际宣布代工 NAND Flash 产品，是中国大陆首家实现该工艺代工的企业，目前可为客户代工 38nm NAND Flash 产品。同时，中芯国际与华大电子合作开发基于 55nm 工艺的智能卡芯片，采用中芯国际 55nm 低功耗（LL）嵌入式闪存（eFlash）平台，具有尺寸小、功耗低、性能高的特点。2016 年 3 月，中芯国际宣布与阻变式存储器（RRAM）技术领导者 Crossbar 达成合作，就非易失性 RRAM 开发与制造达成战略合作协议，将采用中芯国际的 40nm CMOS 试产 ReRAM 芯片。2017 年 1 月，中芯国际 40nm 工艺的 ReRAM 芯片成功试产，与 DRAM 内存相比，其密度高 40 倍、耐久度高 1000 倍、写入速度快 1000 倍、读取速度快 100 倍，其性能也优于 NAND Flash，单芯片即可实现 TB 级存储，还具备结构简单、易于制造等优点。

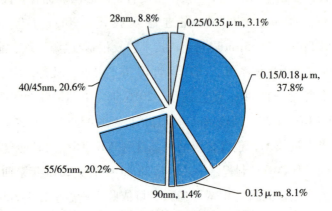

图 14 - 2　中芯国际不同制程的产能占比

资料来源：赛迪智库整理，2016 年 12 月。

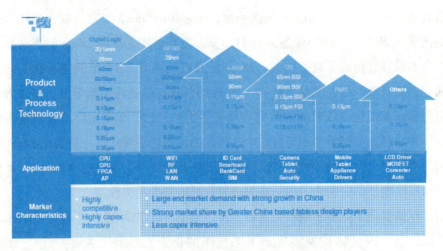

图 14 - 3　中芯国际各种工艺及产品情况

资料来源：中芯国际，2017 年 5 月。

中芯国际也成功开发出 55nm 的蓝牙射频 IP，可为物联网、手机及平板市场提供优质的 IP 解决方案。

四、发展策略

坚持国际化运作。中芯国际始终坚持国际化发展战略，一方面使公司有利于突破瓦森纳协议对引进先进技术和设备方面的限制；另一方面使公司极大地降低了融资成本，公司在美国进出口银行贷款利率仅为 1.21%—1.75%，其他融资手段的融资成本也相较国内为低。此外公司在全球范围引进既熟悉行业又有管理经验的人才，同时在管理、生产、研发方面保持国际化运作，营造国际化的企业文化，使高端人才快速适应工作岗位。目前，中芯国际已形成了极具国际化的董事会，2017 年 10 月，更是吸引台积电、三星的前技术领军人物梁孟松博士加入并担任联席首席执行官。

以盈利为中心。集成电路制造业是投资周期较长的资本密集型企业，特别是中芯国际目前所追求的先进工业代工策略，需要持续投资以形成规模经济效应，但在投资前几年会由于大规模投入而带来亏损，如折旧增加等。在张汝京掌管中芯国际时期，公司大力建设生产线，实现了快速扩张的同时，造成了中芯国际持续亏损，投资者对此颇有怨言。在张文义执掌中芯国际后，公司战略目标发生了变化，转向了坚持以利润为中心的经营思路，在合力扩张公司规模的前提下，坚持以"两条腿走路"的技术路线——即采取先进工艺和成熟工艺并举的技术发展策略。目前，中芯国际已持续实现盈利，公司走向良性的发展道路。但从长远来看，中芯国际工艺技术与国际领先代工企业差距两代左右，仍远远落后于国际一线代工企业。但对于竞争激烈的纯晶圆代工厂来说，只有保持技术的先进性，才能保证企业持续赢利。2017 年，中芯国际开始进入过渡期，加大投入先进制程技术研发资金，提高 28nm 的营收占比，推动 14nm 工艺研发进度。

注重中国大陆市场。我国集成电路设计业已进入世界主流技术领域，海思、中兴微、比特大陆等设计企业对先进制程需求巨大，同时国内物联网的发展，也使成熟工艺有着极大的发展空间，上游 IC 设计企业的发展极大地促进了包括中芯国际等本土芯片代工企业的发展。目前，中国大陆和美国是中芯国际的主要客户，且中国大陆客户成长非常快，营收占比从 2009 年第一季度的 17% 上升至 2017 年第四季度的 51.3%，大陆客户已成为中芯国际主要收入来源。同时，中芯国际作为我国代工业的龙头，其产业链竞争力的提升对我国制造业水平的提升，以及上下游产业的促进作用巨大，中芯国际守住中国大陆，也是守卫自己。另外在我国发布的《中国制造 2025》中，一直强调集成电路产业应安全可控地发展，而晶圆制造业作为集成电路产业的基础，其安全可控发展能力将极大地促进我国战略安全发展能力提升。

积极拓展业务领域。中芯国际为了加强与下游封装环节的业务联系，为客户提供一站式服务，中芯国际与长电科技（JCET）合资成立（中芯长电），打造中国大陆第一条 28nm 12 英寸完整产业链，提供 12 英寸 Bumping 制程（8 英寸 bumpingin – house）。合资公司位于江苏江阴，预计 2018 年将达到 50K WPM 的设计产能，未来合资双方在 3D WLP 等领域进一步加强合作。除此之外，中芯国际也探索进入 CMOS 图像传感器（CIS）代工领域，与日本凸版印刷株式会社成立合资公司，建设国内首条 12 英寸芯载彩色滤光片和微镜生产线，形成了一条完整的 12 英寸 CIS 产业链。

转型升级，快速契合客户技术迁移。过去几年，中芯国际采用了大举扩张的发展策略，先后在深圳、上海、北京、天津等地新建产线或扩充原有产线产能，晶圆代工产能不断提高。然而，产能的快速提升并未伴随着技术的快速进步，2016 年底其 28nm 工艺制程销售占比仅为 0.3%，一直未实现大规模量产。2017 年 10 月，中芯国际聘任梁孟松为共同首席执行官，公司对于先进工艺制程的投入力度不断加大。目前，中芯国际 28nm 制程收入占总营收比例由 2016 年底的 0.3% 提升至 2017 年底的 11.3%，未来随着 HKC + 28nm 制程工艺的量产，收入占比将持续提升。同时，预计中芯国际 14nm 制程将于 2019 年上半年启动风险生产，较原计划提前 6 个月，快速满足国内设计企业的高端代工需求。另外，中芯国际不断拓展产品线，在 Nor Flash、CIS 和 Power IC 等方面不断深化，以满足国内设计企业不同产品指标的需要。

第十五章　集成电路封测行业重点企业

近年来，由于《国家集成电路产业发展推进纲要》等一系列政策的大力推动，我国集成电路封装测试业综合实力获得了跨越式发展。以长电科技、华天科技、通富微电等为代表的我国封装测试业龙头企业不但在先进封装技术上达到国际先进水平，三家企业还连续在销售收入上成为全球前十大封测业代工企业。

本章将从企业发展历程、业务情况、技术水平、发展策略等方面，对我国封装测试业规模最大的企业——长电科技，和专注于传感器封装测试业务的晶方科技进行梳理。

第一节　江苏长电科技股份有限公司

一、发展历程

江苏长电科技股份有限公司（以下简称"长电科技"）成立于 1972 年，目前是中国规模最庞大、技术最先进、品种最齐全、服务最完整的封装测试企业，是中国集成电路封装测试产业链技术创新联盟理事长单位，曾获得国家重点高新技术企业、中国电子百强企业、中国半导体领军企业等称号。公司在 2014 年同国家集成电路产业投资基金、中芯国际联手，以"蛇吞象"的形式收购原全球第四大封装厂星科金朋。通过海外并购，长电科技不但获取了 SiP、FoWLP 等一系列先进封装技术，还一举成为全球第三大集成电路封装测试企业。现今，公司在我国江阴、宿迁、滁州和新加坡、韩国拥有 6 个生产基地，公司产品被主要应用于网络通信、计算机、汽车电子、消费电子、电源管理等领域。

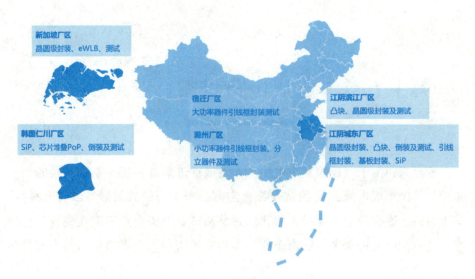

图 15 – 1   长电科技生产线布局

资料来源：公司官网，赛迪智库整理，2018 年 3 月。

表 15 – 1   长电科技发展历程的重点事件

时间	重点事件
1972 年	江阴晶体管厂成立
1986 年	建立分立器件自动化生产线
1989 年	建成集成电路自动化生产线
1995 年	与飞利浦合资成立集成电路芯片封装加工厂
2000 年	整体改制为江苏长电科技股份有限公司
2002 年	新顺微电子公司成立
2003 年	长电科技在上海证券交易所正式上市
2003 年	与新加坡 APS 合资成立"江阴长电先进封装有限公司"
2003 年	长电科技霞客厂区（C2 厂）建成投产
2006 年	博士后科研工作站、国家企业技术中心成立
2007 年	长电科技新城东厂区（C3 厂）正式投入使用
2007 年	长电科技 SiP 厂正式成立
2008 年	高密度集成电路封装技术国家工程实验室正式成立
2009 年	"芯潮"品牌的高密度高容量存储类产品上市
2009 年	温家宝总理视察长电科技
2009 年	收购新加坡 APS 公司
2009 年	集成电路封装测试产业链技术创新战略联盟成立，长电科技担任首届理事长单位
2010 年	MIS 封装材料厂建成投产

时间	重点事件
2011 年	与东芝公司合资成立江阴新晟电子有限公司
2014 年	与国家集成电路产业基金协作收购星科金朋
2016 年	中芯国际成为第一大股东
2017 年	星科金朋上海厂搬迁至江阴
2017 年	公司发布拟非公开发行股份的公告,大基金拟认购不超过 29 亿元的非公开发行股份,持股比例不超过 19%,成为第一大股东

资料来源:公司官网,赛迪智库整理,2018 年 1 月。

二、业务情况

目前,长电科技已经形成覆盖高中低端各种集成电路封装测试技术的产品线,拥有高通、博通、闪迪(SanDisk)、美满科技(Marvell)、海思、展讯、锐迪科等众多国内外客户。2017 年,公司实现营业收入 238.6 亿元,同比增长24.54%,继续成为全球第三大、中国第一大集成电路封装测试业企业。目前,原长电科技和星科金朋公司的整合工作进展顺利,2017 年原星科金朋公司消费电子类业务明显提升,2017 年已经实现原星科金朋业务的扭亏为盈。2017 年公司实现归属上市股东净利润 3.43 亿元,同比大幅增长 222.89%。

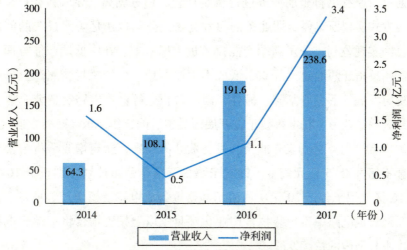

图 15 - 2　2014—2017 年长电科技销售收入和净利润

资料来源:长电科技年报,赛迪智库整理,2018 年 4 月。

三、技术水平

近年来，长电科技积极对收购星科金朋公司的先进封装技术进行消化、吸收和再创新。在多年技术沉积与持续研发的基础上，长电科技已基本掌握了 SiP 射频封装、硅穿孔（TSV）封装、高密度 FC-BGA 封装测试、圆片级三维再布线封装工艺、铜凸点互联、多圈阵列四边无引脚封装测试（MIS/MIS-PP）、封装体三维立体堆叠封装、50μm 以下超薄芯片三维堆叠封装以及 MEMS 等九大核心封装技术，具备了参与国际竞争的实力。目前，长电科技的 SiP、TSV、WL-CSP 三大先进封装技术均已达到全球先进水平。2017 年长电科技申请专利 226 件，其中已受理专利数量为 193 件。截至 2017 年底，长电科技已获得专利 3504 件，其中发明专利 2743 件（包括美国专利 1758 件），专利覆盖中高端封测领域。

四、发展策略

长电科技积极抓取全球半导体产业快速发展的浪潮，通过布局高中低各种集成电路封装测试业务，实现公司在集成电路产品终端应用市场的全面布局。在高端产能方面，公司通过收购星科金朋获得了先进封装技术；目前，公司通过对原有星科金朋业务进行机制优化、债务剥离、导入新客户、扁平管理等方式实现原星科金朋业务的扭亏为盈。公司以 4 亿美元投资的韩国工厂也已经实现盈利，公司高端产能投入进入回收期。在中低端产能方面，公司在滁州、宿迁两地建立了 2 个低成本生产基地，为传统封装测试业务实现持续稳定发展打下良好基础。另外，面对台积电等集成电路制造业企业逐步拓展封装测试业务，长电科技正在开展同晶圆厂的合作，积极布局中道封装。

2017 年 9 月，公司发布非公开发行股票的预案，新定增股票将为公司募集资金不超过 45.5 亿元资金。针对于募集资金，公司计划分别投资 16.2 亿元和 16 亿元用于年产 20 亿块通信用高密度集成电路及模块封装项目、通信与物联网集成电路中道封装技术产业化项目。以上投资项目将推动长电科技在未来中长期内的持续发展。

第二节　苏州晶方半导体科技股份有限公司

一、发展历程

2005 年 6 月，晶方半导体科技（苏州）有限公司成立。2010 年 7 月，晶方有限整体变更为股份公司，公司改名为苏州晶方半导体科技股份有限公司。2014 年 2 月，公司在上海证券交易所上市。2017 年 12 月，晶方科技发布公告称，公司原第一大股东 EIPAT 向国家集成电路产业投资基金转让 9.32% 股份，大基金成为公司第三大股东。目前，晶方科技是全球领先的传感器先进封装企业，大基金的入股将推动公司的产业化应用规模与产业链布局。

二、业务情况

公司是全球最大的传感器封测服务商，公司封装产品主要有影像传感芯片、环境光感应芯片、医疗电子器件、微机电系统（MEMS）、生物身份识别芯片、射频识别芯片（RFID）等。目前，公司封装芯片产品被广泛应用在消费电子、安防设备、医学电子和电子标签身份识别等领域。

公司年报显示，2014 年至 2016 年公司营业收入出现了阶段性的下滑，而公司 2016 年净利润较 2014 年下滑超过 70%。公司营业收入和净利润的下滑主要源自全球消费电子产品市场出现周期性调整，个人电脑、智能手机等主要消费电子产品在近年来市场增长缓慢。公司原主营 CIS 封装业务出现市场萎缩状况，进而影响到公司的 8 英寸线产能利用率。另外，新市场开拓和新技术应用的周期为公司营业状况带来阶段性影响。公司在面对市场变化所进行的市场调整和技术投入也对公司营业状况造成阶段性影响；一方面，公司近年来研发投入持续增长，2016 年公司研发支出 1.04 亿元，同比增长 11.16%；另一方面，新市场拓展过程正在进行，公司积极布局的车载摄像头芯片封装业务预计将在 2018 年实现突破。在屏下指纹识别设备需求旺盛的带动下，公司 2017 年 TSV 封装市场实现突破，2017 年公司实现营业收入 6.29

亿元，同比增长 22.71%；实现净利润 9569 万元，同比增长 81.1%。

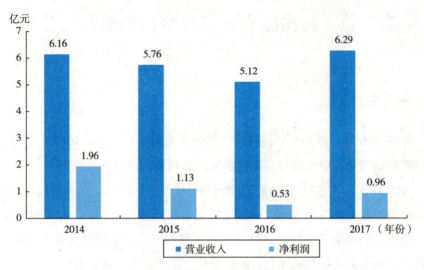

图 15 – 3　2014—2017 年晶方科技销售收入和净利润

资料来源：公司年报，赛迪智库整理，2018 年 4 月。

三、技术水平

晶方科技在拥有多样化的先进封装技术的同时，还具备 8 英寸、12 英寸晶圆级芯片尺寸封装技术规模量产封装能力。技术方面，公司一是拥有 CMOS 在小型化相机模块方面已获得广泛应用的影像传感器晶圆级封装技术；二是拥有晶圆级 CSP 封装形式、300 毫米晶圆级硅通孔（TSV）大批量制造设施，支持 2.5D 和 3D TSV 的先进制造要求；三是拥有生物身份识别封装技术、MEMS 封装技术、倒装芯片和嵌入式芯片技术。2017 年，公司还计划推进扇出型封装技术、系统级封装技术、汽车电子封装技术的工艺水平。目前，晶方科技已在中国获取授权专利 155 项，正在申请 91 项；在美国等世界其他国家获取授权专利 93 项，正在申请 153 项。

四、发展策略

晶方科技自成立以来一直专注于传感器领域的封装业务，公司通过积极进行技术创新和构筑知识产权体系，为自身长期稳定发展提供了保障。在公司持续发展方面，晶方科技一是不断强化 TSV 等先进封装技术优势，在已有市场致力于不断提高市场占有率；其中，伴随智能手机双摄像头、屏下指纹识别等产品市场的持续升温，晶方科技在 trench、TSV、LGA 等封装技术的技术领先优势被不断放大，公司通过技术创新、产业链延伸等方式，实现向芯片测试业务的业务拓展，增加了客户粘性。二是公司坚持新产品、新应用市场的拓展。持续开发 MEMS、VR/AR、3D 摄像等新兴市场，提升公司产品在安防监控、车载摄像头、生物身份识别模组等领域的应用，并通过保持与国际主流设计公司的战略合作，奠定公司未来发展基础。

积极抓住国家集成电路产业快速发展的契机，是晶方科技成为我国集成电路产业重要一员的关键手段。2017 年 12 月，晶方科技通过原第一大股东转让 9.32% 股份方式，成功引进国家集成电路产业投资基金成为公司第三大股东。未来，在大基金的产业带动作用下，晶方科技将实现同集成电路产业链上下游企业的联动，有助于公司获得更多长期合作伙伴。

第十六章　集成电路设备行业重点企业

集成电路设备业是我国集成电路领域发展薄弱的环节。近年来，在国家科技重大专项——极大规模集成电路制造装备及成套工艺科技项目（02 专项）的带动下，我国集成电路设备业取得了快速发展。

本章将对中微半导体设备有限公司和北方华创科技集团股份有限公司这两家我国设备业重点企业进行介绍。

第一节　中微半导体设备有限公司

一、发展历程

中微半导体设备有限公司（AMEC，简称"中微半导体"）总部位于中国上海市浦东新区金桥出口加工区。公司由现任董事长兼首席执行官尹志尧于2004 年创办，创立之初主要从事新型介质刻蚀和薄膜设备的研发，后来由于薄膜设备的投资回报率不高，转向专注研发等离子介质刻蚀机和金属有机化合物气相沉积（MOCVD）产品。2004 年至 2016 年 8 月，公司融资额超过了1.5 亿美元，投资方包括美国华登国际风险投资公司、上海创业投资有限投资公司、美国高盛公司、光速风险投资合伙人、全球催化剂合伙人、红点风险投资、中西部合伙人、美国高通公司以及湾区合伙人。2014 年底，中微半导体成为国家集成电路产业发展投资基金第一个完成投资的项目，投资总额达到 4.8 亿元。

等离子介质刻蚀机方面，2007 年公司推出第一代 300 毫米甚高频去耦合反应离子刻蚀设备 Primo D – RIE。Primo D – RIE 可加工氮化硅（SiN）、64/

45/28nm 氧化硅（SiO）及低介电系数膜层等不同电介质材料。由于可以灵活地装置多达三个双反应台反应器，系列设备的产出能力比竞争对手的系统高出35%左右，而使用成本低35%，成为公司最成功的拳头产品之一。2011年，公司又推出了主要用于22nm 及以下的芯片刻蚀加工的第二代电介质刻蚀设备 Primo AD－RIE，对 Primo D－RIE 作了进一步的改进，优化了上电极气流分布、可切换低频射频和下电极温度调控等设计。2012年，公司推出用于3D 芯片及封装的硅通孔刻蚀设备 Primo TSV200E，可应用于 8 英寸晶圆微电子器件、微电光器件、微机电系统等的封装。Primo TSV200E 结构紧凑且具有极高的生产率，单位投资产出率比市场上其他同类设备提高了30%。

MOCVD 方面，2013年公司发布第一代 MOCVD 设备 Prismo D－Blue，可以实现复杂的 GaN、InGaN、AlGaN 超薄层结构的大批量生产。Prismo D－Blue 具有全自动化处理、精准参数控制和独特的紧凑设计等特点，而且拥有高生产率、高产能和低成本投入。2016年，公司推出第二代金属有机化合物气相沉积（MOCVD）设备 Prismo A7，主要用来进行氮化镓 LED 外延加工以及其他应用。Prismo A7 可容纳多达 4 个反应腔，每个反应腔的产量是中微第一代 MOCVD 设备 Prismo D－BLUE 的 2 倍多。

二、业务情况

近年来，中微半导体销售维持了30%—35%年均高增长率。2017年，中微销售预计将达到11.8 亿元人民币。根据中微半导体远景规划，公司未来十年将并在目前发展基础上实现2020年20 亿元、2025年50 亿元，最终进入国际五强半导体设备公司的远景目标。随着公司 MEMS 刻蚀等技术已达国际领先水平，公司未来在 MEMS、TSV、功率电子器件刻蚀等领域将有巨大的市场潜力。

MOCVD 业务方面，中微半导体的 MOCVD 设备实现大规模产业化，用户包括全球大部分 LED 芯片生产制造商，并已在三安光电和华灿光电等国内先进生产线上运行。2017年，中微半导体 MOCVD 设备实现销售订单200 台，设备发货106 台，年收入10.6 亿元，同比增长76.7%，实现了爆发式增长。随着中微半导体和美国维易科公司（Veeco）在 MOCVD 市场各占半壁江山格局的出现，两者之间的专利诉讼也全面爆发。2017 年 11 月，美国法院同意了美国维易科公司（Veeco 公司）针对西格里碳素（SGL）公司的一项初步禁令请求，禁止 SGL 公司给中国本土企业中微半导体（AMEC）生产的 MOCVD 生产设备提供石墨盘，严重影响了中微半导体 MOCVD 设备的生产。针对这一诉讼，2017 年 7 月，中微半导体于向福建高院正式起诉"Veeco 上海"，指控其TurboDisk EPIK 700 型号的 MOCVD 设备侵犯了中微的基片托盘同步锁定的中国专利，要求其停止侵权并主张上亿元侵权损害赔偿。2017 年 11 月，国家知识产权局专利复审委作出审查决定书，否决了维易科精密仪器国际贸易（上海）有限公司关于中微专利无效的申请，确认中微起诉 Veeco 上海专利侵权的涉案专利为有效专利。2018 年 2 月，中微半导体、美国维易科精密仪器有限公司（Veeco）和西格里碳素（SGL）共同宣布，同意就三方之间的未决诉讼达成和解，并友好地解决所有的未决纷争，包括中微在福建高院针对 Veeco 的诉讼和 Veeco 在美国纽约东区地方法院针对 SGL 的诉讼。

刻蚀机业务方面，截至 2017 年 4 月，中微半导体在全球各地已经建置共计 582 台刻蚀反应台，并预期 2018 年将增长至 770 台。目前中微半导体产品已经进入第三代 10nm 和 7nm 工艺，并进入晶圆厂验证生产阶段，即将进入下一世代 5nm 甚至 3.5nm 工艺。目前，中微拥有超过 460 个介质刻蚀反应台，并在全球 27 条生产线上生产了约 4000 多万片晶圆；同时，中微还开发了12 英寸的电感型等离子体 ICP 刻蚀机；此外，中微还开发了 12 英寸 TSV 硅通孔刻蚀设备，在占有 50% 国内市场的同时，已进入中国台湾、新加坡、日本和欧洲市场，尤其在 MEMS 领域拥有意法半导体（ST）、博世半导体（BOSCH）等国际大客户。在专利方面，中微共申请了超过 800 件相关专利，其中绝大部分是发明专利，目前有一半以上已获授权。工艺方面，继28 nm 和 10 nm 制程之后，中微半导体继续与台积电开展 7nm 制程的深入合作。2017 年 7 月，台积电宣布中微半导体纳入其 7nm 工艺设备商采购名单。中微半导体是唯一进入这一名单的大陆本土设备商，其余 4 家设备商是科林研发（LAM）、应用材料（Applied Materials）、日立先端（Hitach）、东京威力科创（TEL）。

图 16 - 1　2012—2017 年中微半导体销售收入及增长情况

资料来源：赛迪智库整理，2018 年 3 月。

三、技术水平

中微半导体共获得了超过 900 项专利，其中海外专利超过 400 项，并多次获得国家知识产权局和上海知识产权局奖励。中微半导体至今已受到美国设备巨头 5 年侵犯商业秘密和专利权的诉讼，但终获一撤诉、一和解和四连胜。当前，中微已经从单一的半导体前端设备公司逐渐发展成为拥有多元产品的微观加工设备公司。其半导体芯片加工技术已推广到更多的应用领域，包括硅衬底的后端封测产业和以 MOCVD 为关键设备的 LED 产业。就应用进展而言，中微半导体的芯片介质刻蚀设备已经打入国际市场，并完成了 2500 多万片 65nm 到 16nm 的硅片的任务。硅通孔刻蚀设备已打入国内市场，其 8 英寸和 12 英寸设备的国内市场占有率超过 50%。MOCVD 设备成功打入国内市场，已有 13 台设备付运客户。

四、发展策略

中微半导体的生产技术涉及几十种科学技术工程领域，具有准确性要求高、产品更新速度快，行业垄断性强等特点。因此中微半导体的发展策略主要为协调投资商、客户、政府、顾问、管理团队、雇员和供应商等七大利益相关方的关系，为保证技术和产品的持续领先保驾护航。

协调关系方面，中微半导体坚持合作共赢的原则，即深刻理解并帮助对方获得希望的回报。因此在公司内部，管理机制倡导的轮流掌权机制，当任务转换时，每个人都有权调整整个任务结构以资适应新情况。这一组织结构带来的是高效的团队合作，以及个人效率的不断提升，而这种"高效能"同样体现在利益分配上。基于中微内部和谐共赢的均衡机制，公司的每位员工都持有股票期权。

在技术发展策略方面，中微半导体一是坚持开放式自主创新。"自主创新"即以华人华侨为主体，以中国为根据地，政府专项资助和政策导向优惠，自主开发新技术，新产品；"开放"指建立国际化团队，面向国际化市场吸引全球融资、采用全球供应链和应对全球竞争。这一策略重视对高端人才的吸纳，尤其是在国外高科技领域有工作经验的人才。不仅在短期内技术上可能迎头赶上国际最前沿技术，产品也可能在国际市场上形成独特竞争力。二是坚持扁平化管理模式。从最初的 17 人创业团队发展到如今几百人，中微采取的是一种极其扁平化的管理模式。这一模式下，直接与董事长进行工作对接的高管、中层管理人员保持为十几个人的规模。在此基础上，公司还通过推行 MBO 考核，来检测团队的工作状态，发掘培养有潜力的管理人员。

第二节　中电科电子装备集团有限公司

一、发展历程

中电科电子装备集团有限公司（以下简称"中电科装备"）成立于 2013 年 8 月，是在中国电子科技集团公司 2 所、45 所、48 所基础上组建成立的二级成员单位，属中国电子科技集团公司独资公司，2013 年 11 月，公司在国家工商总局登记，注册资本 5 亿元，注册地为北京市丰台科技园。2015 年 7 月，公司注册资本由 5 亿元增至 21 亿元。公司成员单位包括：中国电科第二研究所、中国电科第四十五研究所、中国电科第四十八研究所、中电科风华信息装备股份有限公司、湖南红太阳光电科技有限公司、北京中电科电子装备有限公司、北京中科信电子装备有限公司、湖南红太阳新能源科技有限公司、山西中电科新能源技术有限公司、三河建华高科有限责任公司、上海微高精密机械工程有限公司、平凉中电科新能源科技开发有限公司、三河奥斯特电子有限公司共 13 家单位。

中电科装备是我国以集成电路制造装备、新型平板显示装备、光伏新能源装备以及太阳能光伏产业为主的科研生产骨干单位，具备集成电路局部成套和系统集成能力以及光伏太阳能产业链整线交钥匙能力。多年来，利用自身雄厚的科研技术和人才优势，形成了以光刻机、平坦化装备（CMP）、离子注入机、电化学沉积设备（ECD）等为代表的微电子工艺设备研究开发与生产制造体系，涵盖材料加工、芯片制造、先进封装和测试检测等多个领域；通过了 ISO9001、GJB9001A、UL、CE、TüV、NRE 等质量管理体系与国际认证。拥有国家光伏装备工程技术研究中心、国防科技工业军用微组装技术研究应用中心、国防科技工业有源层优化生长技术研究应用中心等国家级研发基地。

二、业务情况

中电科装备承担"02 专项"两个离子注入机研发项目以来，已突破关键技术，取得发明专利 101 项，国际专利 2 项，已实现系列化产品并用于中芯国际 90nm、55nm、40nm、28nm 工艺生产线。

在离子注入机研发方面，作为国内唯一一家集研发、制造、服务于一体的离子注入机供应商，中电科装备在承担了"02 专项"后一年迈上一个新台阶。2014 年，12 英寸中束流离子注入机以优秀等级通过国家"02 专项"实施管理办公室组织的验收。2015 年，在中芯国际先后完成了 55nm、45nm 和 40nm 小批量产品工艺验证，国产首台中束流离子注入机率先实现了量产晶圆过百万片。2016 年，推出满足高端工艺的新机型 45—22nm 低能大束流离子注入机，中束流、低能大束流系列产品批量应用于 IC 大线。2017 年，离子注入机批量制造条件厂房及工艺实验室投入使用，具备符合 SEMI 标准的产业化平台，年产能达 50 台，并应用信息化管理系统实现离子注入机批量制造全程质量控制及追溯。

平坦化装备（CMP）方面，中电科装备迎难而上，两端发力。在承担"十二五""02 专项""28—14nm 抛光设备及成套工艺、材料产业化"项目的同时，面对国内市场的紧迫需求，自主投入研制 200mmCMP 商用设备，形成 300mm、200mm 设备研发齐头并进、相互支撑的局面。从 2015 年 1 月开始，中电科装备 CMP 设备研发团队突破了 10 余项关键技术，完成了技术改进 50 余项，终于在 2017 年 8 月成功研发出了国内首台拥有完全自主知识产权的 200mm CMP 商用机，成功打破国外技术封锁垄断。经严格的万片"马拉松"测试，该设备目前可媲美国际同类设备。2017 年 11 月，中电科装备自主研发的 200mm CMP 商用机完成内部测试，发往中芯国际天津公司进行上线验证，这是国产 200mm CMP 设备首次进入集成电路大生产线。

封装设备方面，中电科装备已实现成套供应先进封装关键设备，并批量应用于龙头企业。"十一五"以来，在"02 专项"的支持下，公司先后承担了 300mm 超薄晶圆减薄抛光一体机以及封装设备关键部件与核心技术等技术和产品开发项目。目前，公司研发的倒装芯片键合机、自动晶圆减薄机、全自动精密划片机达到国内领先、国际先进水平，并以自主研发的设备建设了集成电路先进封装设备局部工艺验证线，为持续提升国产集成电路封装设备的稳定性和可靠性提供良好的平台。封装设备累计销售 2000 余台套，已经批量应用于长电科技、通富微电、苏州晶方等国内知名封测企业——在高端封装设备领域，中电科装备已经形成局部成套的供应能力。

三、技术水平

公司承担的"十一五""十二五"国家重大科技专项的攻关和产业化项目，在半导体封测领域具备局部成套、整线集成的优势。自主研发的晶圆划切设备、倒装设备、分选设备、压焊设备、晶圆减薄设备已广泛应用于集成电路（IC）、半导体照明（LED）、微机电系统（MEMS）、分立器件、太阳能等国内龙头封装企业。其中，减薄机、划片机、装片机、引线键合机、倒装机等集成电路后封装关键设备相继实现尺寸从 6 英寸、8 英寸到 12 英寸，机型从半自动到全自动，封装工艺从传统封装、晶圆级封装到三维封装的覆盖。

高密度倒装键合方面，中电科的高密度 IC 倒装芯片高速高精度装贴设备目前在 3D 封装、WLP Fan－out 技术、多芯片堆叠技术及 Panel 级 Fan－out 技术等先进封装工艺上获得了广泛应用。目前已形成 Chip to Wafer、Chip to Panel 和 Chip to Substrate 三种机型产品，并已批量向国内龙头封装企业提供。

划切技术方面，中电科在国内首台精密自动划片机的基础上开发研制了 HP－600 自动划片机和 HP－602 精密自动划片机。"十一五"期间，公司完成 8 英寸单轴全自动划片机样机研制及产业化生产供应，积累了丰富的技术和经验。公司通过多年的研发已形成 6、8 到 12 英寸系列划片机产品，其中 6 到 8 英寸划片机已实现大规模量产，12 英寸划片机已进入国内封装龙头企业试产。相关产品已广泛应用在分立器件、LED 等生产领域及集成电路封装线。

精密减薄磨削方面，公司于 2006 年研制出了国内首台晶圆减薄原理样机，2009 年攻克了亚微米进给技术、超薄晶圆磨削工艺技术，旋转工作台技术等多项关键技术，打造了高端技术平台，形成了一支由机、电、软组成的减薄设备研发团队，拥有空气静压主轴与精密机械轴承联合轴系等 20 多项与减薄设备相关的专利，具备减薄设备自主研发能力。通过自主创新，研发的 8 英寸全自动晶圆减薄设备指标达到国际同类设备先进水平，适用于晶圆、IC、LED 晶圆、分立器件等晶圆制造行业，可磨削的材料涉及硅、氧化铝、碲锌镉、铌酸锂、蓝宝石、砷化镓和碳化硅等。公司的"300mm 超薄晶圆减薄抛光一体机"项目也已完成 α 样机的装配、验证。

键合机方面，公司成功研制出全自动引线键合机并已实现量产，成功替代进口，能够高质量地连续完成三层、700 余条焊线的 BGA 焊接。

目前，封装示范线现有的减薄机、划片机、分选机等设备，产能累计可达到日产 200K；而从下个月开始，示范线还将接到深圳某客户的切割、分选等代工业务，进一步提高业务量。下一步，公司一方面将与继续进行客户和行业专家的走访工作，挖掘更多的业务增长点和潜在合作客户，扩大市场知名度。

四、发展策略

中电科以"国内卓越、世界一流"为目标，秉承"用户至上，人才为本"的理念，致力成为具有国际影响力的高端封装装备及工艺解决方案供应商。公司以解决国防和国民经济电子信息基础领域制造装备及工艺自主化、国产化问题，确保自主、健康、持续发展为使命；以电子制造装备领域的主导者和新能源产业领域的引领者为愿景；以自主创新引领高端装备向产业化、成套化发展，成为"国内卓越、世界一流"的装备和新能源产品供应商、技术服务商、系统集成商为定位；以建立符合装备和新能源产业发展基本规律的技术开发、产业化制造、科技创新、国际化经营等基础能力平台和体制机制，打造"国内卓越，世界一流"的企业为发展目标。

海外业务方面，中电科装备作为国内产业规模最大的电子装备制造企业，已经具备实现国际化经营的一定条件，积累了国际科技交流合作、国际贸易、国际工程承包建设的经验，将借助"一带一路"和"走出去"战略的有利契机，顺应经济全球化的新特点，逐步深化国际合作，开拓国际市场，积极探索合作新模式，形成国际贸易、国际投资、海外经营、国际合作四位一体经营模式的发展格局，从而提升自主发展能力与核心竞争力，提高国际化经营能力和国际竞争水平。

第十七章　集成电路材料行业重点企业

第一节　上海新阳半导体材料有限公司

一、发展历程

上海新阳半导体材料有限公司专业从事半导体行业所需电子化学品及配套设备的研发设计、生产制造和销售服务，提供化学材料、配套设备、应用工艺和现场服务一体化的整体解决方案。公司坐落于上海松江，现有员工200余人，厂区占地80余亩，拥有千级超净厂房和设施齐备的现代化实验室。研发人员占总员工数超过27%，其中博士和硕士超过30人。

上海新阳以自主技术为主导，服务于半导体制造、封装及航空航天等表面处理领域。新阳以电子电镀和电子清洗两大核心技术向产业链上下游产业发展，以专用功能性化学品为主线开发产品及配套设备和辅助产品。

1999年，新加坡新阳的全资子公司——上海新阳电子化学有限公司成立，落户上海江桥，并推出了用于去封装溢出料的去毛刺溶液。2007年，公司搬入松江新厂，2009年通过改制成为中外合资股份制企业。2011年，新阳在深交所创业板上市，两年后定向增发2820万股收购江苏考普乐，进入到高端功能性涂料领域。2014年出资1.9亿元投资成立上海新昇半导体科技有限公司研发12英寸硅片产品，并于2015年启动"40—28纳米集成电路制造用300毫米硅片"项目。

表 17-1 新阳发展历程中的重大事件

时间	重大事件
1999 年 7 月	于上海新桥成立新加坡新阳的全资子公司——上海新阳电子化学有限公司
2007 年	公司搬入松江新厂区
2009 年	通过改制成为中外合资股份制企业
2011 年 6 月	新阳在深交所创业板上市
2011 年	承担国家 02 专项"65—45nm 芯片铜互联超高纯电镀液及添加剂研发和产业化项目"
2013 年 9 月	定向增发 2820 万股收购江苏考普乐,进入到高端功能性涂料领域
2013 年 11 月	与德国 Dr. Hesse 公司合作经营,共同投资设立上海新阳海斯高科技材料有限公司,进入汽车行业的特种零部件表面处理领域
2014 年上半年	新阳的芯片铜互连电镀液进入中芯国际(北京)B1 的中央供液系统,正式成为中芯国际(北京)硫酸铜电镀液第一供应商
2014 年 5 月	与兴森科技、上海新傲科技股份有限公司、张汝京博士投资设立上海新昇半导体科技有限公司,承担 12 英寸大硅片项目
2015 年	投资东莞精研,持有其 20% 的股份,进入到蓝宝石单晶专用的高纯高密度氧化铝领域
2015 年 7 月	"40—28 纳米集成电路制造用 300 毫米硅片"项目启动
2015 年 10 月	超纯硫酸铜产品成功进入上海华力微电子,成为上海华力微电子的正式供应商
2015 年 12 月	国家 02 专项"65—45nm 芯片铜互连超高纯电镀液及添加剂研发和产业化"通过验收
2016 年 5 月	分别与台湾恒硕科技股份有限公司、硅密四新半导体技术(上海)有限公司合作投资半导体晶圆级封装所需的材料和设备产品

资料来源:赛迪智库整理,2018 年 1 月。

二、业务情况

新阳可提供集成电路制造、封装和基板产业关键工艺化学品和配套设备,覆盖集成电路制造的前后道。在集成电路制造环节,新阳提供铜工艺用集成电路铜互连超纯化学品(电镀液、添加剂、清洗液等)和铝工艺用超纯化学品(光刻胶玻璃、清洗、刻蚀等);在集成电路先进封装环节,新阳可提供 TSV 工艺用超纯电镀清洗化学品、BUMP 工艺用超纯电镀清洗化学品、集成电路基板用电镀和清洗化学品和配套晶圆级电镀和清洗设备;在集成电路传统封装环节,新阳可提供 IC 封装后引线框架电镀和清洗化学品和配套设备。

2017 年公司营业收入 4.75 亿元。公司化学品已经进入中芯国际、无锡海力士、华力微电子，已成为中芯国际芯片铜互连电镀液产品第一供应商，铜制程清洗液和铝制程清洗液也开始供货。

上海新阳已申请专利 100 余项，包含发明专利 30 项。上海新阳的电子电镀和电子清洗技术拥有自主知识产权，形成了完整的技术体系和丰富的产品系列，已开发研制出四个系列 100 多种电子化学品与 30 多种配套设备产品，高纯铜电镀液和添加剂产品主要应用于制造 8 英寸以上晶圆、130nm 以下高端芯片，已经处于世界领先水平。

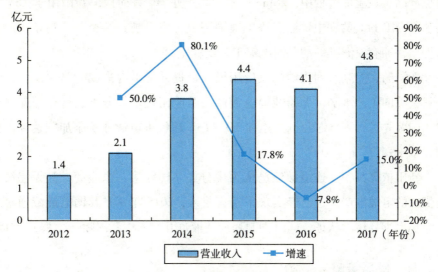

图 17 - 1　2012—2017 年上海新阳营业收入和增速

资料来源：上海新阳年报，赛迪智库整理，2018 年 2 月。

表 17 - 2　上海新阳主要产品及产能

分类	产品
电子化学品	硫酸铜
	甲基磺酸铜
	添加剂
	清洗液
	常规化学品
硅片	12 英寸硅片
划片刀	划片刀
配套设备	30 余种配套设备

资料来源：赛迪智库整理，2018 年 1 月。

三、技术水平

通过"02专项"技术攻关以及募投项目，新阳的集成电路铜互连电镀液及添加剂材料将有望逐步实现国产替代。目前新阳的硫酸铜电镀液已完成130—28nm的全面认证；电镀添加剂正在进行45/40nm技术节点的验证，28nm技术正在研发；铜互连清洗液已完成130/110nm的全面认证，65—40nm节点产品正在验证过程中，28nm技术产品正处于研发阶段。新阳用于TSV封装和BUMP封装的铜电镀液和镍电镀液解决方案已被封装企业广泛使用。公司该项目拥有亚洲唯一的晶圆电镀工艺实验室。

新阳的去毛刺系列化学品及应用极大地提升了国内集成电路引线脚封装溢料去除的工艺水平，无铅纯锡电镀产品及应用技术促分类进行业环保水平进入国际先进行列，芯片铜互连和3D-TSV超纯铜电镀液及添加剂达到国际领先水平。

新阳依靠其铜互连电镀液已成为中分类芯国际第一供应商，为无锡海力士供应的电镀液产品也已经实现了销售收入，2015年8月其铜电镀液通过了上海华力半导体的认证，同时铜制程清洗液也开始向中芯国际（上海）供货。

四、发展策略

（一）重视技术研发，实现创新驱动

上海新阳先后承担"65—45nm芯片铜互联超高纯电镀液及添加剂研发和产业化项目"和"40—28纳米集成电路制分类造用300毫米硅片"两项国家科技重大专项，国家级科研项目的支持为新阳的创新发展提供保障。公司在东莞设立半导体湿法工艺研发平台，提升公司整体研发实力。2015年新阳的研发投入总额2999万元，占营业收入的比重为8.14%。新阳团队中的研发人员达到93人，占比20.35%，计划每年的研发费用不低于营业收入的6%，现已申请专利100余项，其中发明专利30余项。

（二）投资12英寸硅片项目，填补国内空白

2014年5月21日，上海新阳发布公告决定合作投资大硅片项目。上海新

阳与深圳兴森快捷电路科技有限公司、上海新傲科技股份有限公司、张汝京博士团队签订《大硅片项目合作投资协议》，拟共同投资设立"上海新昇半导体科技有限公司"，注册资本为人民币 5 亿元。其中上海新阳以货币出资 1.9 亿元，占注册资本的 38%。

国产 12 英寸集成电路用硅片的缺失是我国在集成电路全产业链布局战略的重要障碍，新阳的大硅片项目致力于实现我国 12 英寸硅片供应的国产化。项目建成初期将实现月产能 15 万片，完全达产后可根据市场需求扩产至 60 万片的月产能。12 英寸集成电路级硅片项目使得上海新阳进一步丰富和扩大产品结构和业务范围，提高公司的核心竞争力。

第二节　浙江巨化股份有限公司

一、发展历程

浙江巨化股份有限公司成立于 1998 年，位于浙江省衢州市，是由巨化集团公司独家发起，采用募集方式设立的股份有限公司，并于同年在上海证券交易所上市，公司注册资本 181091.60 万元。巨化股份是集成电路材料产业技术创新战略联盟副理事长单位，是国家"02 专项"支持单位。巨化股份是一家集研发、生产、销售和服务于一体的专业电子化学品企业，致力于打造中国电子化学品生产和服务平台，成为具有国际影响力的电子化学品企业。

巨化股份通过其全资子公司凯圣氟化学有限公司和博瑞电子科技有限公司分别发展集成电路产业配套的高纯电子化学品和高纯电子气体。

凯圣氟化学有限公司创建于 2003 年 6 月，注册资金 5000 万元人民币，投资总额达到 5 亿元，专业从事氟化学产品的研究、开发、生产和经营。公司囊括萤石—氢氟酸、电子化学品、新能源材料三个产业板块，是国内电子级氢氟酸规模最大、品种最全、规格最高的企业。

博瑞电子科技有限公司创建于 2015 年 1 月，于 2016 年投产，投资总额 12 亿元。博瑞电子是巨化股份有限公司转型升级、融入信息产业而投建的全资子公司。公司主要从事高纯电子气体的生产、研发、商贸等业务，主要产品包括电子级的高纯氨气、三氟化氮、氯化氢、六氟丁二烯等。

表17-3　巨化股份发展历程中的重大事件

时间	重大事件
1998 年 6 月 17 日	浙江巨化股份有限公司成立
1998 年 6 月 26 日	在上海证券交易所上市交易
2002 年 11 月 25 日	成为国内首家通过一体化管理体系认证的化工企业
2003 年 6 月	凯圣氟化学有限公司注册成立
2005 年 12 月	凯圣氟化学有限公司通过 ISO9001—2000 质量体系认证
2007 年 7 月 2 日	巨化股份列入沪深 300 行业指数样本股
2008 年 9 月	凯圣氟化学有限公司成为巨化股份有限公司控股公司
2009 年 7 月	5000 吨/年电子级氢氟酸项目建成投产
2010 年 10 月	1.7 万吨/年电子级氢氟酸扩建项目启动，扩建后实现产能 2.2 万吨/年，产品等级达到 UP 级、UP-S 级
2010 年 12 月	5 万吨/年无水氟化氢扩建项目启动
2011 年 4 月	凯圣氟公司成为巨化股份的全资子公司
2011 年 8 月	年产 3 万吨电子级氢氟酸项目前期工作顺利结束
2012 年 2 月	与霍尼韦尔公司签订 HFC-125 和 HFC-32 合作合同
2015 年 1 月	博瑞电子科技有限公司注册成立
2015 年 8 月	巨化股份入选 2015 年中国制造企业 500 强
2015 年 9 月	巨化股份当选集成电路材料产业技术创新战略联盟副理事长单位
2015 年 11 月	集团当选中国电子化工新材料产业联盟理事长单位
2015 年 11 月	与浙江天堂硅谷资产管理集团有限公司和宁波天堂硅谷融海股权投资合伙企业（有限合伙），签订了设立投资公司及成立并购基金的合作协议
2016 年 1 月	与中芯聚源股权投资管理（上海）有限公司签订战略框架协议，共同推动国内电子化学材料产业并购整合
2017 年 12 月	公司拟联合大基金、远致富海、盈川基金、厦门盛芯、聚源聚芯共同出资设立中巨芯科技。中巨芯科技注册资本为 10 亿元，公司拟出资 3.9 亿元，持股比例 39%；大基金出资 3.9 亿元，持股 39%

资料来源：赛迪智库整理，2018 年 2 月。

二、业务情况

浙江巨化股份有限公司 2016 年营业收入达到 137.7 亿元。

浙江巨化股份有限公司的全资子公司凯圣氟化学有限公司和博瑞电子科技有限公司分别发展集成电路产业配套的高纯电子化学品和高纯电子气体。凯圣氟化学有限公司投资总额达到 5 亿元，年产 5 万吨的超纯电子化学品，是国内产品最全的电子化学品供应商，主营产品包括氢氟酸、氢氧化铵、BOE、硫酸、盐酸、硝酸等。

博瑞电子科技有限公司投资总额 12 亿元，一期项目于 2016 年投产，年产达到 3550 吨高纯电子气体。主要产品包括电子级的高纯氨气、三氟化氮、氯化氢、六氟丁二烯等。

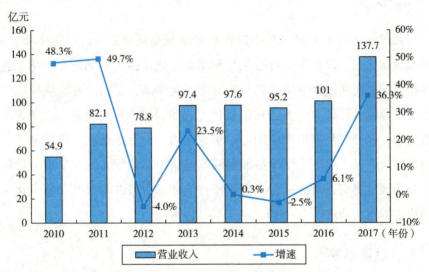

图 17-2　2010—2017 年巨化股份营业收入和增速

资料来源：赛迪智库整理，2018 年 4 月。

表 17-4　巨化股份主要产品及产能

企业	产品
凯圣氟化学有限公司	电子级氢氟酸
	电子级氟化铵
	电子级氢氧化铵
	电子级硫酸

续表

企业	产品
凯圣氟化学有限公司	电子级硝酸
	电子级盐酸
	BOE
博瑞电子科技有限公司（一期项目）	高纯氯化氢
	高纯氯气
	电子级氟化氮
	电子级六氟丁二烯

资料来源：赛迪智库整理，2018 年 2 月。

三、技术水平

巨化股份早期收入和利润来自含氟制冷剂和氯碱工业。经过多年发展，已形成氯碱化工、煤化工、石油化工和基础氟化工四大基础产业，化工生产技术雄厚。公司通过旗下凯圣公司布局电子化学品，是国内首家从事电子级氢氟酸工业化生产的企业。公司以氟化工起步，技术积累充分，已经逐步进入收获期，部分产品通过中芯国际、华虹宏力、上海新阳、安集微电子、京东方等企业认证，湿电子化学品蚀刻液等已给中芯国际、武汉华星等批量供货。公司通过博瑞公司进军高端电子特种气体，在国内新材料和电子化学品领域内占据龙头地位。

四、发展策略

巨化股份通过进入新型材料产业实现转型发展。巨化股份以氟化工起家，虽然近年来氟化工行业经历了低谷时期，毛利率不断下降，但是巨化股份积极创新，布局新材料和高端制造方向。其借助国家对于新材料产业以及集成电路行业的扶持政策，加大研发和建设投入，成长为电子化学品的龙头企业。

巨化股份通过合作成立并购资金，实现行业整合。2016 年，与中芯国际旗下的中芯聚源股权投资管理公司签订战略框架协议，共同推动国内电子化学材料产业并购整合和满足国产化要求。2017 年 12 月，公司拟联合国家集成电路产业投资基金公司、远致富海、盈川基金、厦门盛芯、聚源聚芯共同出资设立中巨芯科技，注册资本为 10 亿元，公司拟出资 3.9 亿元，持股比例 39%；大基金出资 3.9 亿元，持股 39%。公司将开展电子化学材料产业项目的研发与产业化，整合国内外电子化学材料行业企业。

政 策 篇

第十八章 2017年中国集成电路产业相关政策

第一节 总体政策布局

国家层面，工信部、国家发展改革委、财政部等行业主管单位围绕制造强国、网络强国战略，重点围绕五大方面布局持续完善相关产业政策：

一是突出顶层设计，按照供给侧改革要求，协调资源布局，有效扩大针对中高端供给，规范市场环境，尤其是在知识产权保护方面，出台了《专利优先审查管理办法》《"十三五"国家知识产权保护和运用规划》等规范指导文件。

二是坚持创新驱动，组织实施国家科技重大专项，持续加大研发投入力量；面向突破关键核心技术，建设国家级创新中心，出台了《量子通信与量子计算机重大项目实施方案》《关于支持建设国家检验检测高技术服务业集聚区的通知》等一批重大项目工程、重点产业示范区等指导文件。

三是推动重大生产力布局，集聚资源、引导支持骨干企业做大做强，扶持创新性企业成长，推动区域差异化发展；北京市出台《北京市加快科技创新发展集成电路产业的指导意见》，进一步明确要在该领域实施以先进制造为核心的全产业链联动协同发展方针。同时，形成以中芯北方、北方华创、集创北方为代表的一批产业链上下游企业，巩固，"北（海淀）设计，南（亦庄）制造"的集成电路产业空间布局，协同锻造北京集成电路产业的"芯"实力。

四是支持产业链上下游融合发展，共建良好生态环境；围绕智能传感、智能硬件、智慧医疗、智能网联汽车等重要需求，提升产品结构，培育新动能；相继出台了《智能传感器产业三年行动指南》《新一代人工智能产业发展三年行动计划》《云计算发展三年行动计划》等系列行业指导文件。

五是持续推进国际合作，在全球配置资源，融入全球集成电路产业生态体系，中组部出台了《国家海外高层次人才引进计划管理办法》，为集成电路企业招揽海外优秀人才给出了有效路径。

第二节　产业投资部署

集成电路是一个资金密集型的产业，产能扩充、工艺提升以及技术研发突破，这些都需要长期的、大规模的、连续的资金支持。我国已成为全球芯片需求量最大的市场，伴随着智能汽车、物联网、人工智能三大领域的发展，芯片用量仍会继续增长。我国同时也是全球最大的芯片进口国，提高集成电路国产比例成为国家战略。根据国际半导体设备与材料产业协会 SEMI 数据，目前全球处于规划或建设阶段，预计将于 2020 年投产的半导体晶圆厂约为 62 座，其中 26 座设于中国，占全球总数 42%。这些建于中国的晶圆厂 2017 年预计已有 6 座上线投产，2018 年达到高峰，共 13 座晶圆厂加入营运，其中多数为晶圆代工厂。2018—2021 年国内已规划产能投资约 1000 亿美元，其中设备约占总投资的 60%—80%。目前，国家集成电路产业投资基金二期已经启动。下一步，大基金将提高对设计业的投资比例（目前仅占 17%），并将围绕智能汽车、智能电网、人工智能、物联网、5G 等国家战略和新兴行业进行投资规划，并对装备材料业持续支持，推动产业链加速完善。与此同时，全国各主要集成电路产业聚集区地方政府和国内外重点企业也不断加强集成电路领域投资。

表 18－1　2017 年各地方城市集成电路产业投资情况汇总

时间	事件	投资额
2017 年 1 月	紫光集团与南京市共同签署紫光—南京半导体产业基地及新 IT 投资与研发总部项目	总投资 2600 亿元人民币，其中约 300 亿美元投向紫光南京半导体产业基地

续表

时间	事件	投资额
2017 年 2 月 10 日	格罗方德与成都政府合资建 12 英寸生产线，并引入 22nmFD - SOI 技术，成立"格芯"	累计投资 1 亿美元
2017 年 5 月	成都政府与格芯再进一步合作，合作建立世界级 FD - SOI 生态系统，其中涵盖多个成都研发中心及高校合作的研究项目	
2017 年 4 月 22 日	紫光集团与天府新区成都管委会在蓉正式签署紫光 IC 国际城项目合作协议	总投资 3084 亿元
2017 年 5 月 25 日	合肥长鑫公司宣布，将兴建 12 寸晶圆厂以发展 19nm DRAM 产品	总投资 72 亿美元
2017 年 6 月	华天集团与西安经开区签约建设新型电力电子产业化项目，达产后可形成年封装 36 亿只的生产能力	计划投资 58 亿元（一期投资为 13.8 亿元）
2017 年 11 月 13 日	Cadence 与南京市浦口区人民政府正式签署战略合作备忘录，Cadence 在南京投资建立"南京凯鼎电子技术有限公司"	投资额 1 亿元

资料来源：赛迪智库整理，2018 年 3 月。

第三节　产业税收优惠

2017 年 12 月 1 日，国家发改委、工信部、财政部、海关总署联合公告，为贯彻《国务院关于印发进一步鼓励软件产业和集成电路产业发展若干政策的通知》，落实现行集成电路生产企业有关进口税收优惠政策，公布了一批线宽小于 0.25 微米或投资额超过 80 亿元、线宽小于 0.5 微米（含）的集成电路生产企业名单，包括中芯国际、上海华力、武汉新芯、士兰微等 63 家企业。文件明确了享受税收优惠政策的软件、集成电路企业应符合的条件，让地方财税部门有据可依。同时，为切实加强优惠资格认定取消后的管理工作，在软件、集成电路企业享受优惠政策后，要求税务部门转请发改、工信部门进行核查。

　　符合条件的集成电路企业经认定后，一是第一年至第二年免征企业所得税，第三年至第五年按照25%的法定税率减半征收企业所得税，并享受至期满为止。二是减按15%的税率征收企业所得税，其中经营期在15年以上的，在2017年12月31日前自获利年度起计算优惠期，第一年至第五年免征企业所得税，第六年至第十年按照25%的法定税率减半征收企业所得税，并享受至期满为止。三是新办的集成电路设计企业在2017年12月31日前自获利年度起计算优惠期，第一年至第二年免征企业所得税，第三年至第五年按照25%的法定税率减半征收企业所得税，并享受至期满为止。四是国家规划布局内的重点软件企业和集成电路设计企业，如当年未享受免税优惠的，可减按10%的税率征收企业所得税。五是集成电路设计企业和符合条件软件企业的职工培训费用，应单独进行核算并按实际发生额在计算应纳税所得额时扣除。六是集成电路生产企业的生产设备，其折旧年限可以适当缩短，最短可为3年（含）。

领域篇

第十九章　人工智能

第一节　产业概况

一、分类

深度学习工程的搭建，可分为训练（training）和推断（inference）两个环节：其中，训练环境通常需要通过大量的数据输入，或采取增强学习等非监督学习方法，训练出一个复杂的深度神经网络模型。训练过程由于涉及海量的训练数据（大数据）和复杂的深度神经网络结构，需要的计算规模非常庞大，通常需要 GPU 集群训练几天甚至数周的时间，在训练环节 GPU 目前暂时扮演着难以轻易替代的角色。

推断（inference）环节指利用训练好的模型，使用新的数据去"推断"出各种结论，如视频监控设备通过后台的深度神经网络模型，判断一张抓拍到的人脸是否属于黑名单。虽然推断环节的计算量相比训练环节少，但仍然涉及大量的矩阵运算。在推断环节，除了使用 CPU 或 GPU 进行运算外，FP-GA 以及 ASIC 均能发挥重大作用。

从市场角度而言，目前人工智能芯片的需求可归纳为三个类别：首先是面向于各大人工智能企业及实验室研发阶段的训练环节市场；其次是数据中心推断（inference on cloud），无论是亚马逊还是"出门问问"等主流人工智能应用，均需要通过云端提供服务，即推断环节放在云端而非用户设备上；最后是面向智能手机、智能安防摄像头、机器人/无人机、自动驾驶、VR 等设备的设备端推断（inference on device）市场，设备端推断市场需要高度定制化、低功耗的人工智能芯片产品。如华为在麒麟970芯片中搭载寒武纪IP，旨在为手机端实现较强的深度学习本地端计算能力，从而支撑以往需要云端计算的人工智能应用。

二、竞争格局

在深度学习的Training阶段，GPU具有绝对的市场优势。由于AMD 2017年来在通用计算以及生态圈构建方面都长期缺位，导致了在深度学习GPU加速市场NVIDIA一家独大的局面。NVIDIA 2017年第二季度财报显示，NVIDIA Q2收入达到22.3亿美元，毛利率更是达到了惊人的58.4%，其中数据中心（主要为面向深度学习的Tesla加速服务器）Q2收入4.16亿美元，同比上升达175.5%。

在云端推断（inference）环节，GPU不再是最优的选择，取而代之的是当前互联网企业都纷纷探索的云服务器+FPGA芯片模式，以替代传统CPU以支撑推断环节在云端的技术密集型任务。亚马逊AWS在2017年推出了基于FPGA的云服务器EC2－F1；微软早在2015年就通过Catapult项目在数据中心实验CPU+FPGA方案；而百度则选择与FPGA巨头Xilinx（赛思灵）合作，在百度云服务器中部署KintexFPGA，用于深度学习推断，而阿里云、腾讯云均有类似围绕FPGA的布局。

第二节　发展特点

一、移动智能终端、安防设备等成为全定制（ASIC）人工智能芯片产业化的"先行阵地"

ASIC芯片由于其低功耗、高效率的特点而适用于功耗较低、存储空间较小的移动智能终端、智能安防摄像头、智能家居、无人机等智能终端，这些领域成为人工智能芯片尤其是ASIC芯片率先产业化的阵地。手机端对于实验敏感性的要求使得移动端人工智能芯片成为必需品，2017年华为发布了搭载寒武纪芯片的麒麟970，苹果发布内置神经网络引擎的 A11 Bionic，对移动端人工智能芯片产业化起到推波助澜的作用。此外，智能技术在安防行业的应用也非常广泛，目前安防行业倾向于使用前端智能摄像头与后端数据处理平台结合的方式提高图像分析效率，例如海康的摄像机就配备了 Movidius 开发的视觉处理器和英伟达的 Jetson 芯片。

二、基于 GPU 的人工智能芯片解决方案是业界主流，但 FPGA 发展较快

目前 GPU 是市场上用于人工智能计算最成熟、应用最广泛的通用型芯片，在算法技术和应用层次尚浅时期，GPU 由于其强大的计算能力、较低的研发成本和强大的通用性将继续占领人工智能芯片的主要市场份额。例如，英伟达仍在不断探寻 GPU 的技术突破，2017 年新推出的 Volta 架构使得 GPU 一定程度上克服了在深度学习推理阶段的短板，在效率要求和场景应用进一步深入之前，作为数据中心和大型算力支撑的主力军，GPU 仍具有很大优势。而 FPGA 的最大优势在于可编程带来的配置灵活性，在目前技术和应用都在快速更迭的时期具有巨大的实用性，而且 FPGA 还具有比 GPU 更高的功效能耗比。企业通过 FPGA 可以有效降低研发调试成本，提高市场响应能力，推出差异化产品。在 ASIC 发展的足够成熟之前，FPGA 是很好的过渡产品，所以科技巨头纷纷布局"云计算 + FPGA"的平台。

三、全定制化（ASIC）人工智能芯片是未来发展的主流趋势

ASIC 具有高性能、低能耗的特点，可以基于多个人工智能算法进行定制，其定制化特点使其能够针对不同环境达到最佳适应，在深度学习的训练和预测阶段皆能占据一定地位。目前由于人工智能产业仍处在发展的初期，较高的研发成本和变化莫测的市场使得很多企业望而却步。未来当人工智能技术、平台和终端的发展达到足够成熟度，人工智能应用的普及程度使得全定制化芯片能够达到量产的水平，此时 ASIC 芯片的发展将更上一层楼。此外，人工智能算法提供商也有望将已经优化设计好的算法融合进芯片设计方案中，从而实现算法 IP 的芯片化，这将为人工智能芯片的发展注入新的动力。

第二十章 蜂窝物联网

蜂窝物联网的名称来源于蜂窝移动网。基于电信运营商广泛的网络分布、强大的终端运营能力，蜂窝移动网可以为蜂窝物联网设备提供完善、安全的网络服务。现今，产业内芯片企业、电信运营商、下游应用企业共同促进着蜂窝物联网产业的发展。对于芯片企业，由于智能手机市场已经接近饱和，抢占物联网市场成为企业蜂窝基带芯片产品的重要发展突破口；对于电信运营商，拓展蜂窝物联网市场已经成为企业重要的发展战略，发展物联网业务已经成为电信运营商未来扩大连接数量、开辟抢占新兴市场的重要手段；对于下游应用企业，利用运营商便捷、广泛、安全的蜂窝网络，企业可以在物联网各领域拓展产品线。

第一节 蜂窝物联网应用市场分析

伴随 NB－IoT、eMTC 等低速蜂窝网络技术的快速发展，蜂窝网络在物联网产业中得到越来越广泛的应用。全球移动通信协会（GSMA）预测，全球在 2020 年将会有 30 亿物联网连接承载在运营商的网络上，届时将有超过 10% 的物联网设备使用电信运营商的网络。

未来以 NB－IoT 等为代表的广域低速网络将占有蜂窝物联网大部分市场，借助于广域低速网络的低功耗、高覆盖等特性，网络可以为无线抄表、环境监测等物联网设备传输文本信息提供最高 100Kbps 的信息传输服务。中速率蜂窝网络技术有 3G、eMTC 等，可穿戴设备、电子广告等设备可以利用相关网络获得每秒数百 Kb 的信息传输服务，预计 2020 年将有 30% 的蜂窝物联网设备使用相关网络技术。高速蜂窝网络技术包括 5G 和 4G，网络可以满足设备对于高清视频等的数据传输需求。预计相关网络在物联网中的应用较为有限，未来高速蜂窝网络技术在蜂窝物联网中的市场占有率将达到10%。

目前，蜂窝物联网已经在工业、交通、电网、物流、医疗、环保、农业、家具等众多行业展开应用。

表20-1 2020年蜂窝物联网市场预测

	典型业务	业务特点
高速率 10%	视频监控 机器人 智慧医疗	MB 级别速率 流量高 功耗不敏感
中速率30%	可穿戴设备 电子广告 无线 ATM	百 KB 级别速率 需语音 功耗不敏感
低速率60%	无线抄表 环境监测 物流	速率低于百 KB 以文本为主 功耗敏感 覆盖要求更高

资料来源：赛迪智库整理，2017 年 12 月。

表20-2 蜂窝物联网设备应用现状分析

行业	应用领域	无线通信联网方式
工业	智能抄表	2G、NB-IoT
	设备监控管理	3G
	能耗控制	2G
交通	智能车路控制	3G/4G
	交通车载信息服务	3G/4G
	车载智能终端	3G/4G
	共享单车	2G、NB-IoT
电网	智能变电	2G
	配网自动化	3G/4G
	电力设备控制	2G
	智能充电桩	3G/4G
物流	全球定位	3G/4G
	无线传感	3G/4G
	物流监控	3G/4G
	自动售货机	3G

续表

行业	应用领域	无线通信联网方式
医疗	可穿戴健康监控仪	2G、NB-IoT
	血液管理	3G/4G
	药品监控	3G/4G
	远程医疗	3G/4G
环保	生态环境监控	2G
	污水监控	2G、NB-IoT
	路灯监控	2G、NB-IoT
农业	智慧大棚	2G
	农作物灌溉	2G、3G/4G
	食品溯源	3G/4G
家具	家电控制	2G
	节能	2G
其他	金融POS	2G、3G/4G
	视频监控	3G/4G
	广告发行	3G/4G

资料来源：赛迪智库整理，2017年12月。

第二节　蜂窝物联网技术发展分析

一、电信运营商将重点推动4G/5G全IP网络建设

目前，电信运营商基本采用2G、3G、4G网络混合组网方式，不同时代的网络技术被共同使用以满足用户对于不同数据使用速率的需求。未来，全IP网络将成为蜂窝通信技术的发展趋势。在全IP网络中，运营商使用的不同种类网络资源将可以实现共用硬件，即同样一套硬件可以通过软件的调整支持5G、4G/CatM、NB-IoT多种网络技术，并由此实现对于物联网不同网络使用需求的全部覆盖。发展全IP网络，一是可以优化运营商的网络业务，多种网络技术共用硬件可以降低运营商的网络维护成本、提高网络安全性。二

是可以更好满足蜂窝物联网对于超大连接量的需求。现有的 2G、3G、4G 网络的网络容量较为有限，已经无法适应快速发展的蜂窝物联网市场。全 IP 网络在网络容量上拥有跨越式进步，为蜂窝物联网提供了巨大发展空间。以低速率网络为例，每个 2G 网络扇区仅能同时为数百个终端提供服务，而每个 NB - IoT 网络扇区却可以同时为多达 5 万个终端提供服务。

表 20 - 3　电信运营商网络发展分布

数据使用需求	2/3/4G 混合网络	4G/5G 全 IP 网络
低速 IoT/CS 语音	2G	NB - IoT
中速 MBB/IoT/VoLTE	4G/3G	4G/CatM
高速 MBB	4G	5G

资料来源：赛迪智库整理，2017 年 12 月。

二、NB - IoT 和 eMTC（Cat M1）技术将协同互补，共同促进蜂窝物联网市场的发展

为适应物联网应用需求，蜂窝物联网通信技术的发展具备了中低速率、低功耗、低成本的特点。低功耗广域（LPWA）蜂窝通信技术充分满足了物联网设备广覆盖、大容量、低功耗和低成本的使用需求，已经成为蜂窝物联网通信技术的发展方向。NB - IoT 和 eMTC 技术是低功耗广域蜂窝通信技术中最受业界重视的两种。由于两种网络技术的设计出发点不同，NB - IoT 和 eMTC 在数据传输速率、覆盖增强能力、移动性、定位能力等方面存在较大差距。如表 20 - 4 所示，eMTC 技术在满足更高数据传输速率的同时，具有较好的移动性，所以 eMTC 技术更适合部署在可穿戴设备、移动支付、智慧物流等应用领域。NB - IoT 技术虽然在传输速率和移动性方面略逊于 eMTC，但因其拥有更高的信号覆盖能力和更低功耗、更低成本优势，在远程抄表、智慧农业、智能停车、城市公共设施监控等应用领域具有较好适应性。

表 20 - 4　eMTC（Cat M1）和 NB - IoT 技术参数对比

技术制式	eMTC（Cat M1）	NB - IoT
协议版本	Release 13	Release 13
系统带宽	1.4MHz	200kHz

续表

数据传输速率	375Kbps（HD – FDD）， 1Mbps（FDD）	250Kbps（多模）， 20Kbps（单模）
覆盖增强（相比 GSM）	>15dB 覆盖增强	>20dB 覆盖增强
续航（两节5号电池）	最长约 10 年	最长约 11 年
移动性	<120km/h 的连接态切换	<30km/h 的连接态切换
定位能力	支持	目前版本不支持

资料来源：赛迪智库整理，2017 年 12 月。

第三节　中美两国低功耗广域蜂窝物联网发展路径分析

NB – IoT 和 eMTC 技术已经被中美两国电信运营商共同认可，成为未来蜂窝物联网业务的发展重点。但是目前中国与美国电信运营商在网络发展顺序上存在差异，中国电信运营商选择优先部署 NB – IoT 网络、后部署 eMTC 网络，而美国电信运营商自 2017 年起优先部署 eMTC 网络，预计 2018 年才会逐步启动 NB – IoT 网络的部署。

中美两国电信运营商网络发展基础差异是两国电信运营商物联网发展策略不同的关键诱因。目前，2G 网络（包括 GSM 网络和 CDMA 网络）仍然是蜂窝物联网设备使用最广泛的网络。但是在授权网络频段日益拥挤的背景下，电信运营商开始逐步关闭 2G 网络服务，通过部署新型更高效的网络技术来提高网络使用效率。美国电信运营商较早实施了关闭 2G 网络服务计划，其中 AT&T 公司已经于 2016 年底停止了 GSM 网络服务。由于 NB – IoT 网络无法支持语音服务且具有较差移动性，所以美国电信运营商优先部署 eMTC 网络有助于替代原有 2G 网络服务。中国电信运营商现今仍在提供完善的 2G 网络服务。由于 NB – IoT 网络技术和 2G 网络技术在数据传输速率、移动性等方面具有一定差距，所以优先部署 NB – IoT 网络有助于中国电信运营商拓宽自身物联网业务应用范围。

中美两国产业链环境差异是导致两国物联网发展策略不同的主要原因。

中国企业在 NB – IoT 技术方面具有世界领先优势。以华为公司为代表的中国企业在 NB – IoT 的标准化方面起到了引领作用，获得了行业内的主导权。目前，中国企业已经在 NB – IoT 芯片、网络、云平台方面拥有世界一流的核心技术。优先大力发展 NB – IoT 有助于中国相关企业巩固自身技术优势，进一步引领世界范围内 NB – IoT 技术应用。美国企业在 eMTC 技术方面更具优势。由于 eMTC 协议是基于 LTE 协议，通过对 LTE 协议进行剪裁和优化而来，所以以高通为代表的传统通信领域巨头在 eMTC 技术上拥有主导地位。并且爱立信、诺基亚长期以来是美国电信运营商的网络设备供应商，由于设备供应商在 eMTC 技术方面的优势，美国电信运营商在部署 eMTC 网络方面会更加快捷。

　　良好的 NB – IoT 政策环境助推中国 NB – IoT 产业发展。2017 年 6 月，工业和信息化部发布《关于全面推进移动物联网（NB – IoT）建设发展的通知》。《通知》就加强 NB – IoT 标准与技术研究、推广 NB – IoT 在细分领域的应用和优化 NB – IoT 应用政策环境等方面对产业发展做出了明确的指导。《通知》的发布提振了相关企业对 NB – IoT 产业发展的信心，必将促使我国 NB – IoT 产业加快发展。

热 点 篇

第二十一章　高通遭反垄断调查和诉讼

第一节　事件回顾

2017 年，高通公司在全球多地遭到反垄断调查和诉讼。

2017 年 1 月，美国联邦贸易委员会（FTC）公布反垄断调查文件，文件显示高通为了让苹果独家使用其基带芯片，曾经向苹果支付巨额回扣，金额多达几十亿美元。随后，苹果对高通诉讼的影响逐渐显现。

2017 年 1 月，欧盟要求高通提供与芯片定价相关的资料文件等信息，并在 30 天内作出回应。随后，高通与欧盟进行了多次谈判，拒绝反垄断调查请求。6 月 30 日，高通在提供了部分信息后向欧洲法院提出上诉，请求停止继续提供芯片定价相关资料，或者欧盟对此给予相应补偿。法庭判决书表示高通不得拒绝提供反垄断调查资料文件的请求，高通可以向法庭申请要求欧盟提供补偿，但须在针对高通的调查结束之后。

2017 年 2 月，高通向首尔高等法院提出反垄断判决上诉。9 月，首尔法院驳回了高通的上诉，要求高通对其在韩国市场的垄断行为进行整改。韩国公平贸易委员会（KFTC）曾于 2016 年 12 月对高通展开反垄断调查，认为高通在韩国市场销售智能手机芯片时妨碍市场竞争，滥用其市场主导地位，在销售芯片时强迫手机制造商为一些不必要的专利支付费用，认为高通存在垄断行为，此外，高通还拒绝向其他调制解调器芯片制造商授权标准必要专利或者限制授权存在垄断行为，因此决定对高通处以 1.03 万亿韩元（约 9.12 亿美元）的罚款，创下韩国反垄断最高罚金纪录。

2017 年 10 月，中国台湾公平交易委员认定高通在 CDMA、WCDMA 及 LTE 等基带芯片市场具独占地位，却拒绝授权芯片同行并要求订立限制条款，同时为保证其独占地位，采取不签授权协议就不提供芯片等手段，其经营模式有损基带芯片的市场竞争。因此，公平会宣布高通因违反公平交易法，罚款234亿新台币（约合人民币50亿元）。

第二节　事件评析

一是高通利用市场地位制定不公平交易协议遭受多方压力，导致营收下降。高通稳居全球手机芯片龙头多年，占据全球基带芯片市场50%以上的份额，2016年营业利润达到70亿美元左右。利用其垄断地位，高通采取按照整机出厂价格的5%计算专利授权费，而不是单独按照芯片价格，但两者价差达到十倍左右。近年来，高通受到了英特尔、英伟达和苹果公司的控告，并身陷中国大陆、韩国、欧盟、美国、中国台湾等地区的反垄断诉讼。受到此类诉讼的影响，高通营收业务同比下滑，根据其2017年度的财报，高通营收223亿美元，同比下滑5%，净利润为25亿美元，同比下滑57%。

二是判决结果可能难以奏效，但制衡效用明显。从高通多次反垄断诉讼与调查的结果看，高通在各地遭遇反垄断处罚后，一直在走行政诉讼流程，随着时间的推移对高通的处罚更加难以奏效。但反垄断调查对高通在各国的政府关系与投资并购形成极大压力。如高通收购恩智浦案在欧盟遭到严厉审查。恩智浦半导体在汽车电子等方面几乎处于统治地位，在微控制器、射频、传感器、模拟技术与电源管理等方面具有领先优势。而高通在基带和射频市场占有极高的市场份额，高通与恩智浦在射频业务细分厂商存在重合，可能在细分市场产生垄断地位。另外在物联网的垂直领域如汽车市场，高通将占据更有利的地位，特别是在连接设备和汽车应用市场，高通将成为主导厂商。为缓解审查压力，顺利推进并购，高通不得不对收购恩智浦的条款作出让步，包括剥离重叠业务，并承诺没有破坏市场行为。

三是高通必须采取措施维持未来几年业绩。随着5G时代的到来，高通在专利方面一家独大的状况将出现改变，为保证其市场占有率，高通正在采取措施保持与下游厂商的合作。2017年11月，美国总统特朗普访华，牵线高通与中国大陆手机厂商OPPO、小米和vivo签订了总值120亿美元的非约束性采购意向备忘录，未来三年内高通将为这三家手机公司供应零组件。这一举措将提高高通在中国手机芯片市场的使用率，同时挤压其他厂商利润空间，将中国市场占有率扩大到 30% 以上，巩固高通在全球智能手机芯片市场中的领先地位。由于合作意向备忘录不具约束力，三家手机制造商仍有选择供应商的权利，且大陆手机厂商一般采用第二供应者商业模式，备忘录实际影响有待进一步观察。

第二十二章　博通发布收购高通要约

第一节　事件背景

近年来，随着半导体市场逐渐成熟，半导体产业进入巨头整合期。市场分析公司 IC Insights 的数据显示，2017 年全球半导体产业实现并购交易总值 277 亿美元，低于 2015 年的 1073 亿美元和 2016 年的 998 亿美元，但仍然是 2007 年至 2012 年年均完成交易额（约为 126 亿美元）的 2 倍多。2017 年实现并购交易总值的 87% 来自两笔交易：一是由私募股权公司贝恩资本（Bain Capital）领导的财团以 180 亿美元收购东芝内存芯片部门（仍然面临监管挑战），二是 Marvell 斥资 60 亿美元收购 Cavium。需要说明的是，IC Insights 的数据并没有包括博通发布收购高通要约的 1030 亿美元。2017 年 11 月，高通董事会拒绝了这一提议，如计入这一数字，2017 年全球半导体产业并购意向实际上有增无减。

博通发布收购要约时，高通正经历发展低谷。高通虽然是全球第一大集成电路设计企业，但近年来发展频频遇到问题。一是高通的专利授权模式被质疑，各国监管部门相继对高通开出了罚单。高通的最大客户苹果公司也起诉高通并拒绝支付专利费，这严重影响了高通的财务收入。二是高通正在丧失手机移动芯片市场优势。基带芯片方面，英特尔抢占了高通公司在苹果公司的订单，同时也有消息传出苹果公司将自行研发基带芯片。在应用处理器方面，高通的主要客户三星、华为、小米都已研发应用处理器；同时来自于联发科和展讯的竞争，削减了高通对应用处理器市场的控制力。受以上两方面因素的影响，高通 2017 财年财报显示公司总营收同比下降 5%，净利润同比减少 57%。

　　与高通相反，博通 2017 财年收入超市场预期。博通财报显示，2017 财年博通收入 176.36 亿美元，同比增长 33%，毛利率 63%，同比增长 2.5 个百分点，净利润 72.55 亿美元，同比增长 55%。为了保证股东现金回报及开展收购，博通宣布提高长期财务目标，年收入增长目标保持在 5% 水平，保持自由现金流 50% 用于股东分红。博通收购高通如果成功，新公司将成为仅次于英特尔和三星电子的全球第三大的芯片制造商，有望以超大规模在资本市场获得新生。Bernstein 分析，博通可以借收购高通削减至少 30 亿美元成本。即便博通对高通的报价提高到每股 80 美元以上，收购交易对博通而言仍然划算。

第二节　主要内容

　　博通发布收购高通要约自 2017 年 11 月 6 日起至 2018 年 3 月 13 日止，历时近半年，主要经历以下三个阶段：

　　初次要约阶段。2017 年 11 月 6 日，博通初次发布收购要约，计划以每股 70 美元、总金额超过 1300 亿美元的价格收购高通。如果交易能最终达成，这将是全球半导体行业有史以来最大的收购案。2017 年 11 月 13 日，高通公司宣布，公司董事会成员一致决定拒绝博通公司提出的主动收购要约，理由是该收购要约"严重低估了高通"。在高通发布声明后，博通迅速作出反击，称"仍完全致力于"收购高通，并称博通的股东看好该收购交易。

　　恶意收购阶段。由于初次要约遭到高通拒绝，2017 年 12 月，博通宣布已将提名的 11 名董事候选人通知高通公司，旨在获得高通董事会多数席位。2018 年 2 月，博通将收购高通的报价调整为每股 79 美元。随后美国著名股权代理顾问公司 Institutional Shareholder Services（ISS）发布报告称，博通很可能在高通董事会改选中取得多数席位。

　　美国政府介入阶段。2018 年 3 月 5 日，美国财政部表示，美国外国投资委员会（CFIUS）向高通发布临时禁令，要求推迟于 3 月 6 日即将召开的高通年度股东大会，同时推迟董事会选举 30 天，从而使得 CFIUS 能够全面调查博通对高通的收购一事。2018 年 3 月 13 日，美国总统特朗普签署命令，表示有确凿的证据表明这一收购行为可能危害到美国的国家安全，因此禁止高通和博通任何"本质上等同于"并购交易的计划，并且博通所提名的所有 15 名董事候选人全部不符合高通董事资格。

第三节　事件评析

博通的收购要约本身具有垄断性质。首先，该项收购由于具备行业垄断特性，本身难以通过各国政府的反垄断调查。高通垄断了手机通信芯片市场，而博通在手机无线芯片领域也处于垄断地位，一旦高通与博通合并，新公司将在智能手机芯片、无线芯片、机顶盒等领域成为垄断企业，一般无法通过政府监管部门的审核。其次，高通 2017 年初宣布斥资 380 亿美元收购汽车电子企业 NXP，并在 2018 年 2 月将收购价从每股 110 美元提高到至每股 127.50 美元，交易总额提高到约 440 亿美元，总价上调了 16%，迄今尚未通过中国商务部反垄断审核，成为博通收购高通的又一大变数。博通单方面不希望该收购继续进行，实施了提高对高通的收购价和开除高通董事长等激进做法，引发了美国政府提前介入和最终否决。

博通恶意收购失败后续有待观察。一是美国外国投资委员会（CFIUS）插手高通并购案有多重意义。CFIUS 的这一举动表明了美国政府对于保护 5G 技术等国家安全相关的知识产权坚决态度，并且意味着 CFIUS 未来将采取更加严厉的态度对待外国公司对美国公司的并购。二是可能引发半导体产业更大并购。据外国媒体报道称，出于对博通"恶意"收购高通的应对，英特尔正考虑向博通提供报价并收购后者，如果这一收购要约最终得以实施，未来全球半导体行业将发生更大动荡。三是或导致高通内部产生分裂。由于原高通执行董事保罗·雅各布坚决反对博通收购，高通为确保博通交易公平免除了保罗·雅各布的执行董事一职，由此将导致未来高通家族烙印淡化和产生新的内部矛盾。

第二十三章　英特尔芯片曝高危漏洞

第一节　事件回顾

2018 年 1 月 2 日，美国英特尔（Intel）公司中央处理器（CPU）产品被报道存在严重安全漏洞。漏洞源自高性能 CPU 为了提升计算性能而普遍使用的计算方式，影响近 20 年来几乎所有 CPU 产品。

谷歌（Google）公司的 Project Zero 研究团队最早从 Intel 的 CPU 中发现了该漏洞。漏洞分为两类，被分别命名为"熔断"（Meltdown）和"幽灵"（Spectre）。"熔断"可以只通过软件层面予以修复，而"幽灵"则还需要通过 CPU 的微代码从硬件端修复。两类安全漏洞均源自现代高性能 CPU 普遍采用的"乱序执行"和"分支预测"的计算方法，攻击程序通过"侧信道分析"的方式从 CPU 缓存中读取敏感数据信息。由于近 20 年来几乎所有 CPU 产品均采用以上计算方法来提高 CPU 的性能和效率，使得该漏洞的影响范围很广。Intel、AMD、ARM、IBM、高通等主流 CPU 企业均表示其产品受到不同程度的影响。

Intel 公司已联合合作伙伴提前 6 个月部署漏洞修补工作。Google 公司研究团队于 2017 年 6 月已发现漏洞并告知 Intel。为避免在毫无应对措施的情况下引起行业危机，Intel 公司联合微软（Microsoft）等操作系统厂商和联想等整机厂商组成联盟，延迟公开漏洞信息，共同研发解决方案来修补漏洞，并计划于 2018 年 1 月 9 日正式对外发布漏洞细节。在被媒体提前披露后，1 月 4 日，Intel 针对 CPU 安全漏洞事件发表紧急声明，表示其正在与友商抓紧完成漏洞修补工作。

操作系统企业、云服务供应商、服务器供应商陆续发布应对漏洞事件的声明。安全漏洞被曝光后的 2 天内，各大 Intel 芯片应用企业陆续发布应对安全漏洞的方案，表示正在或已完成产品和服务的升级。微软、苹果已发布了安全更新程序，以保护个人计算机产品的信息安全。亚马逊、谷歌、阿里巴巴、腾讯、百度、华为等陆续宣布将对云服务系统进行更新升级，以保护云服务客户的信息安全。我国的中标软件（操作系统厂商）和中科曙光（服务器厂商）等均发布了升级系统和持续监测等积极应对的行动声明。

第二节　事件评析

数据中心服务器和云服务供应商受影响最大。由于修补漏洞需要一定程度抑制"乱序执行"和"分支预测"两种高性能计算方式，通过系统修复升级可能会导致计算系统性能下降。根据目前公开的消息，系统修复升级对个人计算机的性能影响不显著。然而，服务器 CPU 数据吞吐量很大，输入—输出（IO）频繁，非常依赖"乱序执行"和"分支预测"。各大云服务供应商修复系统后，在较为极端的情况下，服务器性能有可能下降 30%。由于云平台大量应用虚拟化技术，修复工作将比个人计算机更为复杂。

事件的后续影响和风险处于可控状态。由于 Intel 已提前得知漏洞，并联合友商共同研究和修复，漏洞事件的突然曝光并未使得各下游应用厂商措手不及。各大云服务供应商、操作系统企业、CPU 企业、整机企业均声称尚未发现由于该漏洞导致的信息泄露事件。多家企业已成立专门机构监测漏洞可能带来的安全风险。Intel 公司透露，此次漏洞并不能通过网络被远程恶意程序利用，必须在计算机本地进行操作和控制，所以安全风险比想象中要低。

事件映射中国信息系统存在较大的风险隐患。此次漏洞事件从独立研究团队发现漏洞—Intel 公司研究应对方案—被媒体公开披露，前后历时 6 个月。中国政府和云服务器供应商在长达半年的时间内可能没有及时收到充分的漏洞风险提示。金融、交通、通信、能源等重要行业和专用行业的信息系统在这 6 个月期间处于严重安全风险之中。此次事件更映射出由于我国在 CPU、操作系统、中间件、软件等领域技术和生态的不足，我国信息系统的安全性难以及时得到保障。

应推动重点行业计算机操作系统加速更新升级。国内重点行业应用领域已部分采用自主可控的国产 CPU，然而 Intel CPU 仍占主导地位。此次漏洞事件涉及 1995 年之后所有的 CPU，已大量应用在我国重点行业中，需要加快系统更新升级来规避漏洞带来的风险。我国金融、能源、交通、党政军等多采用 Windows XP 系统，然而微软已不提供 XP 系统的更新，无法抵御针对此次漏洞的攻击，对国家信息安全构成了重大威胁。中电科集团与微软合作，为国家重点部门提供安全可控的 Win10 操作系统服务，应推动其加快进程，以尽快修复系统漏洞。

应继续大力支持国产服务器 CPU 发展。国内服务器 CPU 企业包括天津飞腾和华芯通（ARM 架构授权）、龙芯（MIPS 架构授权）、中晟宏芯（Power 架构授权）、成都海光（AMD x86 架构授权）等。应发挥国内市场优势，大力推动国产服务器 CPU 企业加强与国内互联网企业、服务器企业、重点行业应用客户的技术、资本、市场合作，加快技术研发，培育产业生态，提升竞争实力，保障国内重点行业领域的运行安全和信息安全。

第二十四章　硅片价格大幅上涨

第一节　事件回顾

　　全球硅片供应被国际巨头垄断。硅片是集成电路制造最重要的原材料，既是集成电路制造中成本最高的原材料（约占原材料总成本的20%），也是保证集成电路性能的重要载体。经过多年的竞争和重组，全球硅片市场已形成清晰和稳定的格局。日本信越、日本SUMCO、中国台湾环球晶圆、德国Siltronic、韩国SK Siltron五大供应商共占据全球硅片市场的92%。在技术水平要求更高的12英寸硅片市场，五大供应商的市场占有率超过97%。其中排名第三的中国台湾环球晶圆公司在2016年连续收购丹麦Topsil公司和美国Sun Edison公司，进一步巩固了行业地位，使得行业垄断程度继续加大。

　　集成电路产线加速扩张使得硅片价格大幅上涨。全球集成电路龙头企业英特尔、三星、台积电等均在大规模扩产，中国的中芯国际、华虹宏力、长江存储、晋华存储等新生产线已陆续开工建设。根据赛迪智库的统计，至2020年，全球将新建超过60条集成电路生产线，其中中国超过20条。旺盛的需求使得硅片价格从2016年底起呈持续上涨态势。日本SUMCO公司12英寸硅片在2017年9月的最新签约价已达120美元，较2016年底的75美元暴涨60%。由于硅片企业已多年未扩充产能，预计2017年全球硅片市场的供应缺口将达到5%，2019年超过10%。

　　我国集成电路产业面临被境外硅片企业停止供货的风险。全球硅片供应出现缺口使得三星、台积电等集成电路龙头企业纷纷倾向于与硅片企业签订长期供货协议，锁定供应量，保证未来的扩产计划不受影响。目前，我国内地集成电路制造企业对上游原材料企业的议价能力很弱。随着全球硅片供应缺口持续加大，硅片供应商极有可能优先供应龙头企业，甚至为保障龙头企业供应而停止向我国内地企业供货，我国规划建设的集成电路生产线将面临供应安全风险。

第二节　事件评析

国内硅片企业技术落后，生产成本高，暂时难以支撑集成电路产业发展需要。一是国内企业尚不掌握用于先进制程工艺的 12 英寸硅片制造技术，只掌握 8 英寸、6 英寸及用于光伏电池的一般品质硅片制造技术。二是缺乏有实力的硅片设备企业，难以和国内硅片企业合力进行技术研发。硅片的品质、良率、产能与硅片设备的定制化设计和功能相关。全球技术先进的硅片设备企业与硅片企业形成了紧密的合作研发关系，签订了技术保密协议，境外设备企业与硅片企业合作研发的高端定制化设备不能出售给我国硅片企业，而只能出售通用的设备。三是国产硅片企业生产成本居高不下，缺乏市场竞争力。硅片是充分竞争的市场，硅片的成本和性能决定下游生产线的采购选择。国内硅片生产所需的电子级多晶硅原料、单晶炉设备、石墨坩埚、研磨机、抛光机、抛光布、硅片盒等均需要进口，造成国产硅片成本价格已超过市场价的 20%，产品缺乏竞争力，很难打破市场供应格局。上海新昇公司已投资建设 12 英寸硅片工厂，计划 2021 年实现 60 万片/月的产能目标，然而当前其技术研发尚未完成，且规划产能仍难以满足国内需求。根据赛迪智库统计，2016 年，中国集成电路 12 英寸生产线产能已占全球的 9.5%，12 英寸硅片需求量为 50 万片/月，未来五年将达到 120 万片/月；中国 8 英寸硅片需求量为 70 万片/月。然而国内 12 英寸硅片的供应能力为零，8 英寸硅片只能供应 14%，难以支撑国内高速发展的集成电路产业。

全球硅片技术进步大幅放缓，为国内追赶争取了时间。目前，硅片的尺寸已可以达到 18 英寸，然而集成电路制造生产线还停留在 12 英寸。且从发展历史来看，制造生产线从 4 英寸到 12 英寸发展的过程中，每次换代要经历 3—8 年，而 12 英寸生产线从 2005 年规模生产后至今已 12 年，且当前全球集成电路企业规划建设的新生产线仍为 12 英寸。英特尔、台积电等集成电路龙头企业对建设 18 英寸生产线持保守态度，预测至少在 2023 年以后才会开始建设。18 英寸生产线升级的暂停为国内硅片制造技术研发争取了宝贵的时间。

我国集成电路企业实力不断壮大，为本土硅片企业提供了市场。国产硅片产品很难打入全球集成电路供应链，只能通过国内集成电路企业不断壮大实力，为国产硅片提供合适的验证平台和市场。国内正加速布局集成电路生产线，中芯国际、晋华存储、长江存储等被列入国家"十三五"集成电路重大生产力布局规划。截至 2016 年底，12 英寸生产线已建成 11 条，在建 13 条。中芯国际和华虹宏力已开始验证金瑞泓和有研半导体两家公司的 8 英寸硅片，部分品种已开始批量使用。

第二十五章　中微半导体赢专利诉讼

第一节　事件回顾

2017 年 4 月，Veeco 美国公司在美国纽约州立法院起诉中微半导体的德国晶圆托盘供应商 SGL 四项专利侵权（US6506252B2、US6685774B2、US6726769B2、USD690671S1）。11 月，美国纽约东区地方法院同意了 Veeco 公司针对 SGLCarbon、LLC（SGL）的一项初步禁令。中微半导体于 2017 年 7 月反告维易科精密仪器国际贸易（上海）有限公司（以下简称"Veeco 上海"）专利侵权（CN202492576U），并向福建省高级人民法院正式起诉。之后，Veeco 上海立刻向国家知识产权局专利复审委员会（简称复审委）提交专利无效宣告请求，主张中微半导体的专利无效。复审委于 11 月 24 日驳回了该无效宣告请求，确认中微半导体专利有效。中国福建省高级人民法院同意了中微针对 Veeco 上海的禁令申请，该禁令禁止 Veeco 上海进口、制造、向任何第三方销售或许诺销售侵犯中微 CN202492576U 专利的任何化学气相沉积装置（MOCVD）和用于该等装置的基片托盘（石墨盘）。除此之外，中微还宣布于美国当地时间 2017 年 12 月 8 日向美国专利商标局（USPTO）专利审判和上诉委员会（PTAB）递交 Veeco 美国专利（US 6726769B2）无效宣告的请求，同时对其中国同族专利和韩国同族专利均提交了专利无效请求。

第二节　事件评析

一是中微半导体强势崛起是引发专利战的根本原因。Veeco 是 LED 半导体芯片制造界的设备出口巨头。2014 年起占据全球 MOCVD 市场 60% 以上的市场份额。近年来，国内 MOCVD 制造企业中微、中晟不断赶超，逐步占据一定的市场。特别是中微，有一半以上的员工从事研发工作，而通过十年的发展和积累，涉及 MOCVD 的专利已超过百项。对 Veeco 在中国国内市场的领先地位产生威胁。面对国内厂商的强势崛起，Veeco 引发专利战，打击中微 MOCVD 供应商的出货与使用。中微奋起反击，通过反告 Veeco 来保证自身的出货量与市场份额，也是必然的选择。

二是预测两者未来可能会达成和解。Veeco 选择在美国市场阻击中微，导致中微在美国市场无法出货。中微在中国市场反击 Veeco，使得 Veeco 在中国市场举步维艰。由于 Veeco 在中国的市场占有率较大，短期来看中微的这场反击胜利为中微快速占领中国市场创造了机会。同时长远来看，由于美国制造业在未来将会再次兴起，因此美国市场的封锁对于中微未来进军海外市场不利。考虑到 Veeco 失去中国的市场份额后其利润会大幅缩水，同时中微具备未来进军美国市场的实力。因此，两家最终达成和解的可能性很高。

三是中国企业要坚持拥有自主研发技术产权，避开国外专利陷阱。如今在高端半导体设备制造上，依然是国外企业垄断市场，尤其是各领域的专利壁垒严重。中国企业要绕开国外企业专利壁垒困难重重，因此坚持自主研发，积极采用新思路研发新技术，提早进行专利布局，形成有效的专利制衡，才能为未来中国半导体产业的发展奠定重要基础。

第二十六章 美国政府否定
中国资本收购 Lattice

FPGA 是一种重要的核心基础元器件，在通信、工业控制、消费电子等传统领域具有广泛应用，尤其是在航天、军工等特殊领域具有不可替代的作用。同时，随着人工智能、自动驾驶、5G 通信等新兴应用的快速崛起，FPGA 的战略意义和经济价值进一步突显。为保持美国在 FPGA 领域的领先地位，特朗普总统否决了中资基金收购美国 FPGA 芯片制造商莱迪思（Lattice）的交易，并要求买卖双方完全、永久性地放弃收购。此次并购案引起了国内外产业和资本的高度关注，此次并购失败对我国发展 FPGA 产业有何重要影响和启示，这些问题都值得深入思考。

第一节 事件背景

一是 Lattice 经营业绩不佳，市场份额逐年下滑。目前，全球 FPGA 市场高度集中，被美国四家企业垄断，呈现出"两大两小"的市场格局。"两大"是指 Xilinx（赛灵思）和 Altera（阿尔特拉），"两小"是指 Microsemi（美高森美）和 Lattice，前两大企业占据近 90% 的市场份额。Lattice 是"两小"企业之一，2015 年以前一直处于行业第三的地位，2016 年以来经营业绩不佳，被排名第四的 Microsemi 取代。从产品销售情况看，2016 年 Lattice 的 FPGA 业务销售收入为 2.8 亿美元，分别为第一和第二大企业的 1/8 和 1/6。同时净利润逐年下降，2015 年以来连续亏损 1.59 亿美元和 5409 万美元，截至 2017 年上半年仍累计亏损 6335 万美元。从产品市场情况看，在 Xilinx 和 Altera 的竞争压力下，逐步从主流市场转向利基和低端消费电子市场，2015 年失去了重点客户三星的部分手机订单，导致市场份额下滑。

二是 Lattice 研发团队空心化，核心人员流失严重。芯片设计业为人才密集型行业，特别是 FPGA 这种高门槛的领域，需要大量资深的系统级设计人员，熟练掌握各种芯片开发工具，并有至少 10 年左右的经验积累。Lattice 公司经过 30 多年的发展，积累了一定的知识产权和研发实力，但是在全球产业发展的冲击下，近年来人员流失严重。一方面，2015 年 Lattice 以 6 亿美元收购 Silicon Image 公司，获得专用视频标准产品（ASSP）、毫米波无线芯片和各类 IP 等产品线，但新产品线员工与原 Lattice 员工整合不够，导致大量 FPGA 产品线老员工离职。另一方面，随着国内半导体产业的快速发展，对人才的重视程度提高，在美国的华人纷纷回国创业。Lattice 总部和上海研发中心的部分核心研发人员和团队或回国自主创业，或进入国内 FPGA 企业担任高管。受人才流失的影响，近年来 Lattice 已经没有推出新 FPGA 芯片型号，几乎没有新技术研发。

三是国内 FPGA 企业开始崛起，在部分领域实现国产替代。近些年来，国内一些 FPGA 企业从逆向工程起步，积累了一定的技术和产业基础，形成了以正向设计为主的开发方式。在军工航天领域，主要企业包括紫光同创、复旦微电子、华微电子、中电科 58 所、航天 772 所等；在民品领域，主要企业包括广东高云、上海安路、西安智多晶、上海遨格芯等。Lattice 的 FPGA 产品主要应用于中低端消费电子，国内民品 FPGA 企业在部分细分领域已经拥有了替代 Lattice 产品的实力。广东高云先后推出晨熙、小蜜蜂两个家族、4 个系列的 FPGA 产品，自主知识产权 EDA 开发软件并持续改进，目前产品已经渗透到 10 多个行业中，在通信、工控、消费等领域得到广泛应用。上海安路量产的中等性能的 FPGA 芯片成功进入 LED 显示屏控制卡市场和高清电视 TCON 控制卡市场，并计划与国内通信企业展开深度合作。西安智多晶面向 LED 驱动、高端医疗、智能仪表、工业控制等领域推出 FPGA 系列芯片，产品性能稳步提升。上海遨格芯推出用于智能手机和物联网的 FPGA 芯片，并且通过了三星严格的供应商测试认证，成为三星 Galaxy 手机里除 Lattice 以外唯一备选的 FPGA 器件，实现了国内 FPGA 公司出口零的突破。

第二节　主要内容

——提出收购阶段。2016 年 4 月，Canyon Bridge 提出收购 Lattice。

——收购谈判阶段。2016 年 11 月 3 日，Lattice 接受收购要约，与 Canyon Bridge 资本共同宣布双方签署收购协议，Canyon Bridge 以每股 8.3 美元（溢价 30%）的价格收购莱迪思半导体，计入 Lattice 债务，总收购价格近 13 亿美元。交易完成以后，Lattice 会继续以独立子公司的身份继续运营。

——收购审查阶段。这笔交易前后三次提交 CFIUS 审核，但三次都未在规定的 75 天内获得通过。2017 年 9 月 1 日，交易双方向美国总统特朗普提出申请并请求批准。根据程序，特朗普须于 15 日内对案子进行审查并作出决定。从过去的案例看，总统一般都尊重外国投资审批委员会的决定，因此，企业的并购计划被该委员会否决之后一般都不选择转向白宫寻求总统审批。Lattice 得知 CFIUS 建议总统叫停该交易。Lattice 在一份文件中表示，将采取措施，化解国家安全方面的任何重大担忧。最终特朗普政府未被说服。

——收购结果。2017 年 9 月 14 日凌晨，CFIUS 发布声明，美国总统特朗普下达行政指令，叫停中国背景私募股权基金（Canyon Bridge Fund Partners）收购美国芯片制造商 Lattice 的交易，特朗普下达指令要求买卖双方在未来 30 天内，完成所有必要的步骤，以完全、永久性地放弃收购。受此结果影响，Lattice 股价下跌 1.7%。

声明称，CFIUS 和总统评估认为该交易对国家安全带来风险，买卖双方提出的缓和方案并不能解除这些风险，其中风险包括知识产权转移给外国买家、中国政府在这项交易中的支持立场、完整的芯片供应链对于美国的重要性以及美国政府部门对于 Lattice 产品的使用。这也是川普总统上任以来收到的第一份企业并购交易计划，这是 25 年来美国总统第四次因安全风险禁止外国公司收购美国公司，其中两次都和半导体相关，除了此次的 Lattice 并购案以外，还有美国前总统奥巴马否定福建宏芯基金收购德国 MOCVD 设备企业爱思强。

第三节 事件评析

一是以新兴应用市场为牵引，引导差异化发展。目前，国际 FPGA 厂商已构筑起难以逾越的市场壁垒和技术门槛。Xilinx 和 Altera 两大寡头主打高端产品，Microsemi 专注于军工、航天、国防等特殊应用市场，Lattice 面向低成本低功耗的消费电子市场。在当前既有的市场格局下，国内应面向新兴应用市场，坚持"两条腿走路"，寻求差异化发展。一方面继续推进军品 FPGA 企业研发高性能、大规模 FPGA 产品。目前 Xilinx 已量产 16nm 制程 FPGA 产品，而国内主流产品工艺为 40nm 制程，与国外有两代的差距。未来国内企业应瞄准 28nm 及以下节点进行攻关，跟踪国际主流技术发展方向，缩小与国际领先水平的差距，解决国产 FPGA 在军用装备上的替代应用。另一方面，面向 5G 通信、人工智能、云计算、数据中心等新兴市场领域，抓住历史性的发展机遇。目前新兴市场相关标准和技术路线仍在快速迭代中，FPGA 是其中的重要技术方向之一，国内企业应根据下游客户的差异化功能需求，制定最具性价比的定制化解决方案，抓住时间窗口，抢先布局应用市场。

二是以中低密度产品为抓手，找准市场定位。高密度 FPGA 产品拥有极高的利润率，但我国在此产品领域与国外技术差距明显。早期国内曾有部分企业采取了急功近利的产品规划，跳过中低密度直接研发高密度产品，但最终导致基础薄弱，商业回报难以实现，经营难以为继。而中低密度 FPGA 市场对于国内厂商相对容易切入。此类产品技术水平维持在 40nm 工艺上，同时一般不需要支持大容量和高速串行接口，国内的 FPGA 团队均已具备相应的设计能力。此外，此类市场应用量大面广，并且主要竞争对手 Lattice 已无新产品研发。因此国内发展 FPGA 产业，一方面应找准市场定位，不盲目追求高密度产品，建立切实可行的 FPGA 产业发展中长期目标。优先布局中低密度的 FPGA 产品，打牢基础、站稳脚跟、稳步推进，逐步使国内 FPGA 技术产品与国际领先企业的差距缩小在一代以内，形成和 Lattice 的全面竞争能力。另一方面，加强国内工业整机系统重点企业与国产 FPGA 厂商的合作。针对工业控制、消费电子、无人机等领域对中低密度 FPGA 的需求，推动国内 FP-

GA 产业上下游企业的协同研发，为我国制造强国建设提供重要支撑。

三是以自主正向开发企业为依托，推动技术演进。FPGA 产品属瓦森纳协议禁运范畴，为满足国内特殊应用领域的需求，我国 FPGA 产业发展从逆向工程起步，积累了一定的技术和产业基础，已对国外产品形成了部分替代，特别是在抗辐照、安全、可靠性等方面具有独特优势。但逆向工程不能自主定义产品架构，无法培育正向设计创新型产品的能力，难以从根本上突破我国 FPGA 产业的发展瓶颈。因此一方面我国 FPGA 企业应坚持正向研发，加强自主开发相关软硬件产品能力，形成芯片、EDA 工具、IP 与应用完整的产业生态，快速提升国内 FPGA 产业的竞争力。另一方面加快自主 FPGA 产业向高端技术演进。未来面向 FPGA 新兴应用领域，推动继续展开 28nm 及以上节点产品技术攻关，加快跟上国际主流，缩小与国际领先水平的差距，为打破国外技术出口限制奠定较为坚实的基础，有效提升国家经济安全和国防安全的保障水平。

四是以软硬件结合发展为导向，完善配套工具。FPGA 需要软硬件紧密配合才能真正发挥其性能，对芯片本身构架的定义、芯片资源以及客户端的系统应用影响巨大。国际主流企业的软件开发工程师配比已达到 50%，而国内企业普遍缺少软件开发团队，相关软件开发工程师配比极低。导致国内 FPGA 企业配套软件和工具较为缺乏，特别是软件开发工具、IP 核心等对外依赖程度非常高。一方面，国内企业应重视软件开发，提升前端综合软件工具、后端布图软件工具、位流生成工具和用户仿真模型等软件系统开发能力，不断扩大 IP 的数量与种类，形成国产 IP 软核资源库，大幅度提高 FPGA 芯片适用性。另一方面，加强应用开发能力，提升 FPGA 产品在多领域、多场景下的适配能力，面向工业物联网、汽车电子、机器学习、高性能计算等领域提供完善的应用方案。

第二十七章　存储器价格持续上涨

从 2016 年下半年开始，包括固态硬盘、内存条、闪存卡在内的各种存储类芯片产品都开始缓慢涨价，带动存储器产业不断增长。其中，DRAM 芯片 2017 年 7 月平均售价已达到 5.16 美元，同比上涨了 111%。NAND FLash 芯片价格自 2016 年初以来持续上升，截至 2017 年第三季度，64Gb 的 MLC NAND-Flash 合约价已累计上涨 1.59 美元，涨幅达到了 75.7%。在收到手机厂商的投诉后，监管机构开始关注已经持续涨价 6 个季度的存储芯片，12 月 21 日，多位知情人士透露，国家发展改革委已就存储芯片涨价一事约谈三星。

第一节　事件回顾

一、存储器价格上涨的主要原因

（一）技术改进导致供应不足

全球范围内虽然有几十家企业又有 NAND Flash 技术，但最主要的六家企业掌握了全球超过 80% 的闪存产量。也就是三星（Samsung）、东芝（Toshiba）、英特尔（Intel）、SK 海力士（SK hynix）、美光（Micron）和闪迪（SanDisk）这六家企业，这些企业依靠技术优势和高产量带来成本优势的几乎垄断了全球闪存市场，并通过中国组建合资企业或者直接投资生产线的方式发展国内市场。

由于 2017 年三星、东芝、美光、SK 海力士等主要的内存大厂都在进行技术上的升级换代，将主要生产线从生产 2D NAND 产品转向生产更加先进的、性能更好的 3D NAND 产品，而两者之间的生产工艺是存在差异的，因此需要改建生产线。

2016 年，美光 32 层 3D NAND MLC 版本单 Die 容量 32GB、TLC 版本容量 48GB 是目前市场上的主流 3D NAND SSD 货源之一；而英特尔在 2016 年下半年才开始试产 32 层的 3D NAND，64 层 3D NAND 的量产预计要等到 2017 年中期。从技术 3D NAND 技术上看，众多厂商都选择跨过 48 层 NAND 闪存，美光计划在 2017 年直接量产 64 层 3D NAND；SK 海力士计划 2017 年二季度小批量量产 72 层 NAND 颗粒。

虽然各个厂商都力图提高技术，但在技术改进过程中，3D NAND 良率较低和产量严重不足的问题导致无法满足市场需求，导致产能转换后 2D NAND 产能下滑和 2017 年内存面临缺货的尴尬状况。内存供不应求导致其价格一路飙升，数据显示，NAND 闪存供货不足的问题在 2017 年一季度开始出现，2017 年上半年 NAND Flash 芯片的平均价格涨幅大约在 20%—25%。

（二）智能手机和服务器需求增加

随着固态硬盘技术逐渐成熟稳定，许多服务器厂商也开始大规模应用固态硬盘，表明固态硬盘技术已十分稳定且产品已得到充分的验证。固态硬盘技术处于 2D NAND 时，出于成本和稳定性考虑，服务器企业往往很少采用固态硬盘作为存储介质。但随着 3D NAND 技术的发展，固态硬盘的性能优势逐渐显现，对更高读取和写入速度的需求使得越来越多的服务器应用商转而开始需求固态硬盘产品。同时大数据等产业对数据中心的需求也进一步增加，使得市场对 3D NAND Flash 的需求越来越高。

智能手机、PC 机等数码产品的更新换代也使内存需求增加。目前，智能手机、笔记本电脑、平板电脑等移动设备正进行更新换代以拥有更大的存储容量，而苹果、华为、三星等企业的智能手机出货量都达到上千万，这些设备对存储容量的需求增加，加剧了闪存芯片价格的上涨。

另外随着物联网、大数据、云计算、智能家电、智慧家庭、智慧城市等新兴产业的出现，NOR Flash 作为储存装置的需求也迅速增加。同时近几年由于人工智能、无人机和机器人等产业概念的流行，智能手机市场、无人机市场以及服务器市场在国内发展迅速，新兴的中国企业对于存储产品的需求也越来越大。存储芯片需求的持续上涨，推动了芯片价格势持续上扬。

第二节　事件评析

一、将对手机等终端厂商带来不利影响

存储芯片的涨价对于手机等终端企业非常不利。在经过近期的涨价之后，存储部件占据的成本已经超过屏幕、CPU，在手机中占到25%—35%，成为手机生产中最大的成本因素。同时由于存储芯片的生产集中于几家企业，且技术要求较高，中小手机企业缺乏议价权，在市场中往往只能受制于人。从2016年一季度到2017年中期，不同容量的闪存价格涨幅超过35%，32G、64G闪存产品的价格每次涨幅都达到5—10美元，128G的单次涨幅更是达到20美元，对很多中小型的手机厂商来说是很难接受的。

作为全球最大的消费电子产品生产地和市场，中国企业在这次涨价中受到了很大的影响和冲击。但国内整机和手机企业缺乏核心技术，导致在几家跨国存储芯片巨头面前几乎没有议价权。甚至有部分业内人士认为，此轮涨价背后可能是部分NAND Flash供应商有意为之，而并非完全由市场供需失衡导致。

随后，在收到手机企业的投诉后，中国的产业监管机构也开始关注已经持续涨价6个季度的存储芯片，12月21日，多位知情人士透露国家发展改革委已经就存储芯片涨价一事约谈三星。

二、将有利于芯片生产厂商完成更新换代。

全球范围内能够大量供应存储芯片的只有三星、美光、东芝、SK海力士、英特尔等寥寥几家企业，其中三星、SK海力士、美光在DRAM市场占据超过90%以上的份额，拥有一定的垄断地位。三星作为全球最大的存储芯片生产厂商，其DRAM产品占据48%的市场份额，NAND Flash产品占据35.4%的市场份额。2017年，全球存储芯片市场规模达到950亿美元，其中NAND约占400亿美元、DRAM约占503亿美元。DRAM、NAND Flash是存储芯片

两大主力产品，两类产品在手机、电脑、服务器市场均有广泛应用，前者主要用于内存，后者用于固态硬盘和闪存。

存储芯片的供不应求给三星带来巨大利润。2017 年 Q2，得益于存储芯片价格持续上涨，三星半导体部门收入 157.3 亿美元，成为超越 Intel 的全球最大半导体企业。2017 年第三季度，三星净利润达 127.6 亿美元，同比增长 179.47%，营业收入达 545 亿美元，同比增长 29.7%。2017 年前三季度，三星总收入高达 1524.56 亿美元，同比 2016 年前三季度的 1304.46 亿美元增长 16.8%。巨大的利润促使存储器企业增加产量，升级技术。随着 3D NAND 生产线的升级逐渐完成，以及包括中国厂商在内的企业入局存储器产业。可以预见，2018 年存储器涨价幅度将逐渐放缓，甚至开始回落。

第二十八章　Micro LED 显示引发关注

第一节　事件背景

高性能 Micro LED 有望代替背光源显示。近年来，Micro LED、OLED 和 QLED 等多种新型自发光显示技术相继崛起，有望继平板显示后成为显示产业的又一系统级变革。作为新型自发光显示技术中的佼佼者，Micro LED 显示在各项产品性能指标上显著优于传统背光源显示：一是发光波长更为集中，亮度、分辨率与色彩饱和度高；二是器件电流具有开闭状态和功率可调性，画面灰度效果好，对比度接近无穷大；三是电光控制便捷，响应速度超快，寿命较长；四是功耗低和体积减薄，系统光损失能够从传统背光源显示的 85% 降至 5%。目前，Micro LED 显示功率消耗量仅为 LCD 的 10%、OLED 的 50%，而亮度可达 OLED 的 10 倍，分辨率可达 OLED 的 5 倍，且无影像烙印。Micro LED 显示还具有极强的兼容性，和 OLED、QLED 等新型显示通用的设备与工艺比例高达 70%，并且能够继承液晶显示高度成熟的电流驱动 TFT 技术。

Micro LED 显示正加速进入产业化阶段。据市场调研机构 TrendForce 预估，2017 年 Micro LED 总体市场规模将达到 11.41 亿美元，2021 年将达到 17.70 亿美元；2015 年至 2021 年复合年均增长率达到 23%。TrendForce 同时预测，未来 Micro LED 将全面取代现有 LCD 的背光模块、液晶、偏光板等零组件，其潜在市场规模可达 400 亿美元。

第二节　主要内容

Micro LED 卓越的显示性能吸引了国内外各大企业竞相开展布局。在大尺寸应用方面，索尼和三星目前占据着行业领先地位。索尼于 2012 年在 CES 展会上推出了第一台 Micro LED 电视 "Crystal LED Display"，Crystal LED Display 将 600 万颗发光二极管组合在 55 英寸的平板上，开启了 Micro LED 在消费电子应用的先河。由于造价昂贵，直到 2017 年 1 月，索尼才第二次推出 110 英寸的 Micro LED 拼接显示屏 CLEDIS（Crystal LED Integrated Structure），亮度达到 1000nits。根据索尼的商业化目标，CLEDIS 将于 2017 下半年量产。

在 2018 年美国消费性电子展（CES）上，三星推出全球首款名为 "The Wall" 的 4K 巨型 Micro LED 电视，尺寸高达 146 英寸，峰值亮度达 2000 尼特。三星表示，Micro LED 屏幕在耐用性和效能方面，包括发光效率、光源寿命和功耗等等都相当出色。"The Wall" 边框非常窄，并且具有 "模块化" 特点，可根据用户的需求来定制电视的大小，再组合成为更大的电视 "墙"。同时，三星还为 The Wall 加入了人工智能，通过人工智能可以让几乎所有画面都专制成 8K 内容。三星表示，该产品将于 2018 年发布。

苹果专攻 Micro LED 小尺寸方面应用。2014 年 5 月，苹果收购了 Micro LED 显示技术公司 LuxVue Technology，由此取得了多项 Micro LED 专利技术。根据市场调研机构 TrendForce 统计，苹果在 Micro LED 制备的关键项目上拥有超过 47% 的专利。苹果位于中国台湾地区桃园龙潭的实验室将于 2017 年底开始小规模生产 Micro LED 面板并应用于 Apple Watch 上，2018 年将实现量产。

近期谷歌也开始布局 VR 领域的 Micro LED 显示技术。2017 年 8 月，谷歌一期注资 1500 万美元（总共 4500 万美元）投向瑞典的 Glo 公司，加速应用光二极管（Gloss diodes）技术的 Micro LED 产品研发。由于 Micro LED 产品像素可以低至 10 微米以下，能够显著减少佩戴 VR 眼镜时的恶心和晕眩反应。根据 Glo 公司的最新年报，采用光二极管技术的商业显示屏将于 2018 年下半年推出。

国内龙头企业和高校加紧开展前瞻性技术研发。一是国内部分龙头企业和高校已加紧开展 Micro LED 前瞻性技术研发。企业方面，新广联和三安光电已布局 Micro LED 外延芯片，并实现了 15 微米微缩化工艺。其中三安光电将 Micro LED 作为未来重点发展方向。科研机构方面，中山大学研制出了可应用于可穿戴设备的 1700ppi Micro LED 显示器件。二是国内已有龙头企业进行了前瞻性产业投资。2016 年 3 月，康得新以合作基金的形式注资 2 亿元投向拥有多项 Micro LED 专利的 Ostendo 公司；2017 年 2 月，重庆惠科与 Mikro Mesa 携手打造 Micro LED 面板实验室。2017 年 11 月，京东方表示也已开展 Micro LED 的技术研究，并取得一定进展。2017 年 6 月，富士康母公司鸿海集团宣布将透过创投子公司，并集结夏普、荣创等鸿海系公司，共同收购美国新创公司 eLux 所有股份，以进一步加快 MicroLED 显示器商品化进程。

第三节　事件评析

　　下游应用市场增长迅速，Micro LED 产业潜力巨大。Micro LED 下游应用主要集中于室内显示和智能手表（手环）、虚拟现实显示等可穿戴设备。现阶段，Micro LED 在超大尺寸显示器市场成本优势并不明显；但由于更容易实现高像素密度，兼具体积小、功耗低、寿命长等优点，相比其他显示技术在可穿戴领域的产品竞争力更强，市场潜力巨大。Gartner 预测，2017 年全球可穿戴设备销量将达到 3.1 亿部，比 2016 年增长 16.7%，将带动 Micro LED 进入高速增长时期。国外研究机构预估，2018 年 Micro LED 市场规模有望扩大至 1400 万美元，将达 2017 年的 2 倍水平。集邦咨询 LED 研究中心（LEDinside）预估，2025 年 Micro LED 市场产值将达到 28.91 亿美元，其中应用在大尺寸显示器的 Micro LED 产值将会达到 19.8 亿美元，占全体应用的 68%。

　　Micro LED 产业化技术瓶颈有待突破。目前，Micro LED 显示产业化仍存在技术阻碍。一是倒装芯片制备尚未成熟，倒装芯片存在工艺、良率、成本等瓶颈问题，在 LED 显示照明领域市场地位相对薄弱。二是 LED 固晶良率控制较低，量产有数百万颗微型 LED 的显示器较为困难。三是规模化转移困难，嵌入制程不易采大批量的作业方式。为顺利实现产业化，Micro LED 显示还需升级全彩化技术、控制表面缺陷、降低分 bin 工艺成本和封装成本。短期内，

Micro LED 电视的成本较液晶和 OLED 电视过高，仍难以参与市场竞争。

我国应充分认识 Micro LED 作为新兴显示技术在显示产业发展中的重要地位，以及 Micro LED 在大屏电视面板和小尺寸智能手表等超高分辨显示面板所具有的广阔发展前景，把握并顺应应用需求和信息技术产业发展趋势，加紧开展工作并掌握发展的主动权。未来我国应加强 Micro LED 的整体发展规划与部署，整合资源，统筹推进产业发展，并且应当借助 Micro LED 发展提高我国企业创新和应用能力，改变我国新型显示产业在技术创新领域的跟随地位，特别是应推动包括工艺、材料、设备、应用等各环节在内的上下游产业链协同发展，尽早完善产业布局，以避免国内产业链关键配套产业缺失的缺陷。

第二十九章　英特尔收购 Mobileye

2017 年 3 月 13 日，英特尔公司宣布将斥资 153 亿美元收购以色列驾驶辅助系统开发公司 Mobileye。该项收购创下了以色列初创公司被收购历史最高金额。双方表示，该项交易将加速汽车产业的创新，强化英特尔公司在自动驾驶汽车领域领先技术供应商的地位。Mobileye 公司成立于 1999 年，总部位于以色列，主要从事应用于汽车的计算视觉算法和辅助驾驶芯片的技术研发，现拥有 200 多名员工。该公司拥有多种领域的产品组合，包括汽车摄像头、传感器芯片、车载网络设备、交通导航设备、机器学习、云软件及数据融合和管理等。Mobileye 是 ADAS 领域的龙头企业，市场份额高达 70%。收入从 4000 万美元到 3.58 亿美元，Mobileye 仅用了 5 年，年均复合增长率高达 72%。除去高增长率，公司还拥有极高的毛利率和净利率，根据 2016 年报，公司毛利高达 75.62%，净利率高达 34.91%。公司于 2014 年在美国纳斯达克上市，目前的市值约为 106 亿美元。

第一节　事件回顾

一、Intel 加速布局汽车电子领域

此次收购 Mobileye，英特尔公司很可能是为了进行下一轮的战略布局，其战略之一就是加速布局汽车电子领域。2016 年以来，英特尔不断加大对人工智能和汽车电子领域的战略布局。在汽车电子领域，2016 年 11 月 30 日，英特尔公司成立了智能驾驶事业部 ADG（Automated Driving Group）。2016 年初以来，英特尔相继收购了意大利无人驾驶芯片厂商 Yogitech、俄罗斯驾驶辅

助系统使用软件厂商 Itseez、深度学习初创公司 Nervana Systems 等企业。此次收购 Mobileye 后，英特尔将补足自动驾驶产业中生态关键一环，构建起包含硬软件、数据算法、系统、通信等业内最完整的解决方案。

如今，英特尔在汽车电子领域已经拥有多项优势：1. 高性能的车内计算能力，英特尔提供了基于其中央处理器系统解决方案，可以整合 CPU、GPU 功能与工作负载，提升运算效率。2. 英特尔的数据中心提供的强大的云计算和数据处理能力。3. 英特尔之前已经收购 FPGA 芯片企业 Altera，获得了先进的可编程逻辑芯片技术，而 FPGA 模块和英特尔处理器通过一体化封装技术可以使得芯片性能提升 35%—50%。

二、在与英伟达的竞争中加大能力筹码

在 GPU 领域，英伟达公司具有绝对的技术优势和市场优势。面对增速放缓的 PC 和服务器市场，以及近几年兴起的人工智能、大数据等产业，以 CPU 技术见长的英特尔需要靠收购来强化其对新型智能终端产业的整体布局，并以此来抗衡英伟达。智能网联汽车是一个绝佳的替代市场，在这个市场上英伟达的 GPU 技术并不具备在深度学习等场景下那样的优势。英特尔此次收购 Mobileye，就是希望可以借此入局智能驾驶领域，强化自身在智能驾驶领域的技术优势。同时，Mobileye 作为在智能驾驶领域发展多年的企业，在商业化运作，特别是客户基础方面也可以给英特尔进入自动驾驶领域提供很大的帮助。

第二节　事件评析

一、汽车半导体正成为热门领域

智能手机的增速从 2015 年达到最高点之后开始逐年下滑，半导体行业开始进入"后智能手机时代"，在智能手机销售增速下滑的时候，汽车电子正在成为半导体新技术的发展驱动力。目前新能源汽车中汽车电子成本占比已经达到 47%，随着新能源汽车产量逐渐增加，以及车载传感器的性能不断提高、

数量不断增加，车载中央处理器的不断升级换代，汽车电子的单车产值仍将持续提升。

从 CMOS 图像传感器、ADAS 设备到自动驾驶算法，与汽车电子相关的各种器件、技术无不引起了业内巨头的注意。高通、英伟达、ARM 等行业巨头纷纷将业务领域延伸至汽车半导体领域，其中高通 470 亿美元并购恩智浦，使高通一跃成为全球最大的汽车芯片厂商之一。而这次英特尔收购 Mobileye，也将大大增强英特尔公司在汽车芯片领域的实力。被英特尔收购之后，Mobileye 已经开始着手执行一个新计划，在以色列建立一个大型的研发基地，目标是建立一支 2000—3000 人的研发团队。

二、并购成半导体企业切入汽车电子领域的通道

在消费电子领域，由于各种代工模式的出现，降低了消费级半导体市场的门槛，催生了很多无晶圆半导体企业。但是与消费电子对芯片要求不同，汽车电子产品具有性能要求高、可靠性要求高、供货周期长等特点，使得汽车电子生产企业—零部件供应商—整车企业已形成了固定而紧密的产业链供应关系，这种特性使的处于这个供应链之外的半导体企业很难切入。一家汽车半导体企业在项目提案阶段开始参与，在设计方案赢得评选之后通常需要 1—3 年整车才能进入市场，整车产品生命周期通常为 3 年。即使有新竞争者进入市场，其产品从设计到大规模的验证通常需要 5 年以上的时间。而 Mobileye 是经历过一级供应商考验的方案提供商，说明其产品可靠性高，受到供应商的信赖，而 Mobileye 的前装经验会成为英特尔下一次合作谈判的筹码，从而扩大在汽车产业的优势。目前公司与全球 27 家主机厂建立了深度合作关系，合作车型达到 287 款，手握 5 个 L3 和 5 个 L4 车企合作项目。

而英特尔这次收购 Mobileye 展示出，即使是英特尔这种拥有很强技术实力和一定的生产能力的 IDM 型企业，也使用并购的方法以求快速进入汽车电子市场，很可能引起新一轮的半导体企业并购热潮，而这一次的主要并购目标很可能是汽车半导体领域的企业。

展望篇

第三十章　主要研究机构预测性观点综述

第一节　全球半导体市场规模预测

对比 WSTS、IC Insights 和 Gartner 的统计数据可以看出，三家机构对 2018 年全球半导体的营收状况均给出积极预测，但相较于 2017 年超过 20% 的涨幅，预测均有大幅下调。

表 30−1　2015—2018 年全球主要研究机构统计的半导体营收情况及预测

（单位：亿美元）

机构	2015 年		2016 年		2017 年		2018 年	
	销售额	增速	销售额	增速	销售额	增速	销售额	增速
WSTS	3352	−0.2%	3389	1.1%	4122	21.6%	4510	9.5%
IC Insights	3536	−0.6%	3607	2.0%	4508	25.0%	5185	15%
Gartner	3348	−2.3%	3397	1.5%	4197	22.2%	4510	7.5%

资料来源：WSTS、IC Insights、Gartner，2018 年 2 月。

第二节　主要研究机构观点

一、Gartner

根据 Gartner 公司的初步统计结果，2017 年全球半导体营收总计达 4197 亿美元，比 2016 年增长 22.2%。供不应求驱动内存市场收入增长了 64%，占

2017 年半导体总收入的 31%。最大的内存供应商三星电子赢得了最大的市场份额，并超越英特尔排名第一，这是英特尔自 1992 年以来首次被超过。2017 年，内存占所有半导体收入增长的三分之二以上，成为最大的半导体类别。

内存收入增长的主要驱动因素是供应短缺导致价格上涨。NAND 闪存价格有史以来首次上涨了 17%，而 DRAM 价格上涨了 44%。设备公司无法承受这些价格上涨的影响，因此把压力传递给了消费者，使得从个人电脑到智能手机的所有产品在 2017 年都变得更加昂贵。其他主要存储器厂商，包括 SK 海力士和美光科技，在 2017 年也表现强劲，排名上升。

表 30 - 2　2017 年全球十大半导体供应商营收

2017 年排名	2016 年排名	供应商	2017 年营收（百万美元）	2017 年市场份额（%）	2016 年营收（百万美元）	2016—2017 年增长（%）
1	2	三星电子	61215	14.6	40104	52.6
2	1	英特尔	57712	13.8	54091	6.7
3	4	SK 海力士	26309	6.3	14700	79.0
4	6	美光科技	23062	5.5	12950	78.1
5	3	高通公司	17063	4.1	15415	10.7
6	5	博通	15490	3.7	13223	17.1
7	7	德州仪器	13806	3.3	11901	16.0
8	8	东芝	12813	3.1	9,918	29.2
9	17	西部数据	9181	2.2	4,170	120.2
10	9	NXP	8651	2.1	9306	-7.0
		其他	174418	41.6	157736	10.6
		总市场	419720	100.0	343514	22.2

资料来源：Gartner，2018 年 1 月。

受数据中心处理器收入增长 6% 的驱动，第二名的英特尔在 2017 年收入增长 6.7%，这是云和通信服务提供商的需求所致。英特尔个人电脑处理器收入增长缓慢，为 1.9%，但随着市场从传统台式机转向二合一和超便携设备，个人电脑平均价格在经历了多年的下滑之后再次回升。但是，目前的排名可能不会持续很长时间，随着中国内存产能的增加，内存价格将在 2018 年下滑，预计三星的收入将会大大减少。

对于并购来说，2017 年是一个相对平静的年份。高通收购恩智浦是一个重大的交易，原以为会在 2017 年结束，但没有实现。高通公司仍然计划在 2018 年完成交易。

到 2018 年，全球半导体营收预计将达到 4510 亿美元，比 2017 年的 4190 亿美元增长 7.5%，这相当于 Gartner 先前估计的 2018 年增长率 4% 的近一倍。

二、世界半导体贸易协会（WSTS）

WSTS 在 2018 年 2 月发布数据称，2017 年和 2018 年世界半导体市场将分别增长到 4122 亿美元和 4510 亿美元。对于 2017 年来说，这意味着 21.6% 的增长，创历史新高。在所有主要类别的预期增长中，内存增长最大，为 61.5%，其次是传感器，增长了 16.2%。预计所有地理区域在 2017 年的市场规模都将增长。WSTS 进一步预计 2018 年全球半导体市场将增长 9.5%，依然强劲。在 2018 年期间，预计所有产品都将增长，内存、光电子和逻辑产品的增长将达到最大。预计所有地区 2018 年将保持增长。

三、IC Insights

IC Insights 预计，2017 年全球集成电路市场规模增长 22%，全球半导体市场规模增长 20%。2017 年，DRAM 平均销售价格上涨 77%，预计 2018 年 DRAM 市场增长率将达到 74%，是 1994 年 DRAM 市场 78% 上涨以来的最大增幅。预计 2017 年 NAND 闪存市场增长 44%，NAND 闪存平均销售价格上涨 38%，预计 2017 年内存市场总量将增长 58%，2018 年增长 11%。

在 2017 年，DRAM 市场预计将以 720 亿美元的市场规模成为半导体行业迄今为止最大的单一产品类别，比预期 498 亿美元的 NAND 闪存市场超出 222 亿美元。预计 DRAM 和 NAND 闪存市场 2018 年将对整个 IC 市场增长产生高达 13 个百分点的强大正面影响。除去这些内存市场外，集成电路产业其他部分预计将增长 9%，低于整体集成电路市场增长率 22% 的一半。

2018 年 3 月，IC Insights 将 2018 年 IC 市场预测从 8% 上调至 15%。预测的最大调整是对内存市场的预测，特别是 DRAM 和 NAND 闪存部分。DRAM 和 NAND 闪存市场 2018 年的增长预测已经上调至 DRAM 的 37% 和 NAND 闪存的 17%。

2018 年 DRAM 市场预测的大幅增长主要是由于预计 2018 年的平均售价更高于原先的预期。IC Insights 预测，相比于 2017 年 DRAM 平均价格上涨了 81%，DRAM 平均价格将在 2018 年上涨 36%。此外，预计 NAND 闪存平均销售价格在 2017 年上涨 45% 之后，2018 年将上涨 10%。与强劲的 DRAM 和 NAND 闪存平均销售价格上涨形成鲜明对比的是，这些产品细分市场 2018 年的单位销量增长预计将仅增长 1% 和 6%。

DRAM 市场预计为 996 亿美元，是 2018 年集成电路行业最大的单一产品类别，超过预期的 NAND 闪存市场（621 亿美元），增长 375 亿美元。

四、IHS

由于内存价格居高不下，2017 年第四季度无线市场需求依然旺盛，2017 年将成为半导体行业破纪录的一年。IHS Markit 预计，2017 年半导体收入将达到创纪录的 4289 亿美元，同比增长率为 21%。

2017 年第三季度无线应用收入增长速度比其他任何高端应用市场都快。第三季度无线应用领域的半导体收入达到了创纪录的 348 亿美元，占全部半导体市场的近 31%。IHS Markit 预计第四季度无线应用将会更广，预计收入将达到 375 亿美元，2017 年全年将达到 1310 亿美元以上。

随着无线市场的发展，这种增长可以归因于许多因素。更复杂、更全面的智能手机系统支持诸如增强现实和计算摄影等应用。高级智能手机拥有越来越多的内存和存储空间。在过去的几代产品中，这些智能手机的射频内容也大幅增长，许多高端智能手机现在都支持千兆 LTE 移动宽带速度。

三星在 2017 年第三季度正式超过英特尔成为全球头号半导体供应商，同比增长 14.9%。英特尔目前排名第二，SK hynix 在第三季度的半导体营收方面排名第三。前十大供应商的市场份额也有很大的波动。在半导体业务收入方面，高通超过了 Broadcom，稳居第五位，而 NVIDIA 则首次跻身前十。2016 年的这个时候，前五大半导体公司控制了整个行业的 40% 的市场份额。2017 年前五名的市场份额比上年增长 4.2%，而前三名则由三家内存公司组成。

第三十一章　2018 年中国集成电路产业发展形势展望

第一节　全球半导体市场继续保持增长势头，我国增速依旧位居全球前列

2017 年，全球半导体市场呈现跨越式发展势头，市场规模达到 4122 亿美元，同比增速达到 21.6%，这是继 2010 年从国际金融危机中复苏之后增长幅度最大的一年。市场增长主要受存储器价格大幅上涨影响，市场规模从 2016 年约 767 亿美元增长至 2017 年近 1239 亿美元。不包括存储器产品的半导体市场增速仅为 9.9% 左右。我国半导体产业在全球市场拉动和内生动力驱动下，产业规模继续保持快速增长势头，2017 年我国产业规模突破 5000 亿元大关，达到 5411.8 亿元，同比增长 24.8%。

图 31-1　2013—2018 年全球半导体市场规模及我国集成电路产业规模

资料来源：赛迪智库，2018 年 3 月。

展望 2018 年，10nm 先进制造工艺将规模化量产，将继续推动逻辑芯片更新换代，且存储器产能尚未有效释放，价格依旧坚挺，汽车电子对芯片的市场需求也会带动模拟芯片等市场的发展，全球半导体市场依旧会保持增长势头，预计全年市场规模将达到 4512 亿美元，增速会回落至 9.5% 左右。我国一批上市设计企业在资本市场推动下将继续开疆拓土、扩大生产规模，继续推动国产设计业的快速发展。制造方面，中芯国际和华力 28nm 工艺继续放量，三星、SK 海力士、英特尔在国内的存储器工厂将继续贡献发展动能，一批新建生产线的建成投产也将进一步推动制造环节产值增长。设计和制造环节的发展也会带动封测业的发展，预计 2018 年我国半导体产业规模将达到 6260 亿美元，继续保持 15% 以上的增速发展。但值得关注的是，部分设计企业已开始出现增长乏力态势，制造业也开始进入 FinFET 技术攻关深水区，将对我产业继续保持高速增长带来挑战。

第二节　后摩尔时代产品技术加速创新，我国高端芯片技术有望取得突破

集成电路芯片的特征尺寸仍在不断缩小，英特尔、台积电、三星等已实现 10nm 工艺量产，并开始部署 7nm 和 5nm 先进制造工艺。高端芯片技术如 CPU + FPGA、CPU + GPU、可重构计算技术等进步明显。超摩尔定律加速演进，新原理、新工艺、新结构、新材料等推动 CPU、存储器、MEMS、模拟器件等产品实现创新与变革。异质器件系统集成技术受到业内高度关注，如英特尔联合美光推出革命性的 3D XPoint 产品，三星实现 64 层 3D NAND 闪存，台积电的集成扇出晶圆级封装技术（InFOWLP）应用于苹果最新的处理器中。我国芯片核心技术进步明显。飞腾、龙芯、申威和兆芯等 CPU 的单核性能比"十二五"初期提高了 5 倍；先进设计技术进入 16/14nm；中芯国际 28nm 高介电常数金属闸极（HKMG）工艺已经成功流片；39 层 3D NAND 闪存芯片性能通过测试；骨干封测企业加速布局 3D、系统级、晶圆级封装等先进技术，使得中高端封装占比达到 30%；部分关键装备和材料进入国内外多条生产线。

展望 2018 年，国内创新能力将再上新台阶，产业链各环节技术实力稳步

提升。设计方面，手机芯片仍紧跟国际先进水平，设计能力有望实现 10nm 工艺水平，5G 芯片应用取得突破性进展，人工智能芯片竞争能力进一步增强；制造方面，28nm HKMG 先进工艺开始进入大规模量产，16/14nm 实现小批量供货，3D NAND Flash 存储器开始生产供货；封测方面，中高端封装占比继续提升；装备材料方面，核心装备和材料关键技术进一步实现突破。

第三节　全球存储器和半导体硅片价格坚挺，
我产业欲突围仍面临严峻挑战

2017 年，受数据中心建设以及消费电子产品升级影响，存储器市场需求持续增长，推动产品价格在过去一两年增长一倍以上，DRAM 市场规模 2017 年同比增长近 60%，NAND 闪存市场规模同比增长近 40%。由于存储器约占全球半导体市场的四分之一份额，该产品价格的暴涨也成为 2017 年全球半导体市场超高速增长的重要推手。三星半导体也依靠存储器领域的出色表现，在 2017 年营收超越英特尔位居全球首位。在存储器市场带动下，全球半导体硅片供不应求，产品价格也开始快速增长，部分半导体硅片企业利用垄断优势伺机逼迫制造企业签订长约。我国在存储器领域基本处于空白，产品价格的上涨对我国电子信息产业带来较大影响，且半导体硅片自给率严重不足，尤其是 12 英寸半导体硅片基本处于空白，在当前我国大举建设芯片生产线背景下，半导体硅片的短缺以及产品价格的上涨已严重威胁到产业安全。

展望 2018 年，由于存储器产能和半导体硅片新增产能尚未有效释放，而数据中心、智能终端以及汽车电子和物联网等市场的快速发展将进一步带动存储器市场需求，存储器产品价格预计仍将稳定在高位，也将会对半导体硅片价格起到支撑作用，12 英寸半导体硅片甚至会进一步上涨。到 2019 年，存储器新增产能将会陆续释放，供需状况可能会出现扭转，产品价格将会下降，但届时正逢我国长江存储等存储器企业以及上海新昇等半导体硅片企业产品投产，产品价格的下降恐将对这些企业带来较大影响。

第四节　全球集成电路行业兼并重组热度不减，开放合作仍是行业发展主基调

国际大企业加快布局新兴市场，围绕数据中心、物联网、自动驾驶、人工智能等领域的并购日趋活跃。相比以往，2017 年并购案例数量和金额增速放缓，数量超过 20 起，如果不算英特尔以 153 亿美元收购以色列 ADAS 公司 Mobileye，并购总金额约为 20 亿美元。但大企业间的兼并重组仍在酝酿，继上年高通计划以 470 亿美元收购恩智浦后，2017 年博通向高通发出收购要约，欲以 1300 亿美元收购高通，如果获得通过，这将成为半导体行业有史以来最大的并购案例，博通也将成为仅次于英特尔和三星的全球第三大半导体公司。美国政府针对中国背景资本的收购审查更加严格，多起海外并购被否决，同时，证券市场新规与形势转变导致此前几起资本运作搁浅，回归 A 股之路一波三折的豪威科技，仍未有明确方向，而兆易创新已停止对芯成半导体的收购。

展望 2018 年，随着国际环境和产业竞争加剧，国内资本海外并购态势趋缓，并购难度加大，但对外开放合作力度会进一步加大，国内公司和国际公司多形式的合作将会增多。地方对集成电路产业的投资热情将会持续，各地纷纷加快对生产线、产业园和公共服务平台等项目投资，并给予相关政策支持。受国际形势的影响，产业资本将逐步转向国内企业的并购整合，并以平台企业为主体打造上下游产业生态。同时，由海外并购开始转向多形式的合作，如国际企业与国内企业成立合资公司，在整合之后寻找优质产品线溢出的并购机会等。

后 记

《2017—2018 年中国集成电路产业发展蓝皮书》由赛迪智库集成电路研究所编撰完成，力求为中央及各级地方政府、相关企业及研究人员把握产业发展脉络、了解产业前沿趋势提供参考。

本书得到了工业和信息化部电子信息司领导，中国半导体行业协会、中国国半导体照明/LED 产业与应用联盟等行业组织专家，以及各地方工信部门领导的大力支持和指导。本书的出版还得到了中国电子信息产业发展研究院软科学处的大力支持，在此一并表示诚挚感谢。

本书由王鹏担任主编，王世江担任副主编。王珺、徐丰负责统稿，参与撰写人员如下：王世江撰写第七章；林雨撰写第六章；刘欣亮撰写第二、十八章；冯海玉撰写第一、三十章；张松撰写第四、十四章；史强撰写第二、二十一、二十五章；葛婕撰写第三、十三、二十六章；朱邵歆撰写第十七、二十三、二十四章；徐丰撰写第一、十六、二十二、二十八章；王珺撰写第五、十五、二十章；席子祺撰写第八、九、二十七、二十九章；赵聪鹏撰写第十、十一、十二章。

本书虽经研究人员和专家的谨慎思考和不懈努力，但由于能力和水平所限，疏漏和不足之处在所难免，敬请广大读者和专家批评指正。同时，希望本书的出版，能为我国集成电路产业的健康发展提供有力支撑。

面向政府 服务决策

思想，还是思想
才使我们与众不同

《赛迪专报》 《两化融合研究》 《财经研究》

《赛迪译丛》 《互联网研究》 《装备工业研究》

《赛迪智库·软科学》 《网络空间研究》 《消费品工业研究》

《赛迪智库·国际观察》 《电子信息产业研究》 《工业节能与环保研究》

《赛迪智库·前瞻》 《软件与信息服务研究》 《安全产业研究》

《赛迪智库·视点》 《工业和信息化研究》 《产业政策研究》

《赛迪智库·动向》 《工业经济研究》 《中小企业研究》

《赛迪智库·案例》 《工业科技研究》 《无线电管理研究》

《赛迪智库·数据》 《世界工业研究》 《集成电路研究》

《智说新论》 《原材料工业研究》 《政策法规研究》

《书说新语》   《军民结合研究》

编 辑 部：工业和信息化赛迪研究院
通讯地址：北京市海淀区万寿路27号院8号楼12层
邮政编码：100846
联 系 人：王 乐
联系电话：010-68200552 13701083941
传　　真：010-68209616
网　　址：www.ccidwise.com
电子邮件：wangle@ccidgroup.com

面向政府 服务决策

咨询翘楚在这里汇聚

信息化研究中心	工业化研究中心	规划研究所
电子信息产业研究所	工业经济研究所	产业政策研究所
软件产业研究所	工业科技研究所	军民结合研究所
网络空间研究所	装备工业研究所	中小企业研究所
无线电管理研究所	消费品工业研究所	政策法规研究所
互联网研究所	原材料工业研究所	世界工业研究所
集成电路研究所	工业节能与环保研究所	安全产业研究所

编 辑 部：工业和信息化赛迪研究院
通讯地址：北京市海淀区万寿路27号院8号楼12层
邮政编码：100846
联 系 人：王 乐
联系电话：010-68200552 13701083941
传　　真：010-68209616
网　　址：www.ccidwise.com
电子邮件：wangle@ccidgroup.com